KB249830

지식의 구조화

Structuring Knowledge

by Hiroshi Komiyama

Copyright © 2004 by Hiroshi Komiyama

Korean translation copyright © 2008 by Boook21

This Korean edition published by arrangement

with Open Knowledge Corporation.

이 책의 한국어판 저작권은 저작권자와의 직접 계약을 통해 독점 계약을 맺은 (주)북이십일에 있습니다.

저작권법에 의해 한국 내에서 보호를 받는 저작물이므로 무단전재와 복제를 금합니다.

지식의 구조화

STRUCTURING KNOWLEDGE

고미야마 히로시 지음 | 김주영 옮김

21세기북스
book21.com

여는 글

　지난 20세기 동안 지식이 탄생하는 속도는 비약적으로 증가했다. 피부로 느끼기에는 천 배에서 만 배 정도 되는 듯하다. 이들 지식 중 대부분은 대학이나 연구기관에서 논문으로 발표된다. 하지만 연구자가 쓴 논문을 대중이 읽지 않고, 연구자 자신도 관련논문을 읽을 시간이 없는 것이 현실이다. 결국 오늘날 지식이 충분히 활용되지 않는 사태는 지식생산의 증가 속도와 인간이 신지식을 파악하는 능력의 차이에서 생겨난 당연한 결과다. 예로부터 지식문제는 인간의 본질적인 흥미거리였다. 그리스 시대에는 많은 현인들이 지식에 대해 생각했고 현대에 들어와서도 많은 철학자들이 지식에 대해 거론했다. 백과전서파라 불리는 사람들이 지식을 정리하고 그것을 집대성해서 새로운 지식을 탄생시켰으리란 점은 이 책에서 제안하는 지식 구조화와 일부 비슷하다. 그러나 백과사전과 같은 편리한 물건이 생겼어도 더는 발전이 없었다. 그 시대의 지식 총량은 지금과 비교할 수 없을 만큼 적었기 때문에 지식 정리나 조합을 사람이 처리할 수 있었다.

지식을 다루는 과학기술이 필요하다
　20세기는 인류활동이 팽창하는 시대였다. 인류활동이 팽창하면서 많은 과제가 발생했고, 다양한 과제들이 해결되지 않은 상태로 21세기는 시작했다. 그 과제는 환경, 에너지 자원, 식량, 빈곤, 도시문제와 테러 등 다양한 분야에 걸쳐있다. 인류에게 생명과학, 바이오테크놀로지, 나노테크놀로지, 정보기술, 환경기술, 에너지 기술, 재료기술, 생산기술, 인문과학과 사회과학 등의 학술 지식은 과제를 해결하기 위한 수단으로 쓰인다. 지식이 이 모든 과제를 해결하는 열쇠를 쥐고 있다고 해도 과언이 아니다. 언급할 필요도 없겠지만 지식은 생산 프로세스나 기업에서만 이용하는 것이 아니다.

기초연구 분야 또한 점점 난해해진다. 예를 들어 돌이 낙하하고 로켓이 달에 도착하는 것은 모두 뉴턴의 운동법칙에 해당됨을 알 수 있다. 설사 우리에게 정확한 지식은 없더라도 이 말을 들으면 어느 정도 느낌은 온다. 한편 뉴트리노에 질량이 있다는 사실이 최근 확실시되면서 관련 연구의 노벨상 수상이 거론되고 있다. 뉴트리노 연구가 학문적인 의미에서 '물질의 근원은 무엇인가? 우주의 본질은 무엇일까?'에 대한 해답의 일부를 찾는 연구라는 사실은 안다. 하지만 나는 전문가가 아니기 때문에 위에서 말한 예처럼 느낌이 바로 오지 않는다. 그러나 가능하다면 물리학을 인류의 근본적인 물음에 답하는 학문으로 이해하고 싶다. 많은 사람들이 이런 생각을 하고 있지 않을까? 기초연구 분야의 과학기술도 사회와의 거리가 커지고 있다. 이런 사실을 고려한다면 보다 폭넓은 대상과 지식에 적용 가능한 '지식을 다루는 과학기술'이 있어야 하지 않을까?

어떻게 이해할 것인가?

화학공학이라는 학문 분야의 특징을 반영한 탓에 내 연구대상은 비교적 넓다. 나노테크놀로지, 환경기술, 에너지, 화학 프로세스와 관련이 있으며 기초부터 응용, 생산현장 실천, 필드연구와 같은 경험에서 얻은 문제의식이 지식 구조화를 폭넓게 해준다.

학회에 발표된 논문은 비실용적이라는 비판이 있다. 하지만 내용을 이해하지 못해서 실용적인 논문을 비실용적이라고 치부하는 경우도 많지 않을까? 학술연구의 대부분은 극도로 고도화, 세분화됐다. 상세한 내용은 본문에 기술하겠지만, 고도화와 세분화가 필요하다는 사실은 부정할 수 없다. 내가 하는 연구 역시 논문의 내용 자체가 실용적인 경우는 적을지도 모른다. 그러나 이 사고를 이해하고 응용한다면 상당히 많은 곳에 쓸모 있게 활용할 수 있다.

기업 연구소에서 강연을 마치고 나면 강연내용이 담긴 책을 소개해달라는 말을 자주 듣는다. 이 사실만 보더라도 내가 하는 연구가 그들에게 도움이 되는 건 확실하다. 그러나 그들은 막상 강연에서 소개한 내용을 논문이나 책으로 읽으면 좀처럼 이해하지 못한다. 강연을 들을 때는 이해하면서 책으로 읽으면 모른다고 한다. 왜 그럴까? 강연을 할 때는 사전에 기업에 관한 이야기를 듣거나, 연구소를 견학해서 문제점을 파악하기 때문에 해당 문제와 연결시켜 설명을 할 수 있다. 몇 가지 원리나 적용 사례를 듣는 사람이 이해할 수 있도록 설명하는 맞춤형 서비스가 가능한 것이다. 경우에 따라서는 시각적인 효과를 위해 애니메이션까지 준비해서 백문이 불여일견임을 실천한다. 그리고 질의응답시간도 갖는다. 그러나 논문을 읽을 때는 중간에 질문도 할 수 없고, 논문에 나온 사례를 직접 적용해볼 수도 없으며, 애니메이션 같은 시각적 효과도 없다.

새로운 개념을 이해하려면 사람들과의 직접적인 커뮤니케이션, 지식의 적절한 동원과 통합, 표현방법의 조합이 중요한데 이는 최근 비약적으로 발달한 정보기술만으로는 해결할 수 없다. 첫 번째 이유는 이 같은 세 가지 요소를 통합할 구체적인 방법이 없기 때문이며, 또 다른 이유는 지식을 적절히 동원하고 통합하는 지식영역 정리가 이뤄지지 않았기 때문이다. 자신이 속한 영역에 대한 논문은 이해해도 거기서 약간만 벗어나면 이해하지 못한다. 분야 특유의 암묵적 양해 사항이 너무 많기 때문이다. 따라서 지식을 보다 효율적으로 활용하기 위해서 다른 분야의 지식에서 관련성을 찾아야 한다.

지식 구조화와 구조화 지식

21세기는 지식시대다. 지식혁명이라는 신조어까지 생길 정도다. 이는 20세기에 자원과 에너지 같은 물질을 중시했다면, 21세기에는 지식이 보다 중요한 시대가 됐다는 뜻이다. 지식을 적절히 이용하는 것이 가치를 창조하는 일이다. 그러나 현재 지식은 카오스상태로 마치 거대도시의 쓰레기 집하장 같아서 효율적으로 이용할 수가 없다. 다른 분야와 지식을 관련짓는 문제만이 아니다. 지식의 카오스상태를 해결하지 않으면 어렵게 얻은 지식이 무용지물이 되고 만다.

지식 구조화란 '구조화 지식, 인간, IT 이들의 상승효과로 방대해지는 지식에 적응하는 뛰어난 지식환경을 구축하는 것'이며 구조화 지식은 상호관련된 지식군知識群이다.

네트 한 장이 하나의 전체상이라고 한다면 구조화 지식 전체상은 무수히 많은 비즈네트로 이뤄진 거대한 트로피컬 구조라고 보면 된다. 이 설명을 이해한 사람은 지식 구조화라는 개념을 우리가 의도한바 대로 이해하는 사람이다. 물론 그런 사람은 소수겠지만 대략 이러한 이미지라는 생각으로 읽어줬으면 한다.

본 책의 구성

처음에는 내 연구가 생각만큼 활용되고 있지 않다는 느낌이 막연하게 들었지만, 지금은 내 연구에 대해 확신한다. 지식 구조화라는 표현은 20년 전에 우연히 떠오른 말이다. 희미한 의식에서 시작한 지식 구조화 활동은 다행히 그 뒤 많은 지원군을 얻었고, 완성은 멀었지만 점점 그 형태를 잡아가고 있다. 이런 상황에서 이 책을 기획했으나 아직 지식폭발 시대를 면밀하게 해석해서 제안할 단계는 아니다. 지식에 관한 구체적인 사항에 근거한 부감俯瞰적인 현상인식과, 해결책으로 제안하는 지식 구조화의 뼈대를 이해해준다면 그걸로 만족한다.

전체를 1부와 2부로 나눴고, 가능한 테마별로 독립해서 읽을 수 있도록 구성했다. 1부에서는 지식의 어려운 현 상황을 시작으로 지식 구조화를 제안했다. 2부에서는 지식 구조화를 지향하는 프로젝트 소개와 일본기업에서 지식을 다루는 현 상황을 지식 구조화 관점에서 평가했다.

장이 시작하는 왼쪽 페이지의 내용은 에세이로 가볍게 읽으면 된다. 오른쪽 페이지의 그림은 설명하고자 하는 내용을 단편적으로 표현했고, 그 다음 두 페이지는 약간 무거운 설명을 했다. 어디부터 읽든 내용을 이해하는 데는 무리가 없을 것이다.

지식에 대한 문제의식과 그 해결책으로 지식 구조화를 제안한 점을 이해하고 참고가 됐으면 하는 바람이다. 지식 구조화는 세분화된 영역에 있는 전문가의 참여 없이는 실현 불가능하다. 이 책을 계기로 지식 구조화 개념에 동참하고 활동에 참여할 동지를 많이 얻는다면 이 책의 기획은 성공했다고 본다.

마지막으로 시간을 내지 못하는 날 재촉해서 집필을 완성하도록 도와주고, 책 구성에서 형식, 나아가 내용 일부까지 조력해준 오픈날리지사의 윤태성 박사에게 감사의 말을 전하고 싶다. 인터뷰에 협력해준 기업 여러분께도 감사를 표한다. 너무나 당연한 사실이지만 지식 구조화의 개념 구축은 수많은 지인과 함께 한 공동 작업이었음을 덧붙인다.

2004년 11월

고미야마 히로시 小宮山 宏

차례

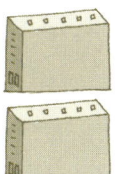

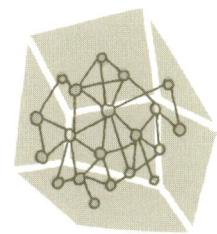

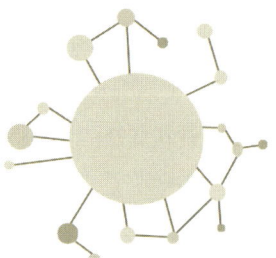
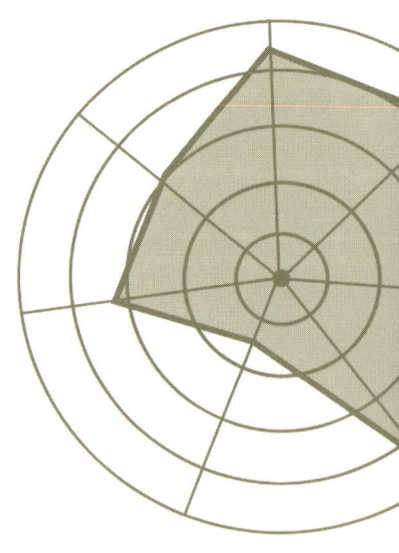

제2부 지식 구조화, 어떻게 실현하는가

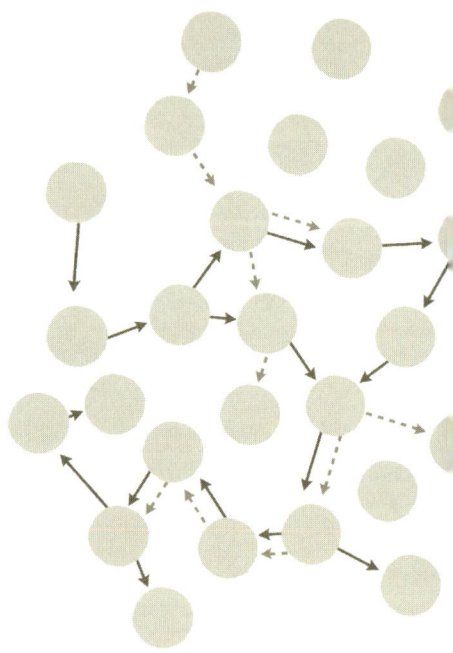

제1부

지식 구조화란

무엇인가

제1장 지식의 현 상황

1.
지식량의 폭발적 증가

아리스토텔레스와 소크라테스는 만능한 천재였다. 그들은 논리학에서 수학, 의학에 이르기까지 선두에 섰다. 인간의 두뇌 수준은 예나 지금이나 변함없기 때문에 그들과 필적할만한 사람은 지금도 많이 존재할 것이다. 아리스토텔레스 시대의 인구와 현재 인구, 그리고 정보를 접하는 인구를 고려한다면 1000명은 남짓할 것이다. 그렇다면 과거와 현재의 차이는 지식 총량이 아닐까? 아리스토텔레스 시대의 지식량은 현재의 백만분의 일에도 미치지 않았다. 지식이 적은 시대였기에 만능이 가능했던 것이다.

젊은 시절에는 아리스토텔레스가 만능한 천재란 소리를 들어도 별다른 느낌이 없었다. 하지만 단순히 나이 탓인지, 연구생활을 40년 가까이 한 탓인지, 선인에 대해 관심이 생긴다. 나도 내 연구를 사회나 역사와 관련짓고 싶다. 이것은 아마도 지금시대가 연구를 하든, 경영을 하든, 전체상을 알아야 하는 시대이기 때문일 것이다.

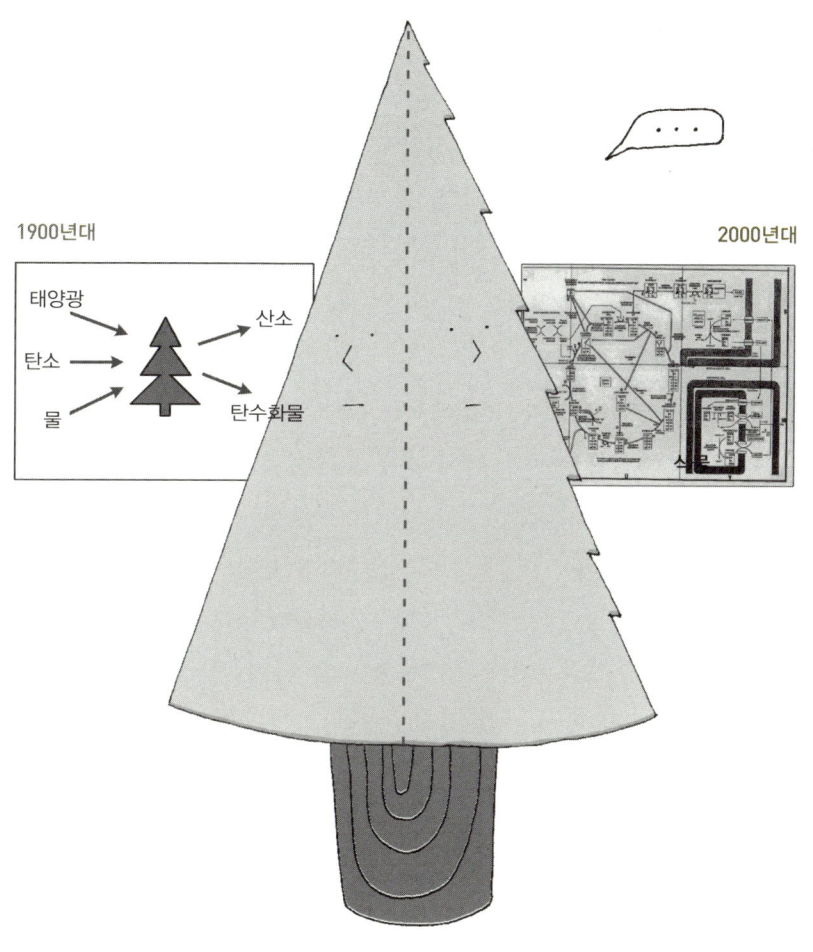

그림 1-1 광합성에 관한 지식량의 폭발적 증가
동일한 현상에 대한 지식량은 폭발적으로 증가했다.

STRUCTURING

광합성이란 태양 에너지를 받으면 엽록체 안에 있는 이산화탄소와 물에서 탄수화물과 산소가 형성되는 과정이다. 100년 전에는 이것이 인류가 가진 광합성에 관한 지식의 전부였다. 그러나 현재는 이산화탄소가 흡수되는 원리 및 수많은 화학반응과, 그 반응을 진행시키는 효소가 밝혀졌다. 나아가 여러 효소가 유전자와 짝을 이룬다는 점까지 알려졌다. 광합성에 관한 지식량은 100년 사이에 1000배 이상 증가했다.

지식량이 얼마나 폭발적으로 증가했는지는 중국의 천자문을 보면 쉽게 이해할 수 있다. 양나라 주흥사가 무제의 명령으로 500년경에 만든 이 책은 한자 1000자, 4자 성어 250개를 사용해서 자연현상부터 인륜도덕까지 당시의 모든 지식을 표현했다. 천지현황天地玄黃으로 시작해서 언재호야焉哉乎也로 끝나는 천자문은 6세기부터 20세기까지 교과서로 널리 쓰였는데, 이 책 한 권을 이해한 사람을 상당한 교양인으로 여겼다. 그러나 현대 지식을 표현하는데 사자성어 250개는 턱없이 부족하다. 한 가지 자연현상만 자세히 설명하려고 해도 백과사전 몇 권 분량은 된다.

지식 증가를 직감하는 것은 어려운 일이다. 인류의 총 지식 증가와 개인이 획득하는 지식 증가를 혼동하기 쉽기 때문이다. 자기 전문분야가 아닌 영역에서는 지식 증가를 실감하지 못한다. 광합성처럼 본인이 이해 가능한 사례를 몇 가지 적용해보면 이 말이 옳다는 사실을 알 수 있을 것이다.

지식은 새로운 이론 발견, 인공물 발명, 과학실험으로 얻은 발견 등으로 속속 탄생한다. 지식영역은 자연과학, 과학기술, 문학, 사회학, 예술학, 인간 생활 전반에 걸친다. 지식 탄생 시기나 프로세스에 관해 확립된 이론이나 정의는 없다. 하지만 지식 탄생 프로세스에서 기억해야할 것은 지식 간 연계다. 이미 아는 지식이라도 다른 지식에서 미지의 연관성을 발견하면 그것이 바로 신지식이 된다.

최초 인간의 유전자 수가 약 2만 3000개라는 사실이 판명됐다. 몇 년 전 3만에서 4만 개라는 사실이 밝혀졌기 때문에 전문가를 포함해 많은 과학자들은 이보다 적은 수에 의아해했다. 그런데 이번에 발표된 정밀분석에 따른 결과는 그 보다도 더 적다. 인간의 생명현상을 담당하는 단백질 종류는 10만 개 이상이므로 이 단백질을 제어하는 유전자 수도 10만 개 정도 될 거라고 생각했던 사람들이 많았다. 또 초파리가 1만 6000개, 선충이 2만 1000개, 대장균이 5000개, 식물 아기장대(Arabidopsis thaliana)가 2만 8000개이므로 고등한 인간의 유전자는 더 많을 거라고 생각했다. 참으로 근거 없는 믿음이었다. 생명과학은 인간의 유전자 수가 2만 3000개라는 신지식을 기준으로 지금까지 있던 지식을 재정리하고 방대한 양의 새로운 지식을 탄생시키며 발전할 것이다.

2. 반도체 지식의 증가

어릴 적 광석 라디오를 만들었던 기억이 있다. 킷 안에는 코일을 포함해 10개 정도 되는 지극히 단순한 부품이 있고, 이것을 납땜인두로 연결하면 라디오에서 희미한 소리가 들렸다. 설명서를 읽으면 왜 라디오에서 소리가 나는지 이해할 수 있었다.

미국에서 연구원 생활을 하던 30년 전쯤, 70달러를 주고 산 중고 컬러텔레비전이 얼마 가지 않아 흑백으로 나왔다. 원래 흑백텔레비전을 샀다 생각하고 봐도 되었지만 본전 생각에 기분이 썩 좋지 않았다. 이 이야기를 미국인 동료에게 했더니 고장 난 진공관을 바꿔보라고 했다. 10개 정도 되는 진공관을 뽑아 쇼핑백에 넣고 슈퍼로 갔다. 그곳에는 측정기가 있어서 하나씩 연결해보면 어떤 것이 고장 났는지 알 수 있었다. 고장 난 진공관을 새것으로 바꿔 끼니 다시 색이 나왔다. 정확한 원리는 몰랐지만 왠지 직접 수리를 했다는 느낌에 뿌듯했다.

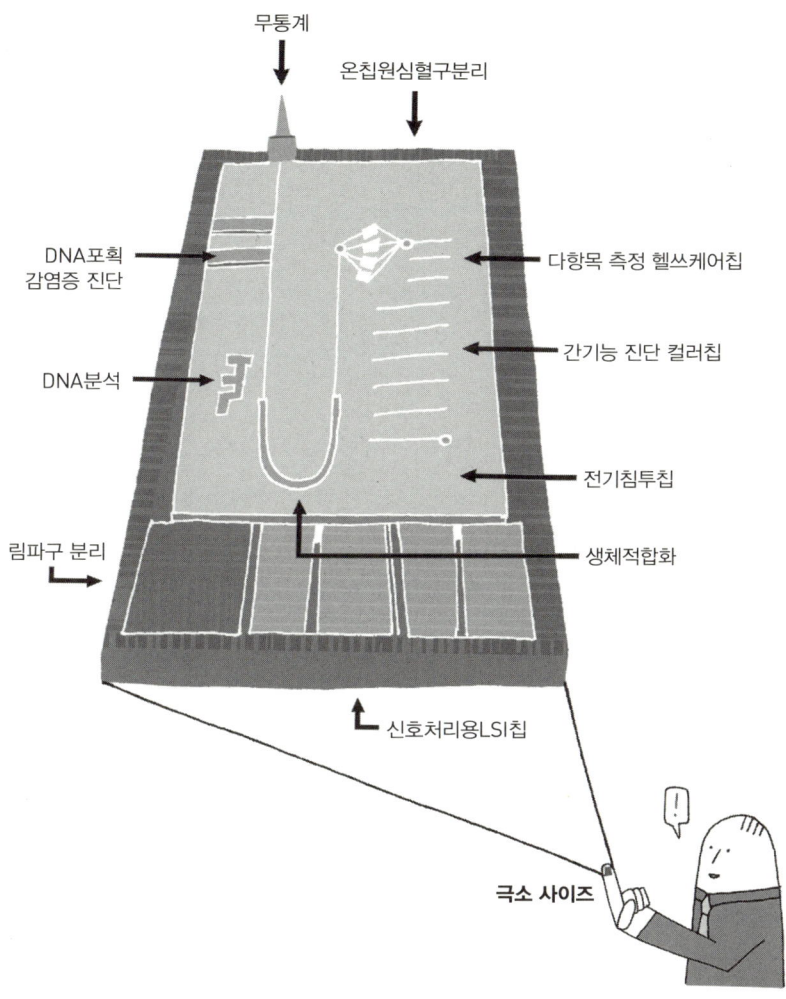

무통계

온칩원심혈구분리

DNA포획
감염증 진단

DNA분석

림파구 분리

다항목 측정 헬쓰케어칩

간기능 진단 컬러칩

전기침투칩

생체적합화

신호처리용LSI칩

극소 사이즈

그림 1-2 헬쓰케어칩 하나에 포함된 방대한 지식

어린 시절 직접 라디오를 만들어본 사람은 많을 것이다. 40년 전에는 부품 10개 정도만 조합하면 만들 수 있는 간단한 작업이었다. 부품은 코일과 그 안을 움직이는 철심 등으로 실체가 있었다. 그래서 전자지식이 거의 없는 아이들도 라디오가 들리는 원리를 자기 나름대로 추측했다. 요즘 라디오를 분해해보면 예전보다 구조 자체는 더욱 간단해졌다. 보드에 수많은 반도체 칩이 부착돼있을 뿐이다. 그러나 반도체 칩 형태만으로는 어떤 것이 어떤 기능을 가졌고 어떻게 해야 라디오가 들리는지 추측하지 못한다.

최근에는 자동차를 기계제품이 아닌 전자제품이라고 말한다. 엔진과 바디와 같은 본체는 기계이지만 본체를 제어하기 위해서는 수많은 전자부품이 사용되기 때문이다. 그 결과 작은 부품 하나만 고장 나도 모듈 단위로 교환해야 한다. 그것도 기계부품 단위가 아닌 전자부품 단위로 교환한다. 텔레비전과 같은 전기제품도 고장 나면 수리하는 것 보다 새로 사는 편이 싸다. 이렇게 된 배경에는 반도체가 있다.

반도체는 20세기 산업의 꽃이라고 했다. 반도체는 모든 산업에서 빼놓을 수 없는 존재였다. 일본 산업이 고도로 성장한 배경에도 국가 차원의 반도체지원정책과 기업의 막대한 설비투자가 있었다. 앞으로 반도체는 인간 생활에 한층 더 영향을 미칠 것이다. 손가락에 올려놓아도 보이지 않는 극소 사이즈 반도체를 중심으로 한 나노테크나, 건강검사 하는 모든 기능을 칩 하나에 탑재할 수 있는 바이오테크가 바로 그 예다. 바이오테크를 이용하면 DNA포획 감염증 진단, DNA분석, 림파구 분리, 원심혈구분리, 다항목 측정 헬쓰케어, 간기능 진단이 가능하다. 크기는 극단적으로 작아지고 기능은 극도로 고도화되기 때문에 상상을 뛰어넘는 새로운 응용이 가능하다.

 반도체 고기능화는 반도체이론, 회로이론, 미세가공기술, 화학반응장치, 반응 프로세스의 에너지절약 기술 등 다양한 영역에서 지식이 집적된 결과다. 이 일로 반도체 전체지식은 소영역으로 세분화되었고 전체를 파악하기 힘든 상황이 됐다. 이미 반도체 설계와 제조가 다른 기업에서 이뤄지는 모습은 낯설지 않다. 인간 분업에서 기업 분업이 시작된 것이다. 설계만 하는 기업은 공장 없이 운영된다. 반도체 전문가라고 부르면 통하던 시대가 있었지만 최근에는 반도체 설계전문가나 제조전문가처럼 세분화해서 부른다. 머지않아 더욱 세분화된 명칭이 일반화 될 것이다. 그 징후는 이미 나타나고 있다.

3.
지식사회의 딜레마

전 대표팀 야구감독 나가시마 시게오가 선수로 활동하던 시절의 일화다. 새로 입단한 후배의 불일사전을 보고 "그거 좋은데? 영어도 이런 게 있으면 편할 텐데"라고 했다고 한다. 사실 여부는 제쳐두고라도 나가시마 감독다운 일화다. 그러나 영일사전과 불일사전이 있어도 영어 단어를 프랑스어로 고치는 건 불가능하다. 그러므로 영불사전이나 일불사전이 필요하다.

중국어, 스페인어, 러시아어 등 전 세계 언어를 합하면 6000개가 넘는다고 한다. 그렇지만 그중 3000개는 이미 사어가 됐고 언어 보호는 문화자산 차원에서 생물적 종의 다양성을 유지하는 것 이상으로 중요하다는 언어학자도 있다. 어찌됐든 전 세계가 서로 이해하기 위해서는 수많은 종류의 사전이 반드시 필요하다. 최근 나노테크놀로지 사전이 출판되었지만 이것은 분야 간 사전이다. 그러나 사전을 만들어도 금방 새로운 지식이 등장한다. 그러므로 사전 제작도 끝이 없는 작업이다.

그림 1-3 **나노테크놀로지에 대한 모든 것을 아는 사람은 없다**

IT(인포메이션테크놀러지)에 대해 많은 사람들이 활발하게 토론했던 시기가 있다. 신문이나 텔레비전에서도 시대의 중심은 IT라고 했다. 최근에는 NT(나노테크놀로지)가 중심이라고 말한다. NT가 새로운 시대로 가는 문이며 NT만 있으면 기업과 국가모두 성공이 보장된다는 말까지 듣는다. NT 다음은 BT(바이오테크놀로지)이므로 빨리 BT로 이행하지 않으면 살아남기 힘들다고 위협하는 사람까지 나온다. 한편 인터넷으로 인해 전 세계가 네트워크로 연결되는 시대에는 네트워크에 흐르는 내용이 경쟁력의 원천이므로 CT(콘텐츠테크놀로지)가 중요하다는 주장도 있다.

결론부터 말하자면 모두 중요하다. 더욱 중요한 것은 인류가 지금까지 축적한 지식은 새롭게 탄생하는 IT, NT, BT, CT보다 훨씬 방대하며 모든 지식활동의 기반으로 빼놓을 수 없다는 점이다.

IT, NT, BT, CT에 대해 말은 많이 하지만 전모를 아는 사람은 없다. 그래서 사람이나 기업 모두 불안해한다. 그러나 이 모든 걸 연구하는 사람도 없을뿐더러 비즈니스 대상으로 삼는 기업도 없다. 따라서 방대한 지식 속에서 어떻게 필요한 지식을 찾아내서 전체상을 구축할지 그것이 문제다.

나노테크놀로지를 예로 들면 머릿속에 떠오르는 테마만 해도 아래와 같이 많다.

분자기계, 나노광촉매, 나노공간재료, 나노진동자, 나노카본튜브,

생체분자 분석 칩, 양자통신, 전계전자방출, 디스플레이, 나노와이어, 나노클러스터, 근접장광, 풀레린, 나노글라스, 드러그 딜리버리, 분자선에피택시, 나노필터, 나노다이아몬드, 테라비트 기록매체, 나노리소그래피, 스핀트로닉스, 단전자 트랜지스터, 나노시뮬레이션, 광디바이스, 나노인프린팅, 전자디바이스, 제오라이트, 덴드리머, 나노포라스재료, 유기분자소자, 나노결정실리콘, 나노세라믹. 이 모든 것을 이해하고 테마와 관련지어 장래를 전망할 사람은 물론 없다.

지식 증가는 문명발전을 위해 좋은 일이다. 그러나 지식이 폭발적으로 증가해서 지나치게 세분화되면 지식 전체상도 보이지 않고 지식 간 관련도 알 수 없다. 누구나 방대한 양의 지식을 갖기 원한다. 남들보다 아는 것이 적으면 불안하다는 이유로 많은 지식을 흡수해야한다는 강박관념에 시달린다. 그러나 이렇게 되면 스스로 경쟁력의 원천인 전문성을 잃고, 결국 지식의 홍수에 압도당하고 만다. 이것이 지식사회의 딜레마다.

KNOWLEDGE

4.
환경문제와
관련지식
증가

10년 전 일이다. 해마다 대학 동창회 참가자가 감소해서 강연회를 개최하기로 했다. 사실 떠맡다시피 하는 것이지만, 이 때 주로 활동하는 사람은 신임 교수다. 당시 신임 교수였던 내게도 강연 차례가 돌아왔고, 나는 박막 프로세스에 대해 강연했다. 기업에서 다양한 일을 하고 있는 동창생들이 이해하기 쉽도록 쉬운 말로 설명했다. 특히 동창회에는 졸업생 가족들도 참가하기 때문에 가능한 쉽게 설명하려고 했고 그 때문인지 내 강연은 호평을 들었다.

그런데 다음 날 어제 내 강연을 들었던 동료 교수의 부인이 "동경대 교수가 그렇게 쉬운 일을 하는 줄 몰랐어요"라는 말을 했다고 들었다. 솔직히 이 말을 듣고 기분이 유쾌하지는 않았다.

어렵게 말하는 것은 간단하다. 자신 있는 결과가 나왔을 때는 쉽고 간단명료하게 말하고, 자신이 없을 때는 어렵게 말하라. 이것이 내가 늘 연구실 학생들에게 하는 말이다.

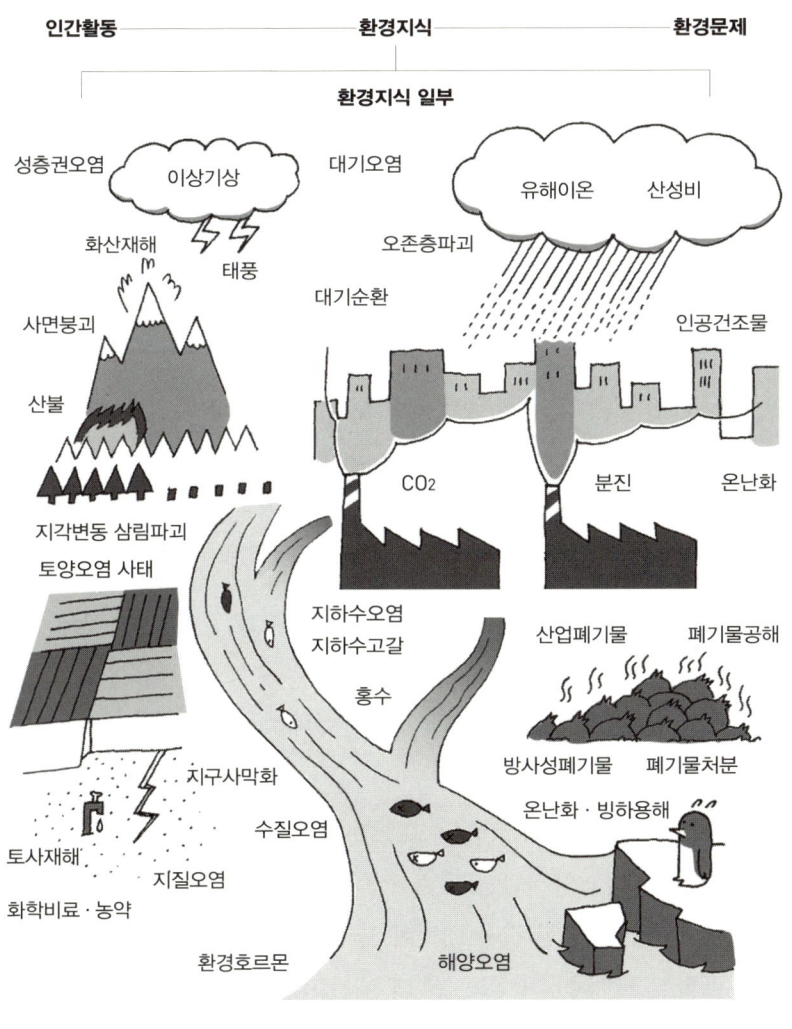

인간활동 ──── 환경지식 ──── 환경문제

환경지식 일부

성층권오염 이상기상 대기오염

화산재해 태풍 유해이온 산성비

오존층파괴

사면붕괴 대기순환 인공건조물

산불

지각변동 삼림파괴 CO_2 분진 온난화

토양오염 사태

지하수오염 산업폐기물 폐기물공해
지하수고갈

홍수 방사성폐기물 폐기물처분

지구사막화 온난화 · 빙하용해

토사재해 수질오염

지질오염

화학비료 · 농약

환경호르몬 해양오염

그림 1-4 환경문제에 대한 지식 증가

환경문제를 해결하려면 지속적인 사회의 관심과 개인의 노력이 필요하다. 더욱이 판단과 행동의 기준을 제공하는 전문지식의 이해와 보급은 필수불가결한 요소다. 그러나 환경과 관련한 전문지식은 엄청난 양에 달한다. 사실 환경전문가도 전체를 파악하는 건 불가능한 일이다. 환경에 관련해서 언뜻 떠오르는 테마만 몇 가지 적어보더라도 성층권오염, 산성비, 지구사막화, 대기순환, 폐기물처분, 방사성폐기물, 수질오염, 온난화, 삼림파괴, 이상기상, 빙하용해, 지하수고갈, 오존층파괴 등 일일이 열거할 수 없을 정도로 많다.

환경에 대한 시점이나 지식이 너무 광범위하기 때문에 환경을 주제로 논의하면 초점이 흐려지기 쉽다. 예를 들어 원자력발전 공청회나 지구온난화 문제에 패널로 참가했을 때를 생각해보자. 열심히 귀 기울여 들은 것에 비해 만족스럽지 못한 경험을 한 적이 많지 않은가? 참가자들 사이에 논리나 논점이 엇갈리는 모습을 자주 보게 된다. 이것은 참가자들의 지식배경이 다르고 시점과 접근 방식도 전문영역에 따라 전혀 다르기 때문이다.

과거 미나마타병이나 욧카이치 천식과 같은 공해문제가 발생한 적이 있다. 비참한 일이지만 문제의 구조 자체는 지극히 단순하다. 원인은 배출하지 말아야 할 것을 배출한 가해자가 있기 때문이며, 그 대책도 유해물질을 배출하지 않으면 되는 것이다. 그러나 새롭게 발생한 지구 규모의 환경문제는 복잡하다. 예를 들어 온난화 문제만 봐도 이산화탄소는 유해한 물질이 아니며 우리는 가해자와 피해자를 구별할 수 없다. 가해자도 피해자도 모두 우리 자신이며, 다음세대에게 우리는 명백한 가해자다.

최근 사회문제는 더욱 복잡해지고 있다. 에너지 문제를 생각해보자. 에너지는 일상생활, 경제, 정치, 국제관계, 가치관 등 모든 것과 관계하는데다 상호관계까지 다양해져서 결과적으로는 상당히 복잡해졌다. 현대문명은 에너지 자원의 약 80퍼센트를 화석자원에 의존해서 이산화탄소 발생량이 대기농도를 연 1퍼센트 가까이 증대시켰다. 대책도 하나씩 생각해보면 단순한 원리에 근거한다. 단지 현상이 다방면에 걸쳐 관련돼있기 때문에 복잡한 것이다.

전체를 이해하려면 문제 구조를 동정同定해야 한다. 예를 들어 북유럽에 있는 죽음의 호수는 산업혁명 이후, 영국에서 선탄연소 증가로 배출된 배기가스가 편서풍을 타고 북유럽에 도달해서 유황산화물이 섞인 산성비가 내려 아름다운 호수가 죽음의 호수로 변했다. 이런 식으로 구조를 이해한 뒤 대책을 생각해야 한다. 복잡한 문제라도 이런 방식으로 하면 그 원리가 틀리지 않는다.

5.
인공물의
복잡화

스포츠 기록은 왜 계속 경신되는 걸까? 체조경기를 보더라도 과거에는 최고 난이도였던 기술이 현재는 당연시되고 있다. 쓰카하라 선수가 1972년 뮌헨 올림픽 철봉 경기에서 '두 번 공중 돌며 한 번 비틀기'를 성공했을 때, 심사위원 중에는 무엇을 했는지 모르는 사람도 있었다고 한다. 상상도 할 수 없는 기술을 성공했기 때문이다. 하지만 지금 이것은 뜀틀과 마루운동을 하는 일반 선수들도 구사하는 기술이 되었다.

가능한 일은 시도하면 할 수 있다. 아테네 올림픽에서 메달 후보였던 싱크로나이즈 듀엣 팀은 경기를 6개월 앞두고서야 어떤 연기를 할지 발표했다고 한다. 1년 정도의 시간만 있으면 모방이 가능하기 때문이다. 현재 존재하는 지식을 이용하는 것이 신지식을 개발하는 것보다 훨씬 간편하다. 운동 기록이 향상되는 것은 스포츠 과학의 성과이며, 이를 위해 사회 과학기술의 지원은 꼭 필요하다.

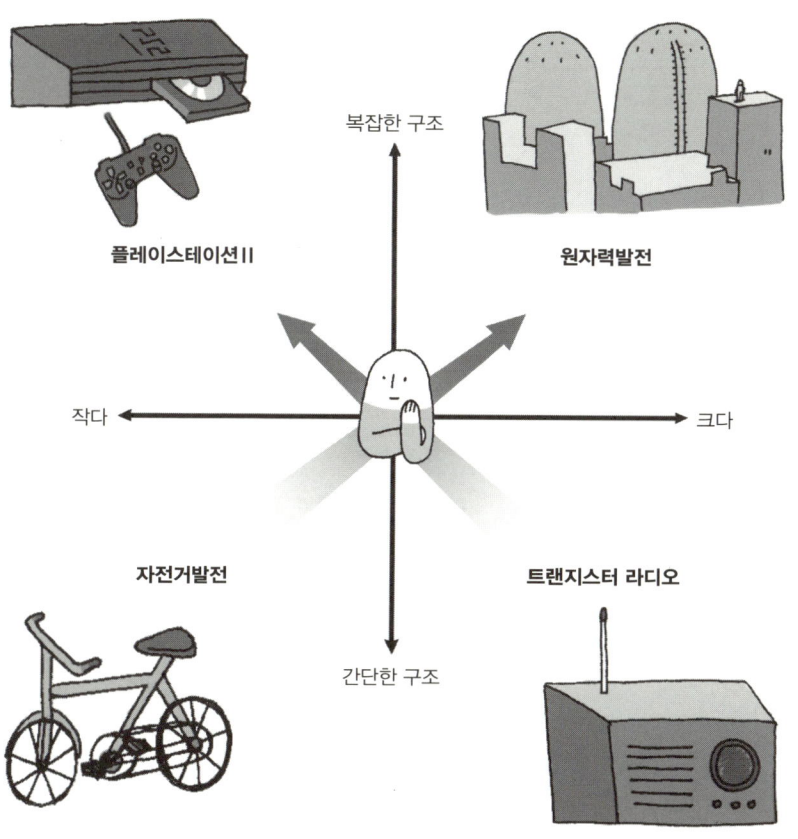

플레이스테이션 II

복잡한 구조

원자력발전

작다

크다

자전거발전

간단한 구조

트랜지스터 라디오

그림 1-5 인공물의 구조는 점점 복잡해진다

　인간은 풍차를 발명하여 생활에 이용했다. 풍차는 가루를 빻는 동력인 동시에 전기를 일으키는 원동력이기도 하다. 문명의 발전으로 보다 많은 전력이 필요해진 사회는 풍차 대신 수력발전이나 화력발전, 나아가 원자력발전까지 이용하게 됐다. 인간에게 풍차와 원자력발전은 그 목적과 쓰임이 같다. 그러나 인공물의 구조를 보면 그 복잡함은 엄청난 차이가 난다. 풍차는 부품이 수십 개인데 비해 원자력발전 부품은 300만 개에 달한다.

　인간 생활에서 같은 용도로 쓰이는 인공물이 시대와 함께 복잡화된 예는 많다. 마차와 하이브리드 자동차, 범선과 고속정, 비누를 만드는 솥과 현대의 화학콤비나트, 진공관 텔레비전과 게임기 등을 들 수 있다. 복잡함을 부품 개수로 표현한다면 그 차이가 1만 배는 족히 넘을 것이다.

　인공물의 구조가 복잡해진 관계로 사람들은 기능과 내부구조 관계를 이해하지 못한다. 과거 전파상에는 진공관 측정기가 있어서 텔레비전 진공관을 가져가 상태가 나쁜 것을 교환하는 텔레비전 수리가 가능했다. 진공관 기능은 몰라도 진공관은 눈에 보였고 그 성능이 화질과 관련이 있다는 사실은 직감으로 어느 정도 알 수 있었다. 요즘은 텔레비전이 고장 나면 보드를 교체한다. 보드 안에는 수십 억 개, 즉 세계 인구와 같은 수의 진공관에 상당하는 트랜지스터가 들어있다. 물론 이런 말을 들어도 여전히 실감은 나지 않는다.

인공물의 기능이 향상되어도 모든 기능을 이용하기는 사실상 매우 어렵다. 휴대전화나 팩스, 텔레비전용 리모콘에서 쓰는 키는 겨우 2~3개 정도다. 탑재된 기능을 모두 이용하는 사람이 과연 있을까?

놀랍게도 있다. 우리는 인공물의 복잡한 기능을 자유자재로 쓰는 사람을 마니아라고 부른다. 마니아는 복잡한 인공물을 몇 개의 원리로 나누어 각각의 상호관계를 이해하는 방식으로 구조를 파악한다. 그 결과 마니아는 처음 보는 최신형 휴대전화라도 몇 분 안에 그 구조를 완벽하게 이해한다. 마니아의 이해 방식이 바로 지식 구조화이며 인류의 희망이다.

이렇게 마니아가 이해하는 걸 보면 인공물의 부품 개수가 늘고 구조를 복잡하게 하는 이유가 단지 기능 향상만을 위해서일까 하는 의혹이 생긴다. 과연 인공물의 부품 개수 증가와 기능 향상은 비례하는 걸까? 마차와 하이브리드 자동차의 기능은 부품 개수 증가에 비례하여 향상됐을까? 우리가 모르는 제조업체의 음모가 어디엔가 있을지도 모른다.

6.
2000년 컴퓨터 문제

아름다운 여인에게 마음을 빼앗긴다. 그 여인을 생각하는 것만으로 맥박은 요동치고 혈압은 올라간다. 한 때 모든 생활이 그 사람을 중심으로 돌아간다. 그리고 실연을 한다. 마음의 상처는 영원히 지워지지 않을 것 같다. 하지만 어느 순간 자기도 놀랄 만큼 멀쩡한 모습으로 돌아온 자신을 발견한다. 오랜 시간이 흐르면 기억마저 희미해진다. 많은 사람들이 이런 경험을 해봤을 것이다. 가수 사다 마사시의 노래 중 「잊지 못하는 게 아니라 잊고 싶지 않은 거야」라는 실연의 기억에 대해 부른 노래가 있다. 한편 "망각은 잊는 것. 잊지 못한 채 망각을 다짐하는 가련한 마음이여"란 노랫말도 있다. 사람은 단순하지 않다.

단순하지 않지만 쉽게 잊는다. 자기 생일까지 잊는 사람이 있으니까 말이다. 그렇다고 5년 전 큰 이슈가 되었던 2000년 컴퓨터 문제를 대부분의 사람들이 까맣게 잊은 것을 특별히 다루고 싶은 마음은 없다. 하지만 그 문제는 우리 생활에 '과학지식'이 유입된 몇 안 되는 사례다.

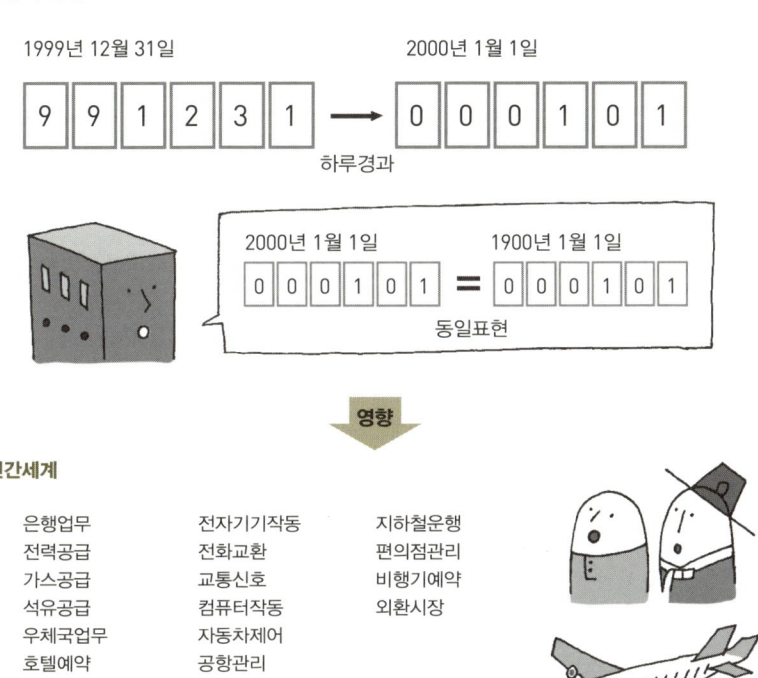

컴퓨터 세계

1999년 12월 31일

| 9 | 9 | 1 | 2 | 3 | 1 |

→

2000년 1월 1일

| 0 | 0 | 0 | 1 | 0 | 1 |

하루경과

2000년 1월 1일

| 0 | 0 | 0 | 1 | 0 | 1 |

=

1900년 1월 1일

| 0 | 0 | 0 | 1 | 0 | 1 |

동일표현

영향

인간세계

은행업무	전자기기작동	지하철운행
전력공급	전화교환	편의점관리
가스공급	교통신호	비행기예약
석유공급	컴퓨터작동	외환시장
우체국업무	자동차제어	
호텔예약	공항관리	

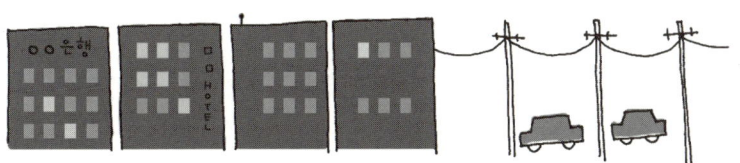

그림 1-6 과학기술은 일상생활에 깊이 관여한다

　컴퓨터는 데이터를 처리할 때 데이터를 '0'과 '1'인 2진수로 바꿔 정해진 프로그램으로 처리하고 결과를 메모리에 보존한다. 최근에는 메모리 가격이 저렴해졌지만 예전에는 매우 고가였다. 1960년대 초에는 메가바이트가 1만 달러로 현재의 만 배나 됐다. 고가인 메모리를 절약하기 위해 연도기록은 두 자리로 하는 것이 컴퓨터 업계 표준이었다. 그 결과 1990년대까지 세계에서 개발된 프로그램 대부분은 1971년은 71, 1989년은 89처럼 연도를 두 자리로 기록했다.

　1900년도 '00'이고, 2000년도 '00'이 된다. 그 결과 2000년이 됐을 때 컴퓨터 연도 기록이 99에서 00이 되면 컴퓨터는 1900년과 2000년을 구별하지 못한다. 그렇게 되면 프로그램은 오작동을 일으키고 은행 예금 시스템, 비행기 조종이나 관제 시스템, 전력회사나 가스회사, 자동차, 군 미사일 제어까지 혼란을 초래하여 파국적인 사태를 맞는 건 아닌가? 이 문제를 해결하기 위해 사상최대의 IT프로젝트 Y2K가 추진되었다. 연말이 가까워지자 사람들은 금을 사거나 은행 예금을 인출하고, 비상식품이나 초를 사기도 했다. 연말연시 호텔 숙박객과 비행기 여행자도 격감했다.

　전 세계가 숨을 죽인 채 2000년 1월 1일 오전 0시를 맞았다. 날짜변경선 서쪽부터 2000년을 맞았는데 아무 일도 일어나지 않았다. 그러나 대부분 작은 섬들이라 컴퓨터가 제어하는 기기가 거의 없기 때문에 참고가 되지는 않았다. 드디어 뉴질랜드의 오클랜드, 시드니, 도쿄와 같은 대도시가 속속 아침을 맞았다. 하지만 은행 예금 시스템에 다소 혼란이 생긴 정도 외에 별다른 일은 일어나지 않았다. 그 이유에 대해 나중에 언급한 평론가는 있었지만, 그 전에 설득력 있는 말로 예측한 사람은 전 세계를 통틀어 단 한 명도 없었다. 2000년을 무사히 맞이한 사람들은 2000년 문제를 까맣게 잊었다. 그러나 이 문제가 의미하는 바는 매우 크다. 인류가 사회 전체를 파악할 수 없게 됐다는 사실이 드러난 것이 바로 2000년 문제다. 정보 전문가만이 관련 있을 법한 2000년 문제가 인류전체의 문제가 됐다. 전문영역과 일상생활의 경계선이 사라지고 있는 것이다.

　과학기술이 고도로 발달한 현재, 문제의 전모를 파악할 수 있는 전문가는 없다. 전문가라고 불리는 사람들은 문제의 단편만 이해하는 사람들이다. 복잡한 문제해결을 위해 전문가를 모은다고 해서 전모를 파악할 수 있는 시대가 아니다. 직소퍼즐의 조립 전 상태에 지나지 않는다. 이 시대는 우리에게 새로운 지식 패러다임을 요구한다.

7.
<mark>지식영역 증가와 상호이해의 어려움</mark>

내가 지금까지 참가한 위원회만 해도 상당수에 달한다. 국가위원회는 정책을 결정하는 중요한 역할을 부여받았지만 제 구실을 못한다는 비판도 많다. 인원구성이 한쪽으로 치우쳐서만은 아니다. 공학·법학·경제학 등의 학자, 자동차·전력·화학 등의 산업계 경영자나 기술자, 거기에 소비자단체와 노동조합 대표, 저널리스트까지 모인다. 이렇게 분야별 대표가 모이면 어느 정도 세상 돌아가는 일을 알 거라는 전제에서였다.

그러나 공학을 대표한다는 내가 그것도 화학 교수면서 사린(액체와 기체 상태로 존재하는 독성이 매우 강한 화합물로 주로 중추신경계를 손상시킨다_옮긴이)을 모르는 상태를 사람들은 어떻게 생각할까? 원자력 발전 공청회에서 전문가는 시민들 질문에 답변을 한다. 특히 원자력은 복잡한 문제다. 발전소 부품 수만 해도 300만 개가 넘고 자원문제와 폐기물문제도 있다. 전문가가 불쌍해 보이기까지 한다. 애초에 전제가 틀렸기 때문에 위원회나 공청회가 제 구실을 하지 못하는 건 당연하다.

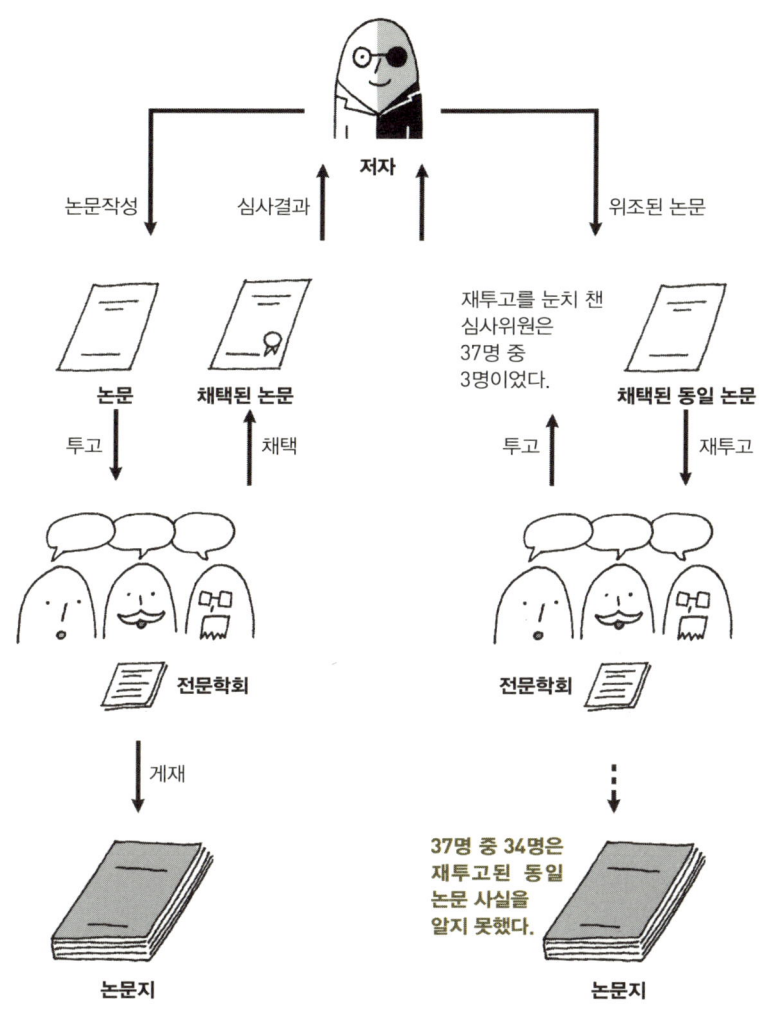

저자

논문작성   심사결과   위조된 논문

논문   채택된 논문   재투고를 눈치 챈
심사위원은
37명 중
3명이었다.   채택된 동일 논문

투고   채택   투고   재투고

전문학회   전문학회

게재

**37명 중 34명은
재투고된 동일
논문 사실을
알지 못했다.**

논문지   논문지

그림 1-7 같은 논문을 재투고했을 때 채택여부를 알아 본 실험

하나의 학문영역만으로는 해결하지 못하는 중요문제가 다수 발생한다. 학문융합과 학제영역에 대한 중요성을 지적하는 이유가 바로 여기에 있다. 올바른 지적이지만 문제는 학제學際의 학은 경제학, 법학, 공학, 이학과 같은 큰 단위가 아니다. 이보다 훨씬 작은 단위의 학문융합이 필요하다. 전문가가 가진 전문지식 범위가 좁아진 결과 일반적으로는 같은 영역인 전문가들 사이에서도 충분한 상호이해가 이뤄지지 않는다. 이 일에 대한 흥미로운 실험 결과가 1982년 학술지「행동과 뇌과학Behabvioral and Brain Sciences」에 실렸다.

실험에서는 12종류의 권위 있는 학술지에 과거 3년 이내에 게재되었던 논문을 제목과 저자명만 위조해서 재투고했다. 이름 있는 학술지는 논문 하나를 놓고 여러 명의 전문가가 읽고 게재 여부를 판정한다. 이것을 전문가끼리 조사하고 검토한다고 해서 피어리뷰(상호검사)라고 한다. 그러나 논문을 읽은 37명의 전문가들 중 재투고를 안 사람은 겨우 3명뿐이었다. 37명 중 3명, 이는 전문가의 말을 같은 영역 안에 있는 다른 전문가가 이해하는 확률지표다. 이 결과로 유추해보면 서로 다른 영역의 전문가가 서로를 이해할 확률은 공중에 던진 바늘 두 개의 끝이 충돌할 확률이라고 보면 된다.

지식영역이 증가하면서 언어로 인한 오해도 증가한다. 같은 말을 사용해도 전혀 의미가 다르거나, 반대로 다른 말을 썼는데도 같은 의미로 받아들여진 경험은 누구나 있을 것이다. 예를 들어 공학에서 쓰는 '프로세스'는 기계공학과 화학공학에서 말하는 의미와 범위가 다르다. 그 결과 회원 수가 많은 학회에서는 그 안에서 부회나 위원회를 만들어 보다 전문적인 내용을 논의한다. 부회에서 쓰는 말은 다른 사람이 이해하지 못하는 자기들만의 말로 자곤(jargon, 전문용어 혹은 종잡을 수 없는 말)이라고 한다. 언어는 서로를 이해하는데 가장 중요한 수단이다. 자곤을 공유하는 사람들은 일체감을 느낀다. 학문세계에도 그런 사람들끼리 모여 토론하는 경우가 많다. 그러나 부회에 참가하는 사람이 많으면 워킹그룹과 같이 더욱 세분화된다.

다양한 영역의 사람이 모여 토론하는 편이 비약적인 발전을 하기에 더 나은 방법이다. 따라서 발전을 위해 복수학회가 공동주최하는 심포지엄이나 포럼이 필요하다. 또한 지식의 수요 면에서 볼 때 사회에도 학제는 필요하다. 나노테크놀로지를 예로 들면 학회나 업계 하나만으로는 전모를 파악할 수 없다. 또 세계적으로 진행하고 있기 때문에 전 세계의 연구자가 모여 토론하는 것이 합리적이다. 즉 학제, 업제業際, 국제國際는 지식의 세분화시대에 불가피한 요구다. 높은 비용을 지불하면서도 국제 심포지엄에 참가하는 이유도 이 때문이다.

제2장 지식환경의 이해

8.
데이터와
지식의
정의

　장기 타이틀전에서 생긴 일이다. 하네오 기사가 전 타이틀을 석권하던 시절, 종반에 외통수를 보지 못해서 졌다. 그가 집에 돌아와 컴퓨터로 알아보니 컴퓨터는 금세 외통수를 찾았다고 한다. 그렇다고 컴퓨터가 하네오 기사보다 강하다는 소리는 아니다. 컴퓨터 기사는 아직 2단 정도 수준밖에 안 된다고 한다.

　아마도 고바야시 히데오의 『상식』이란 단편소설이었을 것이다. 어떤 사람이 수학자에게 신들이 장기를 두면 어떤 신이 이기냐고 물었다. 고바야시는 다음과 같은 말로 답을 대신했다.

　"장기에서 만약 보步가 하나씩 있고 장기판이 한 줄일 때 2열이면 선수필승, 3열이면 후수, 4열이면 선수필승이다."

　이 이야기를 연구실에서 하니 어느 학생이 무승부일 거라고 했다. 언젠가 해답을 알게 될 날이 올런지도 모르겠다.

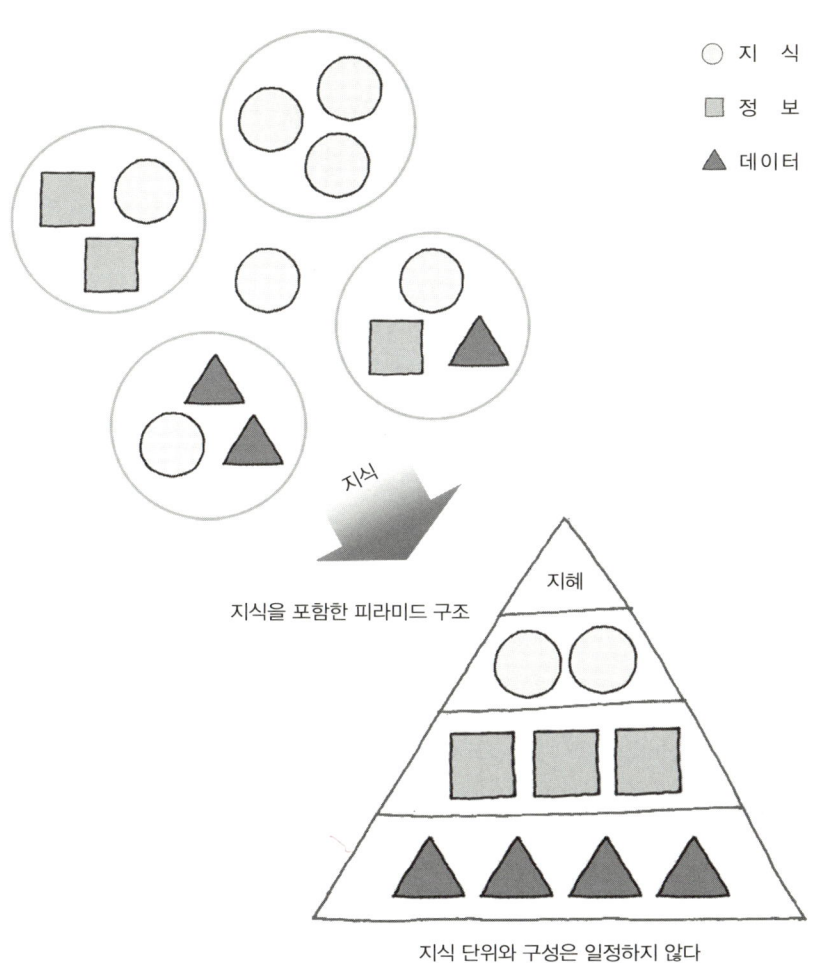

○ 지 식
▢ 정 보
▲ 데이터

지식

지식을 포함한 피라미드 구조

지혜

지식 단위와 구성은 일정하지 않다

그림 2-1 데이터와 지식 정의

우리가 '지식'이라고 부르는 것은 사람에 따라서는 물리법칙, 수학, 무형물, 정신, 사고방식, 발명, 시간, 방법 등일 수 있기에 대상에 대한 명확한 범위는 없다. 지식에 대한 정의는 다양하지만 절대적인 정의는 없다. '지식'은 명확한 정의 없이 누구나 사용하는 표현과 사고방식이라고 하는 것이 좋을 듯싶다.

우리는 종종 지식을 사용하는 관점과 목적을 바탕으로 고유의 정의를 내린다. 정보처리를 위한 체계화 정도에 따라 데이터, 정보, 지식과 같이 세 단계로 분류하는 것이 일반적이다. 화살이 날아간 거리는 데이터, 크기에 상관없이 같은 속도로 떨어지는 돌은 정보, 힘=질량×가속도라는 뉴턴의 운동 법칙은 지식으로 정의한다. 그러나 이들 셋 중 정보와 지식은 특히 구분하기 어렵기 때문에 구별하지 않고 쓰는 사람이 많다.

데이터와 지식을 피라미드 구조로 데이터, 정보, 지식, 지혜 순서로 표시했다. 이 피라미드 구조는 위로 올라갈수록 사람의 처리에 의존하고 아래로 내려갈수록 컴퓨터의 기계적 처리가 용이하다는 점을 보여준다.

지식은 영역제한과 영역 내 기준법칙결정으로 형성된다. 지식은 고도의 지적활동 산물이다. 한편 데이터는 어떤 일과 요인이 발생한 시점에서 자동적으로 만들어진다. 화학을 예로 들면 나트륨이 물에 들어가면 폭발한다는 사실은 데이터, 나트륨과 칼륨 성질이 닮았다는 사실은 정보, 원소가 주기율을 따른다는 사실은 지식으로 정의할 수 있다.

뉴턴은 질량으로 표현되는 물체 운동과 영역을 정하고 그 안에서 기본법칙을 정했다. 하지만 운동에서 빛의 직진이나 사회 발전 형태와 같은 것은 제외했다. 주기율은 물질 중에서 화합물과 혼합물을 제외한 영역을 원소로 제한한 법칙이다. 영역제한에 지식본질의 일부가 있다.

지식은 데이터나 정보에 따라 가치가 높아진다. 뉴턴의 법칙은 별 운행에서 사과낙하에 이르기까지 영역 안에서 모든 것을 설명했을 뿐 아니라 화성에 로켓발사를 가능하게 했다. 아무리 화살이 몇 미터 날아간다는 데이터를 모아도, 아무리 돌은 크기에 상관없이 동시에 떨어진다는 정보를 축적해도, 로켓은 달에 가지 않는다. 주기율을 발견했기 때문에 인류는 계속해서 신원소를 발견할 수 있었다. 연구실도 기업도 정부도 데이터로 넘쳐난다. 그렇기 때문에 이용하지 못하는 것이다.

9.
지식
영역의
세분화

　내가 회원으로 등록한 학회는 국내외를 포함해 20곳이 넘는다. 하지만 활발하게 활동하는 단체는 두세 군데고 나머지는 친목 차원이다. 확실히 학회 수는 많다. 화학 관련 학회만 보더라도 큰 학회만 일본에 33곳, 교육관계 학회도 20곳이 넘는다. 이렇게 학회 수가 많으면 정책 입안을 위해 학계의 도움을 받거나 언론기관에서 취재를 하려고 해도 어디에 물어야 좋을지 모른다. 학회를 통합해서 학회 수를 줄이자는 의견도 나온다.

　이렇게 통합하자는 의견은 사회에서 나온 요구로, 각론이 아닌 총론과 부감적인 견해를 원하는 것이다. 물론 각 학회에서 하는 개별연구가 무의미하다는 소리는 아니다. 개별연구를 무시한 통합은 의미가 없다. 그래서 전체를 통합한 부감적인 학회를 만들자는 의견이 나온다. 핵심을 파악한 일일 수도 있지만 잘못하면 또 다시 학회만 하나 늘어나는 걸로 끝날지도 모른다.

공학영역

화학 유기화학 무기화학 물리화학 촉매화학 양자화학 양자유기화학 이론화학
고체화학 착체화학 금속착체화학 생체촉매화학 착체촉매화학 고체촉매화학
염료화학 표면처리학 유기착체화학 구조화학 분석화학 화학공학 반응공학
반응장치공학 분리학 연소학 화학유체공학 연료화학 반응화학 표면화학
표면분석화학 석유화학 석탄화학 고분자화학 생물화학 생명과학 플라즈마공학
프로세스공학 플랜트공학 플랜트메인터넌스학 고압화학 고온화학 우주화학
방사선화학 오퍼레이션공학 고압가스화학 공업화학 미생물공학 발효공학
리그닌화학 입체화학 절대반응속도론 화학반응속도론 복합반응속도론
촉매반응속도론 착체반응속도론 고체촉매반응속도론 물성론 액체론 고체물성론
기체분자운동론 분자운동학 기계공학 산업기계공학 박용기계공학 기계정보공학
원자력공학 원자로공학 노심공학 열공학 전열공학 엑서지학 선박공학 항공공학
유체공학 혼상유학 마이크로유체공학 로봇공학 마이크로머신공학 센서학
시뮬레이션공학 로켓공학 우주공학 정밀기계공학 인공물공학 금융공학 경제공학
역학 열역학 유체역학 재료역학 전자기학 통신학 네트워크학 계산역학
전기공학 전자공학 전자정보공학 전기통신학 반도체공학 디바이스공학
디바이스프로세스공학 전자회로학 고체소자학 전기에너지공학 초전도공학
태양전지공학 환경공학 환경과학 환경화학 환경화학공학 환경분석화학
환경분석공학 환경분석 시스템공학 도시공학 건축학 토목공학 사막학 임학
수공학 위생공학 하수도공학 육수학 생태학 환경안전공학 LCA학 해양학
지리학 해양환경공학 연안해양공학 해양생물 환경공학 해양생태학 하천공학
하천환경공학 대기환경학 대기에어로졸학 육권환경공학 생태환경공학
토양미생물학 환경수문학폐기물공학 리사이클공학

그림 2-2 공학영역에 포함된 지식 세분화

　지식이 세분화되는 형태를 실감하려면 학회명 분화를 보는 것이 좋다. 학회명 하나가 하나의 학문영역이나 지식영역을 나타낸다고 가정하고 생각나는 대로 적어보니 한 시간 만에 100개가 넘는 영역이 나왔다. 철학에서 법학, 의학, 이학, 공학이 분화했고, 이학에서는 화학이 유기화학과 무기화학으로 분화했고, 나아가 유기화학→착체화학→유기착체화학→유기금속착체화학으로 세분화했다. 지식은 '영역+기본법칙'이라는 자연스런 결과로 학문영역이 늘었고 이에 호응하듯 학회도 늘었다. 마찬가지로 대학 학과명도 현저히 다양해졌다.

　학회 수가 늘어나는 한편 복수 학회를 정리해서 학회 수를 줄이자는 의견도 있다. 또 대학의 학과를 정리해서 학과 수를 줄이자는 의견도 있다. 과연 이 의견이 옳을까? 학과를 정리하자는 의견은 사회에서 나온 종합화 요구이며, 더욱 폭넓은 능력을 가진 학생을 기르는 교육을 하자는 의미일 것이다. 이런 의미에서 보자면 합당하다고 말할 수 있다.

　그러나 학회는 연차대회로 1년에 수차례 논문발표를 한다. 현재 주요 학회에서 발표된 논문은 수천만 건에 달한다. 논문발표는 수십 곳에 달하는 회장에서 병행하며 열리기 때문에 지금도 논문발표 일부밖에 들을 수 없다는 불만이 있다. 통합하자는 의견은 종합적인 지식을 요구하는 사회의 입장이지만 지식을 공급하는 입장인 학회가 10곳만 모여도 연구발표는 1만 건이나 된다. 이렇게 되면 연구발표 관리조차 어려워진다. 통합한다는 것은 고도화, 전문화된 지식영역을 무시한 의견이다. 자칫 잘못하면 과거로 퇴보하고 만다.

지식을 공급하는 학회는 수요측인 사회와 관점이 다르다. 일반적으로 지식을 공급하는 쪽은 가능한 세분화하려고 하지만 수요측은 융합된 지식을 요구한다. 예를 들어 서점에 가면 독자는 자신의 문제의식에 초점을 맞춘 융합된 책을 찾는다. 그것이 가장 효율 높은 지식공급원이기 때문이다. 그러나 저자의 입장에서는 다양한 책을 쓰고 싶어 하며, 자신이 힘들게 얻은 지식의 세부적인 사항에 대해 쓰길 원한다. 독자의 범위를 넓히고 싶기 때문이다.

지식공급과 수요문제를 지식유통적인 측면으로 접근해도 흥미롭다. 유통은 비용이 발생한다. 이 비용을 최적화하기 위해서는 유통단위라는 관점이 필요하다. 학회 수나 학과 수도 지식공급과 수요에 대한 사회적인 비용이라는 관점에서 재고할 여지가 있다. 사회적 비용을 최소화한다는 발상이 아닌, 효과를 최대로 하는 최적비용 면에서 학회 수나 학과 수를 논의하면 지금껏 보지 못했던 새로운 면이 보일지도 모른다.

10.
과학과 인간의 거리 확대

'뉴트리노'가 뭡니까? 노벨상을 탄 고시바 선생이 수차례 받은 질문이다. '뉴트리노'는 어디에 쓰입니까? 노벨상 기념기자회견에서 어느 기자가 질문을 했다. 고시바 선생의 답변은 간단했다. "아무 곳에도 쓸모가 없는 것입니다."

노벨상 수상 자체는 매년 대서특필되는 것에 비해 그 내용은 크게 다뤄지지 않는다. 이는 그 내용을 설명해주어도 사람들이 실감하지 못하기 때문이다.

한편 미국이 추진하는 화성탐사에 대해서는 많은 언론에서 대대적으로 보도한다. 화성에 대량의 물과 얼음이 있다는 발표에 생물이 존재할 가능성이 있다는 로망을 품기도 한다. 뉴트리노보다 화성에 대해 다루는 것은 사람들에게 물과 생물이 더 와 닿기 때문이다.

과학 세계?　　　　　　　　　　인간 세계?

그림 2-3 과학과 인간의 거리는 확대되고 있는가?

STRUCTURING

어릴 적 누구나 별을 보며 우주를 떠올렸던 경험이 있을 것이다. 우주는 무엇이며 그 끝은 어디일까? 만약 우주의 끝이 있다면 그 밖에는 무엇이 있을까? 나는 계속해서 생겨나는 의문점을 해소하기 위해 부모님이나 선생님께 여쭤보거나 백과사전을 뒤지곤 했다. 학년이 올라가면서 물질을 작게 나누면 마지막에는 무엇이 남을까 생각했던 기억이 난다. 아이들이 갖는 이런 의문들을 해결하고자 하는 것이 바로 물리학의 목적이기도 하다. 과학은 인간의 근원적인 호기심에 뿌리를 둔 활동이다. 그 결과 지식이 늘고 많은 실익을 거두었기 때문에 현대문명이 성립되었다.

현대문명은 식품, 의료, 에너지, 재료, 정보 등 거의 모든 영역에서 과학의 은혜를 입었다. 그러나 과학이 사회에 미치는 역할이 커지면서 과학과 사람 간의 거리가 멀어졌다. 과학이 너무 세분화되어 과학과 사람 간의 관계가 보이지 않게 되었기 때문이다.

운동 법칙을 예로 들면 사과 낙하, 해머던지기 궤도, 별 운동이 같은 원리이고, 나아가 로켓이 화성으로 가는 원리와 이어진다는 것은 어렴풋이 이해가 간다. 20세기 중반까지는 이런 상황이었다. 그러나 원자핵을 구성하는 양자와 중성자가 플러스 전하만 있는데 딱딱해지는 이유가 과학자한테는 매우 재미있는 문제이겠지만, 일상생활과는 거리가 먼 이야기다. 공간이 굴절한다고 한 아인슈타인 이론이나 뉴트리노 질량문제로 들어가면 사람들은 점점 거리를 느낀다.

요즘은 예기치 못한 사고가 많이 일어난다. 큰 상처를 입은 아이는 작은 상처를 입은 적이 없는, 즉 경험부족이 원인인 경우가 많다. 과학과 사람 간의 거리는 작은 경험들이 쌓이면서 단축된다. 그러나 전 강의수가 9500강좌나 되는 동경대학을 보면 알 수 있듯이 교육만으로 과학전반을 경험하는 건 불가능하다.

원자력발전의 시시비비를 가리는 논의에서부터 유전자 변이 식품의 옳고 그름을 가리는 논의까지 일상생활에서 과학지식 없이는 이해하지 못할 문제가 산적해있다. 그러나 과학은 이렇듯 다양한 문제를 이해하기 위해 광범위해졌기 때문에 사람과의 거리가 멀어지는 문제가 생겼다.

교육도 여유와 주입 사이에서 흔들리고 있다. 지식만으로 창조성을 기를 수는 없지만 지식 없는 창조성은 불가능하다. 이 두 가지를 양립할 해결책이 없는 것이 교육문제의 근원이다. 과학과 사람간의 거리를 단축하려면 이것부터 해결해야 하지 않을까?

KNOWLEDGE

11.
지식영역의 전체상과 세부지식

예전에 100미터 달리기에서 10초벽을 깨지 못한다는 신문 기사를 읽은 적이 있다. 자세한 내용은 기억나지 않지만, 심장이나 풍압 때문에 불가능하다고 했던 것 같다. 그 당시 소년이었던 나는 신문 기사 그대로를 믿었다. 하지만 실상은 모두가 아는 바와 같다. 현재 최고 기록은 9초 79다. 어디까지 기록이 경신될까?

스프링이 들어간 운동화라든가 기구를 금지한다면 9초 벽은 깨지지 않는다. 물론 이 말도 근거는 없다. 이럴 때 의지가 되는 건 이론이다. 예를 들어 자동차가 가솔린을 소비하는 이론치는 제로다. 1마력인 말이 50마력인 경자동차와 같은 주행능력을 가졌다는 것이 그 증거다. 그러므로 자동차 연비는 계속 좋아질 것이다. 적절한 이론에 근거하여 전체상을 생각하고 결론을 내는 작업은 내 취미이기도 하다.

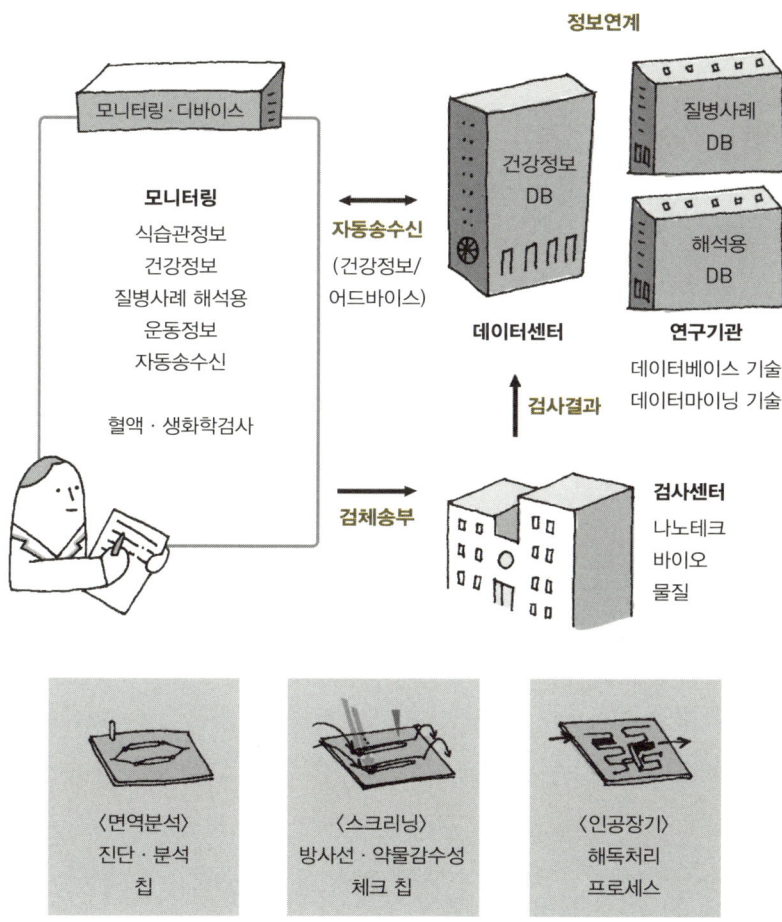

정보연계

모니터링·디바이스

모니터링
식습관정보
건강정보
질병사례 해석용
운동정보
자동송수신

혈액 · 생화학검사

자동송수신
(건강정보/
어드바이스)

건강정보
DB

질병사례
DB

해석용
DB

데이터센터

연구기관
데이터베이스 기술
데이터마이닝 기술

검사결과

검체송부

검사센터
나노테크
바이오
물질

〈면역분석〉
진단 · 분석
칩

〈스크리닝〉
방사선 · 약물감수성
체크 칩

〈인공장기〉
해독처리
프로세스

그림 2-4 전체상을 부감한 뒤 세부지식을 이해한다

예로부터 의료는 생활의 질을 향상시키는 복지 혜택의 일환이었다. 그러나 의료기관 수가 늘고 경쟁이 심해지면서 의료를 산업으로 육성하려는 움직임이 일기 시작했다. 소득증대에 따라 풍족한 생활을 바라는 것은 인간의 자연스런 욕구다. 거기에 고령화와 저출산 같은 사회변화로 의료를 산업으로 자리매김하여 보다 높은 요구를 충족시키는 서비스를 제공하려는 움직임이 일고 있다.

의료와 관련된 지식영역은 광범위하기 때문에 전체를 파악하기는 매우 어렵다. 의료산업은 인간의 생명을 대상으로 하면서 최첨단 기술을 최고 효율로 쓰고 영리추구까지 해야 한다. 단순히 실력 좋은 의사 몇몇만으로 의료 서비스를 제공하던 시대는 지났다. 또한 의료행위 대상도 치료에서 예방으로 이동하고 있다.

의료현장에서는 전통적인 의료지식을 바탕으로 하는 치료행위와 함께 다양한 전자장치와 컴퓨터장치를 도입했다. 자기공명장치NMR나 X선 장치로 하는 검사는 기본이다. 또 의료행위를 데이터베이스에 기록해서 재이용하거나 병원 간 전자진료기록의 교환도 당연한 일이 됐다.

2000년 전에는 철학밖에 없었던 학문에서 의학이 분화했다. 그 뒤에는 공학을 포함한 다양한 영역으로 세분화됐다. 그러나 의료 역시 세분화와 함께 융합이 필요하다. 좋은 의료행위를 위해서는 의학, 이학, 공학, 법학, 경제학, 심리학 등 다양한 영역에서 지식통합이 이뤄져야 한다. 대상이 사람이므로 당연한 일이다.

과거 권위적이었던 의료기관에서 진료결과에 대한 책임을 의사에게 묻는 일은 상상도 하지 못했다. 그러나 최근에는 의료재판이 끊이지 않고 있으며, 전국 병원과 분야별 명의정보가 일반 잡지나 인터넷에 공개된다. 폐쇄적인 의료영역도 급속도로 개방되고 있다. 그 결과 의료에도 공학, 윤리학, 법학, 경제학 등 다양한 영역이 접근하기 시작했다. 이들 학문과의 연계로 전통적인 치료행위였던 의료에서 산업이라는 의료 개념이 생겼다. 머지않아 영리를 추구하는 의료 비즈니스 모델이 등장하리라 본다.

독립된 지식영역은 자연소멸하거나 다른 지식영역과 연계해서 발전한다. 의료는 후자의 길을 걷기 시작했고, 그 결과 전체상을 파악하는 일은 더욱 힘들어졌다. 의료의 전체상을 파악하는 전문가가 나타난다면 얼마나 눈부신 활약을 펼칠지는 충분히 짐작이 가고도 남는다.

12.
복잡계의 구조적 이해

처음 자전거를 탔을 때 너무 흥분한 나머지 잠을 이룰 수 없을 정도로 기뻤다. 가장 큰 기쁨은 밤마다 자전거를 탔던 일이었다. 밤이 되면 자전거 라이트를 키고 불빛을 세게 하기 위해 열심히 페달을 밟았다. 내 자전거에서 가장 멋진 부분은 야간 라이트였다.

자전거에 불이 들어오는 원리는 페달을 밟았을 때 바퀴가 돌아가며 발전기 축을 회전시키는 것이다. 발전소에 있는 발전기는 자전거에 있는 발전기가 커진 형태다. 풍력발전소에서는 바람으로 풍차를 돌리며 수력발전소에서는 물 흐름으로 임펠러(물이나 증기를 받아 그 동력으로 바퀴를 회전하기 위하여 회전축에 날개를 단 짓)를 돌린다. 화력발전소에서는 연료를 태워 물을 끓여서 발생하는 수증기 흐름으로 돌린다. 연료를 태우는 대신 핵반응 발열로 수증기를 발생시키는 것이 원자력발전이다. 발전은 그렇게 간단한 기술이 아니다. 기술 수준에 따라 발전효율이 배나 달라지지만 그 작동 원리는 자전거와 같다.

STRUCTURING

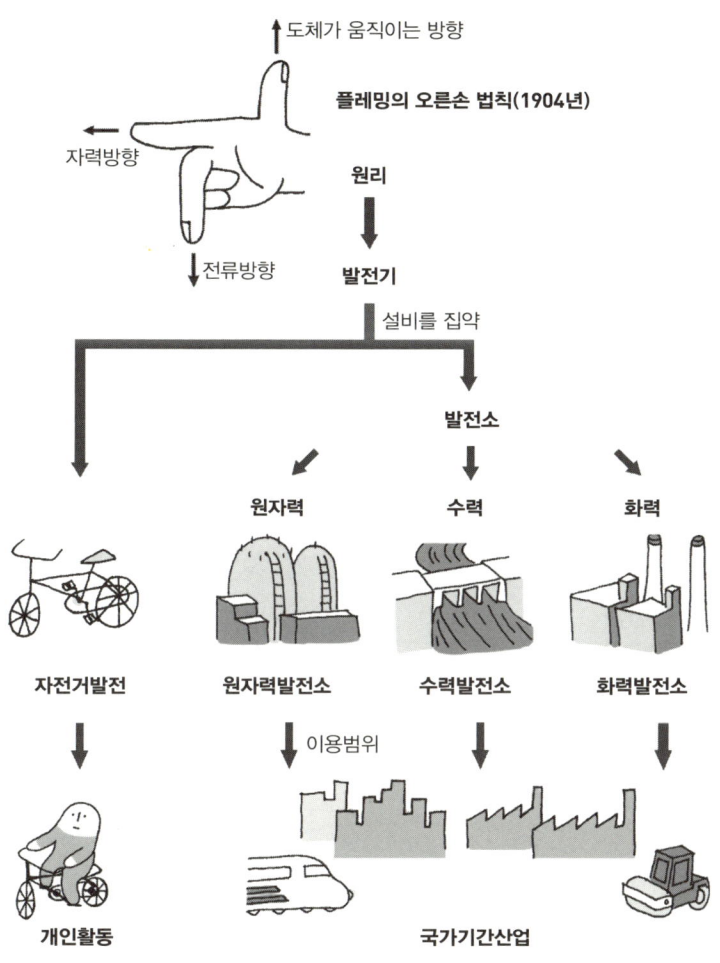

그림 2-5 복잡계의 구조를 이해한다

지식환경의 이해   67

발전원리는 1904년 발표된 플레밍의 오른손 법칙이다. 그림처럼 오른손 손가락이 가리키는 방향으로 도체가 움직이는 방향, 자력 방향, 전류 방향을 알 수 있다. 발전기는 이 원리를 기본으로 움직임이 대규모인 것뿐이고, 발전소는 거대한 발전기가 여러 대 있는 장소다. 원리를 이해하면 그 원리에서 파생된 내용을 이해하기 쉽다.

수력발전소, 화력발전소, 원자력발전소, 지열발전소, 풍력발전소의 발전원리는 모두 같다. 자전거 앞바퀴에 부착한 작은 발전기 때문에 불이 들어온다. 여기서 크기만 커진 발전기가 발전소에서 돈다. 원리가 같아도 규모가 커지면 복잡하게 보인다. 원자력발전소는 최첨단 과학기술을 구사하는 복잡한 인공물의 대명사로 알려졌다. 그러나 부품수가 300만 개에 달하는 원자력발전소라도 발전원리는 자전거와 같다.

발전원리를 거꾸로 이용하면 절전도 가능하다. 자전거에 불을 켜면 페달 밟는 게 무겁다. 이는 브레이크를 걸기 때문이다. 에너지 절약 타입인 전차는 이 원리를 이용한다. 이 타입의 전차는 멈출 때 끽~하는 소리를 낸다. 관성에 의해 모터를 돌리다 브레이크를 거는 것과 동시에 발전하는 소리다. 버스도 하이브리드 자동차도 자전거와 같은 원리로 발전과 브레이크를 건다.

지식영역은 문명의 발전과 함께 급격히 융합하여 특정현상의 전모를 이해하는 일이 어려워졌다. 복잡계라고 하는 현상이나 인공물도 전체를 이해하는 것이 불가능하면 부분으로 나누어 부분 최적화를 실행한다. 그러나 부분 최적화 집합이 전체 최적화가 된다는 보장은 없다. 전체 최적화를 이루기 위해서는 먼저 전체를 지배하는 기본 원리를 찾는 일이 중요하다. 복잡계의 문제나 현상은 다양하지만, 다행스럽게도 이들을 지배하는 기본원리가 그렇게 많지 않다. 원리에 근거한 구조적 이해는 복잡계를 이해하는데 필수 불가결한 요소다.

복잡계를 보다 쉽게 이해하기 위해 동일한 원리를 가진 문제부터 시행해보자. 예를 들어 '풍차, 원자력발전소, 에너지 절약 전차' '증기기관차, 가솔린자동차' '자전거 발전기, 풍차, 발전소 터빈을 돌리는 힘, 증기' '화력발전소 = 연소열 + 보일러 + 발전기' '엔진 = 가솔린 연소 + 타이어 회전' '바이오매스가스화 엔진 발전→바이오매스가스화 + 가스엔진 + 발전기'와 같이 연상을 해본다.

13.
지식의 특수화와 일반화

미야자와 겐지가 쓴 『구스코 부도리 전기』라는 동화가 있다. 동북지방의 냉해를 없애기 위한 부도리 소년이 자기 몸을 희생해서 화산을 분화시키고, 그 때문에 대기 중 이산화탄소 농도가 올라가 지구온난화가 된다는 아름다운 이야기다. 미야자와 겐지는 지구온난화에 대해 잘 알고 있었다. 그러나 실제로 화산이 분화하면 이산화탄소 농도가 상승하는 것보다 훨씬 많은 양의 분진이 지구를 덮기 때문에 오히려 기온이 내려간다. 1783년 아사마산의 대분화로 지구가 한랭해졌고 이 때문에 경작이 불가능하자 프랑스 혁명이 일어났다는 설도 있다.

어쨌든 일반사회는 물론 학회도 인식하지 못했던 시기에 이미 지구온난화 문제를 알았던 미야자와 겐지의 명석함에 감복한다. 최근 화산 전문가에게 듣기로는 실제 화산이 수증기 화산이라면 미야자와 겐지의 말대로 된다고 했다. 지식은 심오하다. 마치 거인의 어깨와 같다.

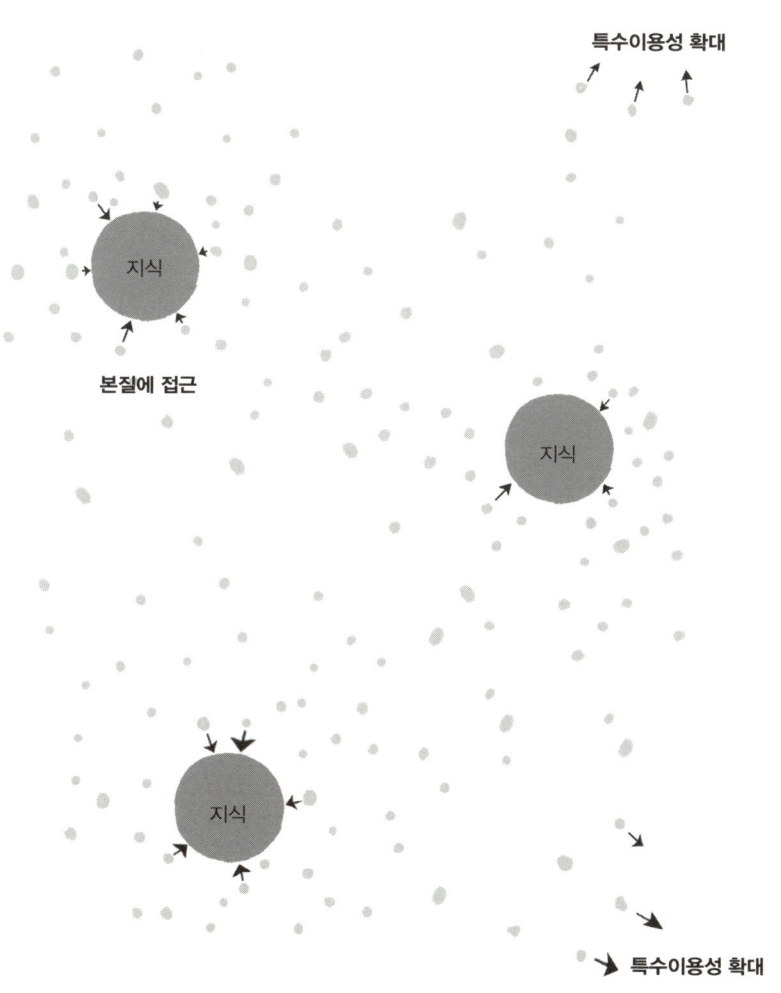

특수이용성 확대

본질에 접근

지식

지식

지식

특수이용성 확대

그림 2-6 **특수화와 일반화에 의한 신지식 생성 이미지**

의식을 하든 하지 않든 인간은 지식을 처리한다. 다시 말해 지식을 생성, 표현, 공유, 보전, 열람, 이용, 가공한다. 정보공학이나 지식공학과 같은 분야에서 이러한 지식을 처리하는 도중 생성된 것에 대해 활발한 연구와 논의를 하고 있지만 지식 생성을 명확히 정의하기는 힘들다.

지식 생성 프로세스를 특수화와 일반화 두 가지 모델로 생각해보자. 특수화에 의한 생성은 도움이 될 대상을 의식해서 이뤄진다. 그 결과 학회가 세분화하는 경우가 많다. '기계설계'라는 지식영역을 세분화하여 '자동차 설계'로 특수화하는 예가 여기에 속한다. 그러면 이것이 세분화되어서 '라디에이터 설계'라는 지식을 생성한다. 지식은 점점 증가한다. '발전소 설계지식'부터 '열교환기 설계' '응축기 설계'로 특수화한다. '화학'은 '유기화학'과 '고분자화학'으로 특수화한다. 이런 예는 수없이 많다.

특수화로 한정된 분야에 대한 지식 이변성이 높아진다. 자동차 생산 분야에서는 '기계설계'보다 '자동차 설계'라는 특수지식 이변성이 훨씬 높다. 이런 이유로 특수화에 의한 신지식 생성은 고대문명부터 계속돼왔다. 그 결과가 철학에서 시작한 학문의 세분화다. 특수화만으로는 영역 간 지식의 상호이용이 불가능하다. 자동차 설계에서 얻은 지식을 다른 설계에 반영하지 못한다. 하치로가타 간척지에서 얻었을 방대한 지식이 아리아케만 공사 어디에 반영됐는지 의심스럽다.

    지식 생성의 또 다른 모델은 일반화다. 지식 대상 범위를 넓혀 보다 일반성 높은 지식으로 승화한다. 본질에 접근한다고 봐도 좋다. 예를 들면 '열교환기 설계'에서 '유체흐름과 열전달'로, '유체역학'부터 '뉴턴역학'으로, '소립자론'과 '빅뱅'에서 '통일원리'로 일반화되어 간다. 일반화에 의한 지식 생성은 과학의 본질이기도 하다.

    특수화와 일반화에 의한 지식 생성은 지식 생성의 양면이다. 특수화를 하면 한정된 곳에서는 실용성이 높아도 범용성을 잃는다. 일반화가 진행되면 현장에서 실용성을 잃는다. 특수화와 일반화를 반복하며 지식은 증대한다. 두 가지 모델의 적절한 조화가 과학기술의 건전한 발전을 가져온다. 우수한 연구개발자는 이 두 가지를 적절하게 사용한다.

STRUCTURING

14.
지식의 융합과 조합

　나는 매우 오랜 시간 '지식 구조화'에 대해 생각해왔다. 지금도 투명용지에 연필로 쓴 자료가 남아있다. 연구실 세미나용 습식복사 원고인 이것은 20년 전의 것이다. 그 뒤 다치바나 다카시가 문예춘추에 교양교육 재구축과 관련해서 지식 구조화에 대해 썼다. 내 생각과 비교적 근접하게 썼던 걸로 기억한다.

　먼 옛날에도 비슷한 생각을 한 사람은 있었다. 디드로, 다랑베르와 같은 백과전서파로 불렸던 사람들은 지식을 조합하면 새로운 지식이 탄생한다고 생각하고 구조화를 의식해서 전서를 편찬한 듯하다. 그리고 이들 생각의 근원은 베이컨이라고 했다. 그런데 승적에 오른 지인한테 지식 구조화의 원점은 만다라에 있다고 들었다. 만다라는 그 당시 지식을 과하거나 부족함 없이 도시했다고 했다. 이렇게 보면 지식 구조화는 인류공통의 테마다.

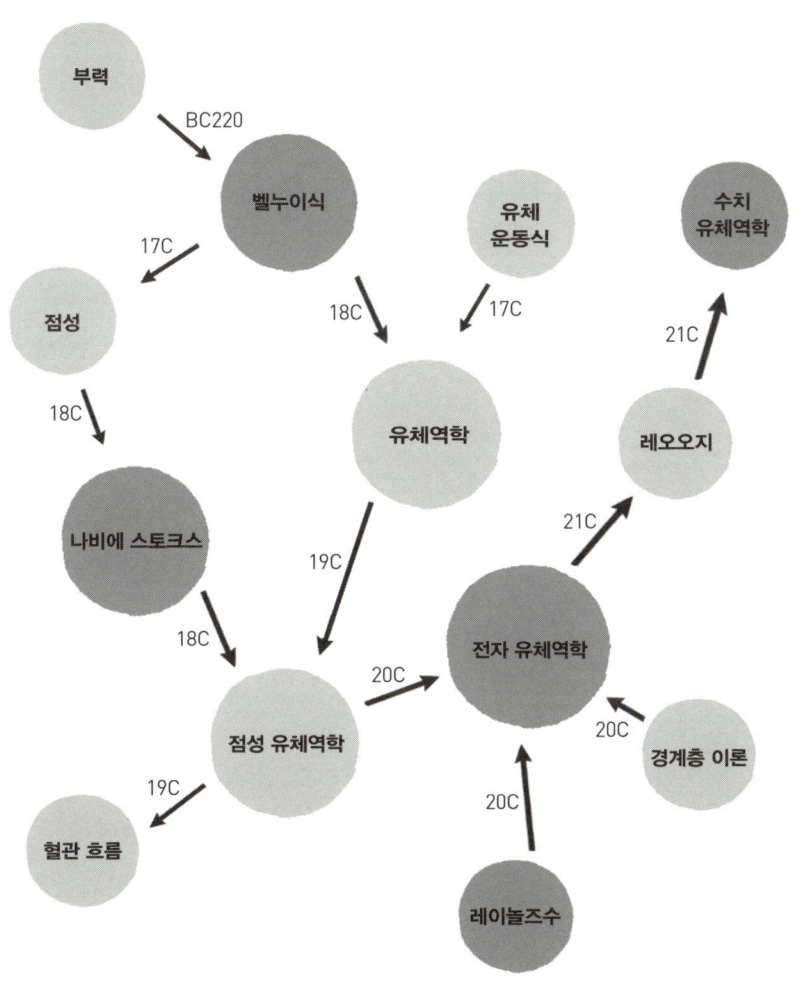

그림 2-7 융합과 조합에 따른 신지식 생성 과정

내 전문분야인 '화학공학'은 '화학'과 '기계학'의 융합으로 탄생했다. 이것은 우연한 탄생이 아니다. 20세기 초반 몇몇 MIT화학계 교수와 화학기업 사장이 목적을 갖고 협력하여 만들었다. 지금까지는 황산이나 비누 같은 것을 제조하는 방법이 화학 산업의 지식이었지만, 화학물질의 가짓수가 늘자 제조 경험의 축적만으로는 대응이 불가능해졌다. 이런 상황을 풀기 위해 새로운 공학영역이 만들어졌다.

지식 융합으로 신지식을 생성하는 것은 매우 보편적인 지식 생성 패턴이다. 노벨상으로 대표되는 새로운 지식이 생성되자 이것을 키워드로 기존 지식과 융합해서 많은 신지식이 탄생했다. 그 대표적인 예가 20세기 게놈과 양자역학이다. 얼마나 영향을 미쳤는지 측정하기는 어렵지만 그 범위는 인간의 지식분야 전반이라고 봐도 좋다.

지식이 융합하는 모습을 지식 퓨전이라고 하는 사람도 있다. 몇 가지 지식이 용해되고 일체화되어서 본래 있던 지식은 사라진다. 이것이 융합에 의한 지식 탄생의 이미지다.

지식 조합으로 신지식이 탄생하는 패턴도 있다. 각 지식은 각각 원래 모습을 유지하지만 결합으로 새로운 지식이 탄생하는 경우다.

대학이 학과나 전공 연합으로 새로운 전개를 꾀하는 경우가 있다. 도쿄대학에서도 학과의 특징은 유지하면서 몇몇 학과가 연합하여 교육과 연구를 한다. 예를 들어 공학부의 화학생명계는 응용화학, 화학시스템공학, 화학생명공학 세 가지 전공이 협력해서 운영한다. 연합은 했어도 학과마다 독자적인 특징을 살린 교육과 연구는 계속한다. 화학생명계 외에 기계계, 전기계도 여러 학과가 연합하고 있다. 학과 연합으로 융합과 결합에 의한 새로운 지식 생성을 기대할 수 있다.

지식 생성을 논리적으로 표현하고자 하는 시도는 오래전부터 있었다. 이 시도를 위한 방법론으로는 정반합이나 삼단논법이 알려졌다. 최근에는 방대한 데이터베이스로 인과관계를 규명해서 지식을 생성하려는 시도가 활발히 진행되고 있다. 특히 학습에 의한 논리전개는 로봇과 같은 인공물에 지능을 주어 인간 개입이 극단적으로 제한된 상황에서 임무를 달성하는 지식으로 기대하고 있다. 위험물 제거나 화재나 지진이 발생했을 때 구조 활동과 같은 일을 생각할 수 있다. 하지만 융합에 의한 지식 생성이 논리전개만으로 성공할 거라 생각하지는 않는다. 화학공학의 탄생 경위에서 보듯 인간의 깊은 사색과 강한 의지가 필요하다.

15.
불연속적인
신지식
형성

얼마 전 2004년 국가 에너지 수급계획이 개정됐다. 장기적인 안목으로 2030년까지의 에너지 절약을 제일선에 두고 원자력발전을 현실적으로 예측하는데 접근했다. 이 계획이 내 생각과 일치하지는 않지만 개정 전보다는 좋아졌다고 본다. 그런데 이 계획은 언제쯤 재개정될까? 만일 내년에 획기적인 신기술이 나와 상황이 바뀐다면 어떻게 될까? 연료전지처럼 이론적으로는 효율이 높지만 현실적으로는 아직 실현 불가능한 것에서 획기적인 기술이 나올 가능성이 있다. 또 이와 같은 조짐이 학술지에 발표되어 수년 뒤에 급격히 전개될 가능성도 있다. 계획의 전제가 변화할 가능성은 항상 있다. 일본은 선두주자다. 상대의 등을 보며 달리는 것이 아니라 자신의 의지로 달려야 한다. 스스로 예측해서 결단하는 체제가 필요하다.

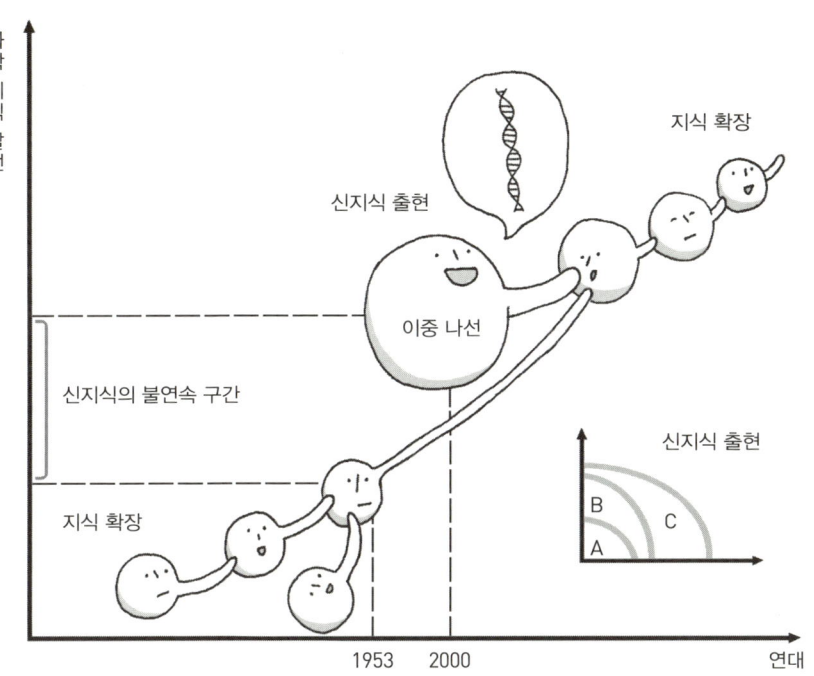

그림 2-8 DNA 이중나선구조 발견에 의한 불연속적인 신지식형성 이미지

1953년에 DNA 이중나선구조가 발견되면서 지식 간 새로운 연계가 활발해졌고 관련학문에 큰 영향을 미쳤다. 이중나선과 같은 획기적인 신지식은 시간경과에 비례해서 나오는 것은 아니다. 이런 신지식들이 집중적으로 출현하는 시기도 있지만 오랫동안 출현하지 않을 때도 있다. 획기적인 신지식 생성에는 불연속 구간이 있는 경험적 법칙이 존재한다.

앞 페이지 그림은 과학지식이 발전하는 시간경과를 이미지로 표현한 것이다. 지식은 원점에 가까운 곳에서 연계를 맺으며 계속 커진다. 이 상태는 혁신적인 발전 없이 연계를 맺으며 원만하게 커진다. 하지만 DNA 이중나선과 같은 신지식이 갑자기 출현하면 관련지식은 한순간에 커진다. 그러고 나면 다시 연계를 맺으며 서서히 커진다. 획기적인 신지식의 불연속구간은 일정하지 않고 시간도 비례하지 않는다.

지식이 생성하는 시간 패턴을 아래 그림에서 ABC영역으로 표시했다. A영역에서는 시간에 비례해서 신지식이 생성한다. 안정적인 지식확대 영역이다. 연구개발로 일상적인 지식이 생기고 기존지식과 연계를 맺으며 착실하게 지식이 쌓여나간다. B영역에서는 지식이 단기간에 급속히 출현하는데 DNA 이중나선 구조와 같은 약진으로 지식 생성이 가속화한다. C영역에서는 시간이 경과해도 신지식은 기대만큼 출현하지 않는다. 단기적으로 혁신적인 발전을 나타내는 B영역을 이노베이션이라고 부르는 사람도 있다. C영역처럼 지식 간 연계가 충분히 이뤄지지 않는 경우는 갑작스런 약진을 기대할 수 없다. 즉 혁신적인 과학발전을 이노베이션이라고 부르고 그것을 실현하고 싶다면 먼저 기존에 있는 지식 간 연계에 주력해야 한다. 혁신적인 지식 생성은 가만히 앉아서 기다리는 것보다 사람이나 조직이 움직일 때 제어할 가능성이 높기 때문이다.

DNA 이중나선 발견과 같은 경우에는 신지식과 기존지식 간의 연계가 새로운 약진을 가져왔다. 그러나 신지식이 혁신적일수록 기존지식과의 연계는 쉽지 않다. 유전자 조작기술 확립으로 DNA 이중나선 지식가치를 누가 봐도 확실히 알도록 했듯이, 사회는 기존지식과 연계를 맺기 시작하면서 신지식 가치를 평가한다.

전문가들만이 신지식과 자기영역 안에 있는 기존지식을 쉽게 연계할 수 있다. 이는 혁신성 여부를 판단하는 것이 자신들 영역 안에만 한정되어 있다는 뜻이다. 이런 상황과 영역의 세분화 때문에 우리는 지식의 혁신성 여부를 판단하기가 쉽지 않다. 그리고 신지식을 기존지식과 연계하는 작업에도 많은 노력이 소요된다. 아인슈타인의 상대성이론도 제대로 평가받기까지 오랜 시간이 걸렸다.

16.
형식지와 암묵지

각 분야마다 독특한 센스가 있다. 센스를 어떻게 길러줘야 할지는 교육의 영구과제다. 이에 대한 대답 중 하나가 'OJT(on-the-job training)'와 '구조화 교육'의 반복일 것이다. 예를 들어 기업과 대학을 오가는 것은 구체적인 이미지다. OJT는 구체적인 업무 속에서 단련하는 것으로, 업무이기 때문에 필사적이며 개개인의 적성에 맞으면 재미도 있다.

대학 수업은 일종의 체계이므로 가르치는 사람이 능숙하지 않으면 따분하다. 하지만 아무리 재미있어도 OJT만으로는 천일야화와 같다. 문맥 없는 단일 카드가 흩어진 상태로 잘못하면 머리가 지식의 휴지통이 되고 만다. 여기에 대학교육이 가세하면 지식이 구조화되고 인간의 지적 세계가 변한다. 사회인이 대학으로 돌아가 박사학위를 취득하는 문화가 정착하면 일본은 변할 것이다.

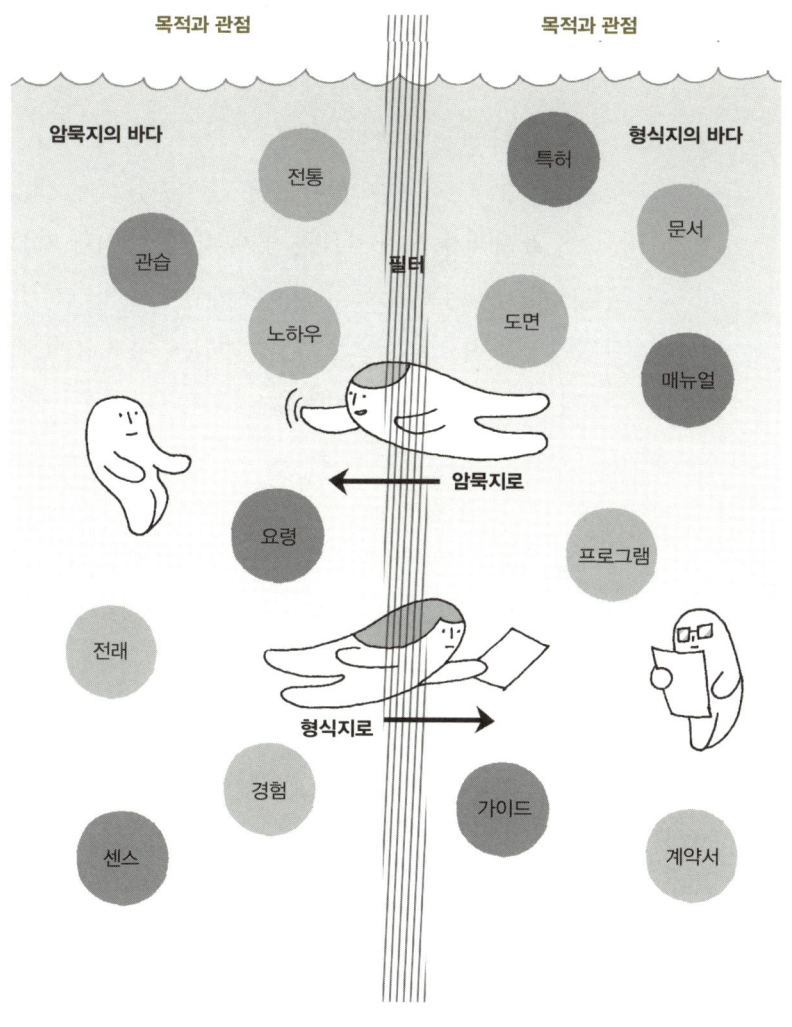

목적과 관점　　　　　　목적과 관점

암묵지의 바다　　　　　　형식지의 바다

특허

전통

관습　　　　　　　　문서

필터

노하우　　도면

매뉴얼

← 암묵지로

요령　　　　　프로그램

전래

형식지로 →

경험　　가이드

센스　　　　　계약서

그림 2-9 필터를 통과하는 암묵지와 형식지의 교류

우리가 의식을 하든 하지 않든 지식은 방대하다. 사람들은 어떤 지식을 의식했을 때 그것을 표현하려고 한다. 표현에는 문학, 수학, 음악, 그림, 상징, 기호 등 다양한 방법이 있다. 표현하기 때문에 지식은 이용된다. 그러나 지식 중에는 표현이 불가능한 것도 있다. 표현 가능한 지식을 '형식지', 표현하기 힘든 지식을 '암묵지'라고 한다. 지식을 형식지와 암묵지로 나누는 것은 특히 시스템 개발에서 의미가 있다. 형식지는 표현이 명확해서 시스템을 만들기가 용이하고 조직 내부에서도 공유가 가능하다. 한편 암묵지는 동일 조직 내에서도 해석이 분분하고 시스템으로 지원하기도 힘들다.

이용한다는 관점에서 보면 형식지와 암묵지로 구분하는 것보다 지식 간 연계를 생각하는 편이 효율적이지 않을까? 암묵지라도 지식 간 연계가 가능하면 이용할 수 있고, 반대로 형식지라도 고립되어 있다면 이용가치가 낮기 때문이다. 모든 지식을 명확하게 정의해서 형식지로 표현하는 것은 불가능에 가깝다. 또한 모든 지식을 형식지로 표현한다고 해도 그것만으로 신지식 생성을 기대할 수 없다. 특수화나 일반화, 융합이나 조합과 같은 생성 프로세스로 이용하지 못하면 의미가 없다.

지식을 표현 가능성에 따라 형식지와 암묵지로 분류할 경우 표현 가능성은 사람에게 달려 있다. 예를 들어 A에게는 암묵지인 지식을 B는 완벽하게 표현할 수도 있다. 결국 형식지와 암묵지를 표현 가능성으로 구분하는 것은 지식의 본질이 아닌 개인이나 조직에 의존하는 것이다. 중요한 것은 지식의 본질이다. 형식지로 하지 못하는 지식의 본질을 표현하기 위해 다른 지식과의 연계를 이용할 수도 있다. 즉 지식 자체는 표현하지 못해도 연관된 지식에서 본질을 추측한다는 뜻이다.

암묵지에 대한 예로 자주 거론되는 것이 전통, 습관, 노하우, 센스다. 확실히 이들을 직접 표현하기는 쉽지 않지만 다른 지식과의 연계는 가능하다. 예를 들어 노하우는 개인 노하우나 조직 노하우로 나누어볼 수 있는데 그 노하우와 관련된 지식을 모아 연계를 맺으면 노하우의 본질을 표현할 수 있다. 지식의 본질을 표현한다면 다른 분야로 전개해나갈 수 있다.

17.
지식통합의 세기로

에너지 보존법칙이란 말은 대부분 들어봤을 것이고 이공계 출신이라면 여러 차례 배웠을 것이다. 하지만 그 본질을 이해하는 사람은 얼마나 될까?

"선생님은 에너지가 보존된다고 말씀하시는데 전기는 없어지는 거 아닙니까?" 시민대학에서 강의를 했을 때 어느 어르신의 솔직한 질문으로 '안다'는 의미를 깨달았다.

그렇다. 전기 에너지는 없어지지 않는가! 청소기도 텔레비전도 냉장고도 전기는 써서 없어지는데 에너지는 보존된다. 보존된다는 것은 무슨 뜻일까? 에너지 보존법칙을 안다는 건 이 점을 안다는 뜻이다. '가르치는 건 배우는 것이다'라는 말은 이런 경우를 두고 하는 것이리라. 어르신의 질문에 대한 답변은 이랬다.

"청소기를 쓸 때 사용한 전기는 바람이라는 공기 운동에너지로 변해서 바람이 멈췄을 때 방안의 온도가 아주 조금 올라갑니다. 결국 사용한 전기와 온도가 상승한 에너지의 양은 같습니다."

1900년대

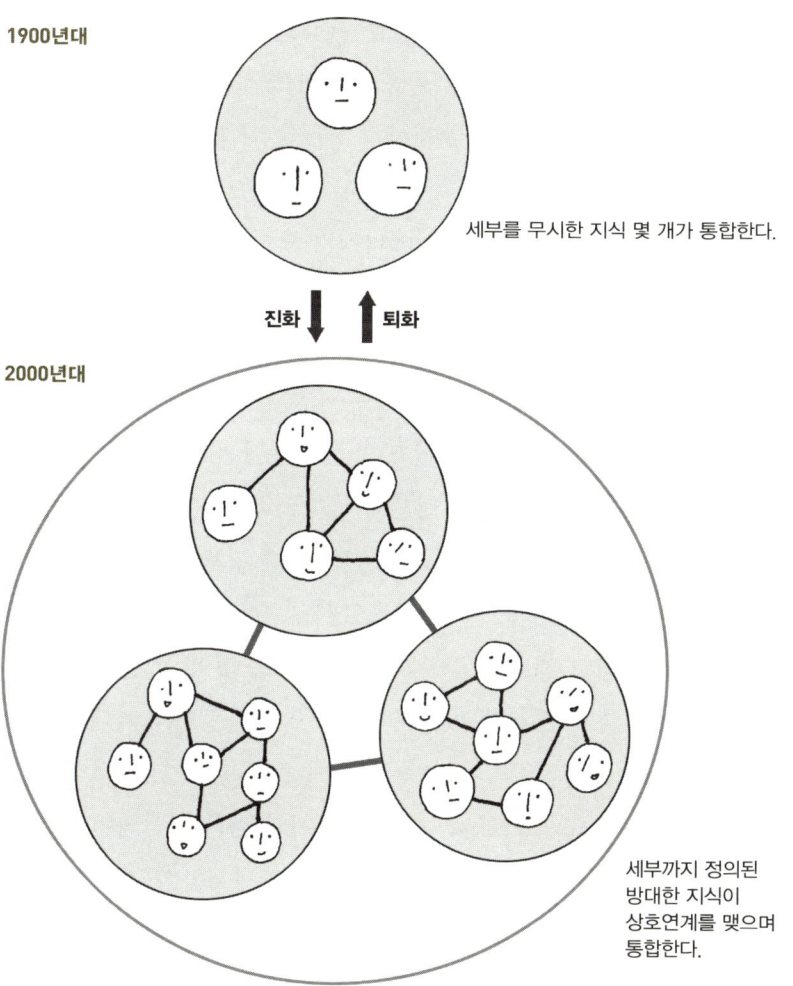

세부를 무시한 지식 몇 개가 통합한다.

진화 ↓ ↑ 퇴화

2000년대

세부까지 정의된
방대한 지식이
상호연계를 맺으며
통합한다.

그림 2-10 방대한 지식이 통합된 시대

서양의 분석(analysis)과 동양의 종합(synthesis), 서양의 요소환원론과 동양의 통일론은 자주 비교된다. 서양에서는 사물을 요소로 분할해서 재구성하는 것에 비해 동양에서는 전체를 이해하려고 한다. 예를 들어 100년 전 미국의 포드사는 자동차 조립작업을 세밀하게 분류해서 작업자 한 사람당 작업시간을 표준시간으로 규제했다. 한편 동양에서는 좌선이나 문답을 통해 전체를 파악하려고 했다.

현실에서 환원론적 운동과 통일론적 운동이 병행하는 지식은 발전한다. 즉 지식은 세분화되어 매우 좁은 영역이 고립적으로 발전하는 한편, 나노테크놀로지와 같은 거대 영역에 통합된다. 그러나 20세기 들어 통합은 지식의 세부적인 면을 무시하고 진행된 경향이 있다. 폭발적으로 늘어난 지식의 세부를 무시한 통합은 진보인지 퇴보인지 알 수 없으며 아리스토텔레스 시대로 역행하는 것처럼 보이기도 한다. 융합은 조합이라고 해도 단순히 지식을 모으는 것이 아니다. 21세기에는 방대한 지식이 세부적인 면까지 상호연계를 맺어서 거대한 통합을 해야 한다.

지식의 융합과 조합으로 나노테크놀로지와 같은 신지식이 생성된다. 그러나 이를 구성하는 지식 하나하나는 고체물성론, 혹은 미세가공기술처럼 방대한 지식으로 이뤄졌다. 즉 각각의 지식은 거대한 내부구조를 갖고, 지식 간은 상세한 내부구조에 이르기까지 관련되어 있다. 인터넷을 생각하면 이해하기 쉽다. 지금 전 세계 지식자원의 대부분은 인터넷으로 연결되어 세계 어디서든 지식을 열람하고 교환할 수 있다. 하지만 인터넷 환경이 통합됐다고 해도 각각의 지식자원은 다른 지식과 합리적으로 관련을 맺지 못하며 그 형식도 다르다. 연결됐다고는 해도 지식자원을 효과적으로 처리할 수 있는 환경이 아니다.

지식처리라고 말하기는 쉬워도 내용은 지식 획득, 표현, 보존, 열람, 가공, 교환, 재이용, 폐기 등 매우 광범위하다. 또한 지식은 상호관련을 갖기 때문에 방대한 지식을 처리하려면 지금까지 없었던 새로운 방법론이 필요하다. 이 책의 주제인 '지식 구조화'는 이 방법론을 제시하기 위한 새로운 패러다임이며, 지식을 디자인해서 처리하기 위한 구체론이다. 이 책을 통해 지식 구조화의 배경, 실현방법, 지식 구조화를 지향하는 프로젝트의 사례 등 구체적인 내용을 알 수 있을 것이다.

KNOWLEDGE

제3장 지식 구조화의 제안

18.
인류 공존 재산인 지식유산

문을 열고 들어서면 질서정연하게 진열된 책과 독특한 냄새가 나를 반긴다. 책 한 권을 집어 천천히 훑어보다 마음에 들면 살까말까 망설이다 주머니사정을 생각하고는 슬며시 제자리에 놓고 집에 온다. 그래도 도저히 포기가 안 되면 어떻게 해서든 사놓고 본다. 젊은 시절 휴일마다 들렀던 책방은 고상한 기분으로 시간을 보낼 수 있는 멋진 장소였고, 지금도 이 생각은 변함없다. 하지만 대형서점에 들어가면 왠지 마음이 편하지 않다. 책이 너무 많기도 많거니와 나오는 음악도 대체로 마음에 들지 않는다. 예전 책방과 가장 다른 점은 그날 사지 않으면 대부분의 책이 자취를 감추고 만다는 점이다. 대신 새로운 책이 산처럼 쌓인다. 책이 너무 많아 어떤 것이 좋은 책인지 고를 수조차 없다.

도서관도 마찬가지다. 도쿄대학 도서관장이었던 내가 느끼기에 요즘의 도서관은 예전의 고상한 분위기는 사라지고 단순히 자료를 찾는 가벼운 장소가 되어버린 것 같다.

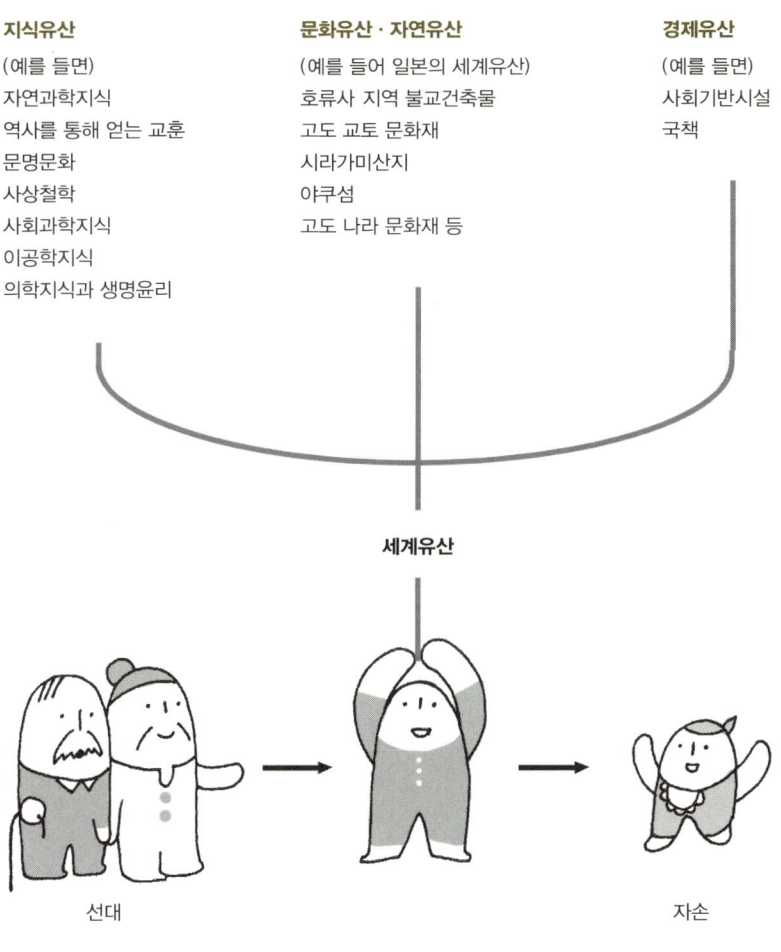

지식유산
(예를 들면)
자연과학지식
역사를 통해 얻는 교훈
문명문화
사상철학
사회과학지식
이공학지식
의학지식과 생명윤리

문화유산·자연유산
(예를 들어 일본의 세계유산)
호류사 지역 불교건축물
고도 교토 문화재
시라가미산지
야쿠섬
고도 나라 문화재 등

경제유산
(예를 들면)
사회기반시설
국책

세계유산

선대

자손

그림 3-1 세계유산인 지식유산

선조 대대로 전해 내려온 문화유산과 자연유산이 있다. 유네스코 총회에서는 1972년 결의한 뒤 세계 각지에 있는 훌륭한 문화유산과 자연유산을 세계유산으로 지정하기 시작했다. 일본의 법륭사 지역 불교건조물, 고도 교토와 나라 문화재, 시라가미산지, 야쿠섬 등을 유네스코에서 세계유산으로 지정했다.

선대부터 내려온 유산에는 경제유산도 있다. 예를 들어 사회기반시설과 국책은 국가단위 유산이다. 일반 가정에서도 그렇듯 경제유산은 자손이 사회인이 되어 사회활동을 하는데 필요한 자산이 된다. 경제유산이 부채라면 그것을 물려받은 자손은 출발부터 핸디캡을 안고 시작하는 것과 같다.

문화유산, 자연유산, 경제유산도 중요하지만 인류가 지속적으로 성장하려면 지식유산이 빠져서는 안 된다. 현재 우리 생활은 선대부터 내려온 지식유산을 활용해서 축적한 지식으로 지탱하고 있다. 우리는 이 지식을 자손에게 계승할 의무가 있다. 지식유산은 자연과학 법칙, 역사가 주는 교훈, 문명, 문화, 사상, 철학, 사회과학지식, 이공학지식, 의학지식 등 다양하다. 이들 지식유산은 시라가미산지와 야쿠섬처럼 독립된 것이 아니라 전체가 하나의 관련을 맺고 존재하는 것이다.

선대부터 이어온 지식유산과 비교하면 우리가 자손에게 계승할 지식유산은 훨씬 방대하다. 왜냐하면 20세기에 지식이 폭발적으로 증

가했기 때문이다. 그러나 지식이 복잡한 상호관계를 가진 존재임에
도 불구하고 현 상태는 지식 단편만 방대해져 마치 도시의 쓰레기장
처럼 되어버렸다. 우리 자손에게 그대로 물려주기에는 부끄럽기 그
지없는 상황이다. 유산으로 계승하기 위해서는 지식을 통합하기 위
한 구체론이 필요하다. 지금까지는 분석에서 종합으로, 서구적 요소
환원론에서 동양적 통일론으로 발상의 전환이 필요하다고 강조해왔
다. 물론 이런 발상의 전환은 필요하다. 그런데 지식폭발 시대에 어떻
게 이것을 해결해야 할까? 포인트는 구체론의 제안이다.

　지금까지 지식유산은 일반적으로 책이나 종이로 계승됐다. 선대는
무엇을 생각하고 무엇을 했는지 고전이나 역사기록을 보고 파악한 뒤
거기서 얻은 지식을 우리 생활에 반영한다. 온고지신이다. 우리는 자
손에게 어떤 지식을 어떤 방식으로 계승할까? 이것이 일개 국가만의
과제는 아니다. 지속적 성장을 위해 필수 불가결한 인류의 과제이기
도 하다.

19.
지식사회와 지식가치 변환

메이지시대 이후, 일본인은 필사적으로 서구 문명을 쫓았다. 과학기술만이 아니라 의회제도, 정부조직, 경찰제도, 우편제도, 교육제도 등 사회제도 자체를 도입했다. 그러더니 언제부턴가 경제와 과학기술의 선두에 서기 시작했다. 80년 대부터 거품경제가 붕괴되기 전까지가 일본의 절정기였는데, 어느 미국인이 『Japan As No.1』 이란 책을 쓰기도 했다. 그 당시 일본인, 특히 많은 비즈니스맨들은 자기들이 무엇을 하든 세계 제일인 양 거만하기 짝이 없었다. 그러나 세계는 변한다. 거품경제의 붕괴로 전세는 일변했고 경제, 과학기술, 고용제도까지 모두 잘못됐다는 여론이 일어 보기 안쓰러울 정도로 의기소침했다. 이제 경기가 조금씩 회복해서 여론은 다시 씩씩해졌다. 이렇게 오락가락 하는 모습은 보이지 말아야 한다. 세계에서 일곱 번째로 인구가 많은 일본은 영국, 독일, 프랑스를 합친 것과 같은 경제 규모를 자랑한다. 기술력이 높고 경영력이 약한 기업의 구조가 갑작스레 변하지는 않는다. 언제나 실제 상황보다 여론이 한참 앞서나간다.

농경사회

지리 기반경제

지형과 지질의
이해가 중요.
도구는 철제농기구.

공업사회

양 기반경제

전력과 도로 등
사회기간설비가 중요.
도구는 공작기계.

지식사회

질 기반경제

정보를
교환공유하기 위해
네트워크가 중요.
도구는 정보하이웨이.

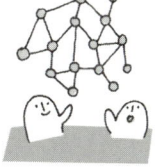

정보사회

지식기반 경제

필요한 지식을
필요한 때에 공급
가능한 기반이 중요.
도구는 구조화된 지식.

1900년   2000년   미지의 사회

그림 3-2 사회 변화와 경제 특징

문명은 농경사회, 공업사회, 정보사회 순으로 발전해왔다. 각각을 경제기반의 관점에서 살펴보자. 인류가 일정지역에 정착해서 발전하기 시작한 농경사회 경제 기반은 토지와 같은 지세였다. 당시 경제시점에서 가장 중요한 과제는 지형이나 지질을 이해해서 적절한 종묘로 수확을 최대화하는 것이었다. 생산성을 올리기 위해서는 그 해 기상정보가 중요했고, 생산기기는 철제농기구가 중심이었다.

공업사회는 대량생산·대량소비를 기준으로 하는 양이 기반인 경제다. 여기서는 전력이나 도로와 같은 사회 인프라가 중요하다. 또한 기계를 생산하는 도구는 공작기계다. 벨트컨베이어를 이용한 분업방식이나 8시간 3교대로 돌아가는 24시간 작업 등 대량 생산물을 확보하기 위한 다양한 생산방식이 개발되었다. 작업은 분업화되고 누가 해도 같은 시간 내에 동일한 작업이 가능하도록 표준작업과 표준시간을 적용했다. 사람 또한 생산량을 확보하기 위한 중요한 자원으로 여겼다. 도요타의 생산방식인 필요한 부품을 필요할 때에 필요한 사람에게 건네는 발상은 효율 높은 생산 시스템으로 세계 제조업에 큰 영향을 미쳤다.

정보사회 경제는 질을 기반으로 한다. 경제 환경으로는 정보를 교환공유하기 위한 네트워크가 중요하다. 경제성장 도구는 정보고속화에 있다는 생각으로 각국 정부는 초고속망을 도입하여 경제성장을 꾀하고 있다.

그러나 네트워크로 무엇을 할지가 불분명하다. 이 점이 바로 정보
사회 다음으로 지식사회가 도래할 것이라고 생각하는 근거다. 미래
를 예측하는 것은 어렵고, 지식기반 경제에서 취급하는 상품에 따라
차이는 있지만 필요한 지식을 필요한 때에 필요한 사람에게 공급가능
한 지식기반이 중요한 것은 확실하다. 이 때 지식은 구조화된 지식이
다. 구조화된 지식이란 다른 지식과 연계가 가능하고 전체상을 부감
할 수 있는 지식을 말한다.

　　지식사회가 도래해도 농경사회, 공업사회, 정보사회에서 내려온
전통과 지식은 계승된다. 이것은 인류유산으로 선대부터 우리에게
계승된 것이며 현재 경제활동도 이들 유산을 바탕으로 이뤄진다. 지
식사회의 주역은 우리 자손이며, 차세대를 위해 뛰어난 지식기반을
전승해야 한다. 이것이 지식을 전승하기 위한 구체적인 방법론이며
수단이 필요한 이유다.

KNOWLEDGE

20.
프로세스의 매뉴얼화

아마존 지역 개발로 인한 수목 벌채 때문에 강수량이 감소된다는 보고가 있다. 많은 사람들이 걱정하는 문제다. 한편 우리는 서부 오스트레일리아에 대규모 조림 사업을 하면 강수량이 증가한다는 사실을 발표했다. 이런 재미있는 사실을 어떻게 알았는지 질문을 자주 받는다. 그래서 수치계산을 통한 결과라고 대답하면 대부분 실망을 한다.

사람들은 실험을 했다고 하면 믿는다. 하지만 주위에서 너무 떠들썩하게 관심을 보이면 실험을 한 당사자는 실험오차나 논리전개의 유사성처럼 미심적은 면이 아주 없는 게 아니기 때문에 점점 불안해진다. 아마존 보고만 하더라도 벌채와 강수량 인과를 데이터로 증명하는 것은 쉽지 않다. 실험 결과는 모든 사람이 믿지만, 정작 실험을 한 본인은 믿지 않는다. 계산 결과는 누구나 믿지 않지만, 계산한 본인은 믿는다. 그냥 우스갯소리로 흘릴 말은 아니다.

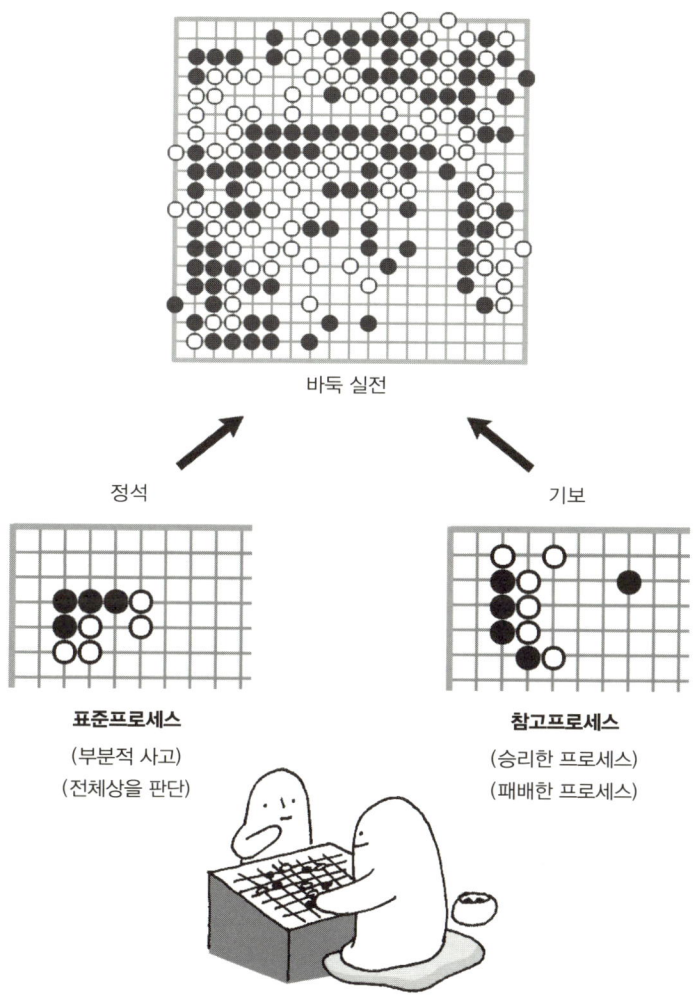

바둑 실전

정석

기보

표준프로세스

(부분적 사고)

(전체상을 판단)

참고프로세스

(승리한 프로세스)

(패배한 프로세스)

그림 3-3 프로세스 지식 예

　100년 전부터 제조업에 표준화 개념이 도입됐다. 작업내용을 표준화하여 작업시간도 표준시간으로 실시한다. 작업에 관련된 모든 내용은 작업 매뉴얼에 있기 때문에 초심자라도 매뉴얼대로 하면 경험자와 같은 작업이 가능하다. 이 개념에 충실한 기업으로 맥도널드가 자주 소개된다. 아르바이트를 하는 사람이 바뀌어도 전 세계 맥도널드 체인에서는 동일한 햄버거가 같은 시간에 제공된다. 모든 작업이 매뉴얼화되어 있기 때문에 가능한 작업이다.

　자동차 조립라인도 작업 매뉴얼에 따라 작업하는 전형적인 케이스다. 자동차 본체가 벨트컨베이어를 타고 표준시간 내에 이동하면 작업자는 작업 매뉴얼에 적힌 표준작업을 표준시간 안에 실시한다. 그 결과 같은 자동차를 같은 시간에 같은 품질로 생산한다.

　맥도널드든 자동차든 필요한 지식은 보존하고 재이용한다. 이를 바둑과 비교해봤다. 바둑에서 똑같은 대국은 있을 수 없을 정도로 바둑은 복잡한 지적 활동이다. 따라서 바둑을 표준작업 매뉴얼로 기록해서 보존하는 일은 불가능하다. 그러나 바둑의 전 과정을 분석해보면 몇 가지 표준작업과 같은 경우가 있다. 이들을 모아 교재로 만든 것이 일반적으로 말하는 '정석'이다. 정석은 초심자는 물론이고 프로에게도 매우 중요한 지식자원이다. 지식은 보전하고 재이용할만한 가치가 있다. 실력 있는 기사는 정석을 많이 아는 사람이지만, 무조건 많이 안다고 해서 실력 있는 기사는 아니다.

자고로 정석은 알고 바둑은 모른다는 말이 있다. 이것은 고도의 지적 활동인 바둑과 단순히 표준작업만을 반복하는 자동차 조립라인의 차이다. 21세기 사회는 맥도널드형에서 바둑형으로 바뀐다.

바둑처럼 고도의 추론이 필요한 프로세스를 간단히 매뉴얼화하는 것은 불가능하다. 그 때문에 바둑의 전 프로세스를 몇 개의 부분 프로세스로 세분화한 뒤, 그 프로세스가 갖는 의미와 체크 포인트를 기술한다. 프로세스 하나에는 수많은 의미가 담겨 있기 때문에 프로세스와 관련된 지식을 전부 표현하는 건 불가능하다. 그래서 프로세스 하나를 매뉴얼처럼 기술할 때는 관점과 목적만으로 한정한다. 예를 들어 바둑 프로세스 하나에 수많은 의미나 해석이 있어도 생존확률이 가장 높은 프로세스나 다음 프로세스에 가장 유리한 전개에 한해서 매뉴얼화한다.

STRUCTURING

21.
매뉴얼의 활용

　설명을 제대로 못했기 때문에 모른다고 말하는 것은 옳지 않다고 생각한다. 물론 설명을 능숙하게 할 수도 있고 서툴게 할 수도 있지만 아무리 설명을 잘 한다 해도 이해하지 못하는 경우가 많다. '체험'은 자기 주위에서 일어난 일이고, 그것을 자신의 지혜로 몸에 익힌 것을 '경험'이라 부르는 논리가 있다. 이런 의미에서 '경험과 상상력'은 아는 힘이 아닐까?

　실연을 당한 적이 있는 사람이라면 실연의 아픔을 안다. 실연을 체험했어도 경험에 비추어볼 때 아무것도 남아 있지 않는 사람도 있기 때문에 그런 사람에게는 말해봤자 소용이 없다. 연애를 경험한 사람은 실연의 경험 없이 상상만으로도 충분히 공감할 수 있다. 그러나 연애조차 모르는 사람에게 상상을 요구하는 건 무리가 있다. 그렇다고 이들을 모조리 쓸모 없는 것으로 치부해 잘라버리는 건 생각해볼 일이다.

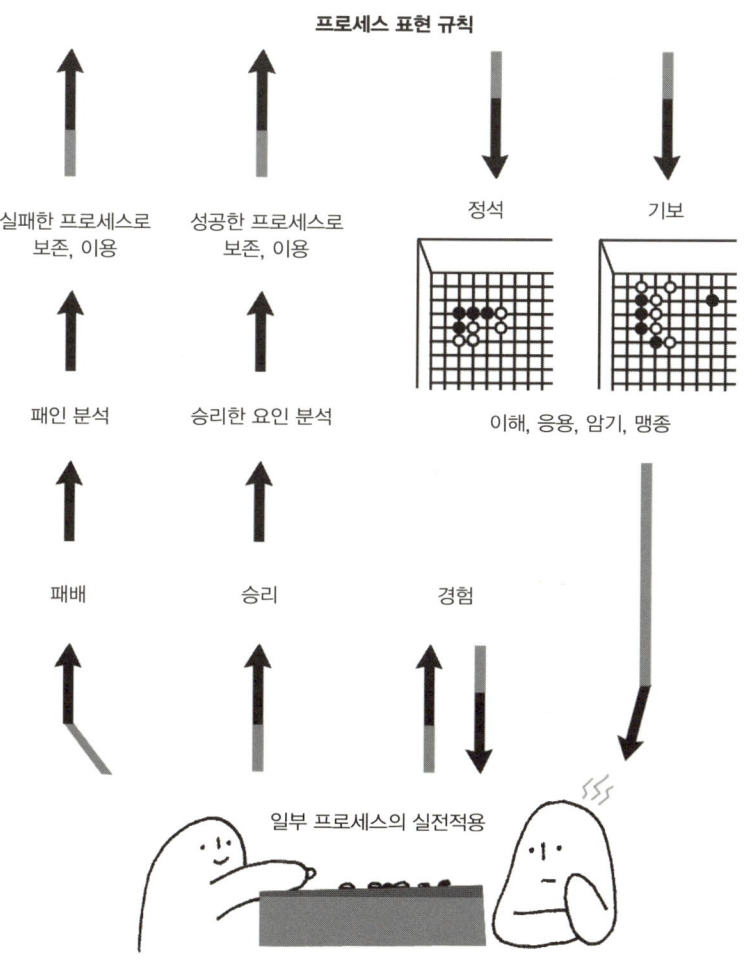

프로세스 표현 규칙

실패한 프로세스로
보존, 이용

성공한 프로세스로
보존, 이용

정석

기보

패인 분석

승리한 요인 분석

이해, 응용, 암기, 맹종

패배

승리

경험

일부 프로세스의 실전적용

그림 3-4 프로세스 지식의 재이용

바둑의 전 프로세스를 세분화하고 일부를 매뉴얼로 기술해서 그 매뉴얼에 포함된 의미를 공부하는 방법은 아마추어나 프로 모두 같다. 차이는 사색의 깊이다. 프로세스 표면만을 보는가, 숨은 곳까지 보는가, 단순히 암기만 하는가, 자기만의 고유 프로세스를 만들어내는가에 달렸다.

자동차 조립라인에서도 마찬가지다. 초심자는 작업 매뉴얼에만 의존해서 작업을 진행한다. 초심자는 오로지 매뉴얼을 눈으로 확인하면서 손으로 실행한다. 그러나 경험자는 다르다. 매뉴얼에 나온 내용만이 아니라, 왜 여기에 이 내용이 실렸는지에 대해서까지 생각한다. 경험자는 매뉴얼 내용을 눈과 자신의 지식으로 확인한 뒤 손으로 실행한다. 자기 지식으로 매뉴얼 확인이 가능한 사람은 작업을 개선할 수도 있다. 일본 제조업에서 개선활동의 효율이 높은 이유는 작업자가 작업 매뉴얼에 내포된 내용까지 자기 지식에 근거해서 생각하기 때문이다.

매뉴얼에 대한 발상은 일본을 포함한 동양과 서양에서 큰 차이가 난다. 동양에서는 모든 지식을 매뉴얼로 표현하는 건 불가능하다는 전제하에, 매뉴얼에는 관련지식의 일부분밖에 없다는 생각으로 관련지식이 무엇인지 생각한다. '여백을 읽는다'는 표현은 동양사상에서만 이해할 수 있는 말이다. 서양에서는 모든 지식을 표현하지 않는 매뉴얼은 작업 매뉴얼이 아니라고 생각한다. 또 모든 작업은 작업 매뉴얼에 나온 내용에만 의존해서 실시한다. 그러므로 작업 매뉴얼대로 작업해서 불량품이 나오거나 사고가 생겨도 그것은 작업자 책임이 아니다.

보존하지 않고 재이용이 불가능한 것은 지식이 아니다. 그렇기 때문에 오래전부터 지식을 보존하는 방법과 재이용하는 방법을 연구했다. 그 성과 중 하나가 매뉴얼인데, 동양과 서양이 갖는 사고방식은 기본적으로 다르다. 정석을 알면 잊어버려야 한다. 정석을 숙독해도 바둑의 전체상은 모른다. 작업자가 부분적인 작업에 충실하면 된다는 발상과, 작업자는 전체를 알아야 한다는 발상은 작업에 대한 근본적인 차이에서 비롯된다. 이 발상이 다르면 당연히 매뉴얼에 대한 생각도 다르다. 조직내부에서 매뉴얼을 지식을 계승하는 방법으로 사용하는지, 아니면 단순한 작업 순서와 방식만 기록할 것인지에 대해서는 조직에 따라 의견이 다르다. 그래도 매뉴얼의 가장 중요한 기능은 관련지식을 가능한 정확하게 표현해서 재이용성을 높이는 것이다.

22.
지식 수집에 의한 문제해결 방식

말 전달 게임은 지금 해봐도 상당히 재미있다. 5~10명 정도로 팀을 나눠 '5월 5일 어린이날에 타이거즈가 자이언트를 3:2로 이겼다'를 귓속말로 전달해서 마지막 사람이 얼마나 정확하게 들었는지 겨룬다. 다시 물어보는 건 반칙이다. 마지막 사람이 말하는 걸 들어보면 어버이날에 자이언트가 이겼다고 하기도 하고, 날짜가 3월 3일이 되기도 하고, 야구가 축구로 변하기도 한다.

말 전달 게임을 해본 적이 있다면 총리나 학장의 지령으로 조직 전체가 계획대로 움직인다는 것이 얼마나 현실성이 떨어지는 일인지를 알 수 있을 것이다.

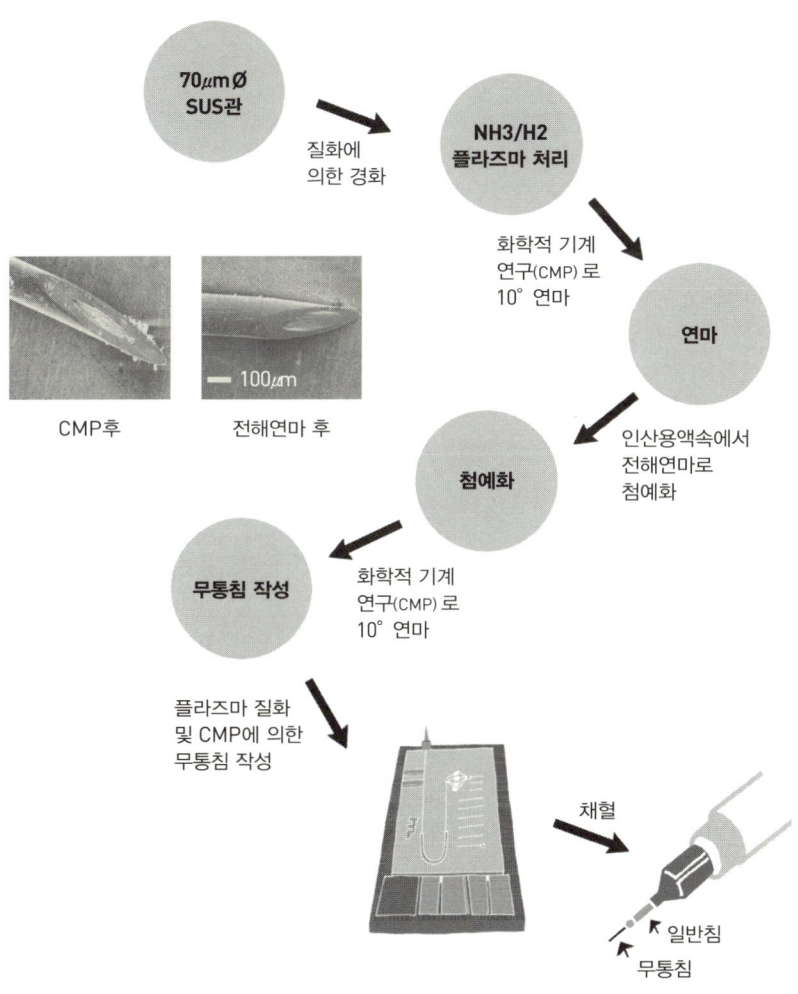

CMP후   전해연마 후

그림 3-5 문제해결을 위해 관련지식을 수집해서 통합화한다

KNOWLEDGE

문제가 복잡하면 해답을 생각하는 프로세스 자체가 필요한 지식이 된다. 예를 들면 5W1H(What, When, Wherer, Who, Why, How)로 상황을 기술하고, PDCA(Plan, Do, Check, Action) 사이클로 개선활동 및 문제 제약조건과 목적함수를 정의한다. 한편 사고를 FTA(Failure Tree Analysis)로 예측해서 대책을 생각하는 등 복잡한 문제를 효율적으로 대처하기 위한 방법으로 쓰이는 이들의 공통점은 먼저 관련지식을 수집하는 것이다.

어떤 지식이 어디에 있는지 'Know Where'를 아는 것도 중요한 지식이다. 예전에는 지식원이 한정됐기 때문에 'Know Where'가 중요했다. 최근에는 인터넷으로 너무 방대한 지식이 공개되기 때문에 오히려 필요한 지식을 선별해서 수집하는 일이 더 어렵다. 그러나 앞으로는 필요한 지식을 수집하고 통합해서 난제를 해결하는 경우가 늘어날 것이다. 개별 연구내용을 수집해서 관련짓고 새로운 지식을 생성하는 가상 사례를 하나 소개하고자 한다. 도쿄대학 스티븐 클레인스 조교수의 글이다.

'앨리스는 미국 자동차회사에서 연료전지 라이프 사이클 분석(LCA)에 관한 일을 하고 있는데 실용화는 아직 이르다고 발표했다. 앤톤은 북해도대학 촉매연구자로 고활성 산화촉매를 발견했지만 공동연구를 한 화학기업에서는 용도를 찾지 못했다. MIT 박막연구자 수잔은 고밀도막을 생성하는 것이 목적이었는데, 실험에서 다공성막이 생성되어 난황을 겪었다. 캠브리지 대학에서 유체역학을 연구하고 있는 조지는 최근에 가느다란 관에 낮은 저항으로 액체를 흘려보내는 기구를 발견했다. 상기 연구는 상호관련이 없어서 서로가 상대의 연구 성과를 자기 연구에 관련짓지 못했다. 이들 연구를 본 도쿄대학 스티븐은 앤톤 촉매를 수잔의 방법으로 가공했다. 그리고 조지가 발견한 유로를 열 제거에 적용해보자는 생각이 들어서 앨리스의 LCA를 적용해보니 연료전지 성능이 놀라울 만큼 개량되어 실용 가능성이 있었다. 그는 이 신지식을 기반으로 사업을 시작했다. 현재 연료전지자동차가 환경문제에 큰 기여를 하는 시대가 올 것으로 기대하고 있다.'

윗글은 지식 수집과 통합으로 문제를 해결한 사례다. 상호관련있는 지식을 적절한 시기에 동원하는 일은 복잡한 문제를 해결하는 열쇠가 된다. 그렇다고 지식을 수집하고 통합한다고 해서 저절로 신지식이 생성되는 건 아니다. 여기서 이용하는 사상과 방법론이 바로 지식 구조화다. 지식을 구조화하여 문제 해결에 성공한 예는 다양한 분야에서 보고된다. 지식 구조화는 대학의 학구적인 문제에서 산업계의 현실적인 문제까지 폭넓게 적용되리라 본다.

KNOWLEDGE

23.
지식 연계에 의한 문제해결 방식

　내가 어렸을 때는 의사들한테 몇 가지 종류의 약이 있었을까? 찰과상에는 과산화수소로 소독하고 하얀 가루를 발라줬다. 배탈이 나면 쓴 위장약, 타박상이나 삐었을 때는 파스, 열이 나면 아스피린, 기침이 나면 이름은 기억나지 않지만 커다란 병에 들었던 단 맛 나는 물약이 있던 것으로 기억한다. 물론 이것만 있지는 않았겠지만 극히 제한된 종류의 약만이 있던 건 분명하다.

　약의 가짓수도 적었고 웬만해서는 주사도 볼 수 없었다. 그러므로 의료사고가 거의 없었고 약도 그다지 잘 듣는 편이 아니었기에 사고가 나도 대수롭지 않은 것으로 끝났다. 아마 의사들도 그 시절이 편했을 것이다. 50년 동안 약 종류는 얼마나 늘었을까? 주사나 링거, 수술방법, 마취, 의료 방법도 상당히 다양해졌다. 만약 예전처럼 했다가는 사고가 나도 큰 사고가 난다.

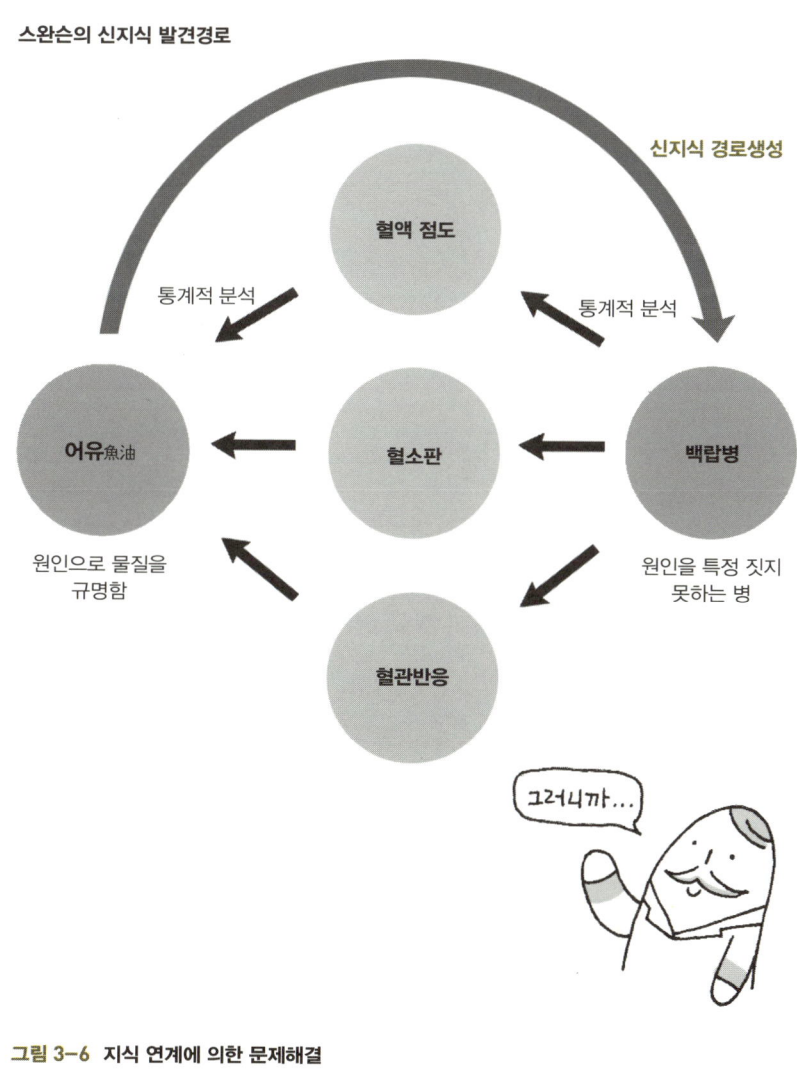

스완슨의 신지식 발견경로

신지식 경로생성

혈액 점도

통계적 분석

통계적 분석

어유魚油

혈소판

백랍병

원인으로 물질을
규명함

원인을 특정 짓지
못하는 병

혈관반응

그러니까...

그림 3-6 지식 연계에 의한 문제해결

　지식에 관한 한 가지 가설은, 모든 지식은 특정한 관련이 있기 때문에 단독으로 존재하는 지식은 없다는 것이다. 학술논문이나 신상품과 같은 형식으로 거의 매일 신지식이 발표되지만 이들은 과거에 있던 것을 바탕으로 생겨났다. 라이트 형제가 비행기를 만들었기 때문에 오늘날 초음속기와 인공위성이 존재한다. 전혀 알려지지 않은 지식이 어느 날 갑자기 등장하는 일은 없다. 그러므로 이미 공개된 지식에서 새로운 지식을 생성하는 방법으로 지식 간 관련성을 다시 보는 것이 좋다.

　백랍병을 예로 들어보자. 과거 백랍병은 원인불명의 희귀병으로 여겨졌고, 이 병에 걸린 사람을 주인공으로 다룬 슬픈 소설이나 시가 수없이 발표되었다. 스완슨은 백랍병을 중심으로 다른 지식과 관련성을 살펴봤다. 그 결과 백랍병이 혈액 점도와 관계가 있다는 사실을 발견했다. 또한 어유 채집량에 관한 지식을 전문 학술지에 실린 논문에서 보고, 혈액점도와의 관련성을 찾았다. 스완슨은 두 가지 지식에서 백랍병 원인이 어유 섭취에 있다는 결론을 내렸다. 수학적으로 표현하면 A=B, B=C이므로 A=C라는 논리전개였다. 그 뒤 스완슨의 발견은 다양한 실험으로 검증되었다. 기존 지식과 관련지어 신지식이 생성된 사례다.

　이처럼 기존 지식에서 새로운 관련을 발견해서 신지식이 생성된 경우는 많다. 피사의 사탑에서 돌을 던지면 돌은 크기에 상관없이 동시에 떨어진다. 그러나 이슬비는 소나기보다 천천히 떨어진다. 모순처럼 보이는 두 가지 사실을 공기 저항과 관련짓는다. 이것이 연계이며 이로 인해 '공기저항을 동반한 낙하'라는 새로운 지식이 탄생했다.

과학에서 지식 간 연계는 과학적인 원인규명이 필요하지만 실제로는 이렇게 되지 않는 부분도 많다. 기업에서는 과학, 기술, 상품, 경제, 방침, 전략 등 다양한 관점에서 지식을 관련짓는다. 미술이나 음악 같은 예술 활동은 희망, 상상, 추억과 관련지을 것이다. 관련을 지을 때는 수학 공식을 증명하는 듯한 딱딱한 절차보다 자유로운 발상을 존중하며, 그 발상의 이유를 명확하게 하는 편이 효과적인 경우도 많다. 또한 관련이 있는 지식의 종류는 독립된 두 가지 지식인 경우, 지식과 데이터인 경우, 데이터와 데이터인 경우, 지식과 데이터 덩어리와 다른 지식인 경우 등 다양하다. 신지식의 탄생 과정을 보더라도 게놈의 발견처럼 거의 독립적인 신지식이 탄생하는 것보다 새로운 관련으로 발견이나 발명이 이루어진 경우가 압도적으로 많다.

24.
구조화
지식과
오더메이드
검색

학창시절 이즈로 여행갔을 때의 일이다. 작살로 놀래기라는 고기를 찔렀는데 문어가 있는 걸보고 겁이난 나는 급히 해면위로 올라와 크게 심호흡을 했다. 마음을 가다듬고 다시 잠수를 했지만 조금 전 장소를 도저히 찾을 수 없었다. 분명히 같은 곳이었는데도 말이다.

찾는 물건은 좀처럼 눈에 띄지 않는 법이다. 쉬는 날 책을 읽다 분명히 책 어딘가에 짧게 글을썼는데 어느 페이지에 썼는지 아무리 찾아도 보이지 않는다. 신문을 읽다 재미있는 기사가 있어다음날 사람들한테 보여주려고 찾는데 눈에 띄지 않는다. 어느 날 문득 몇 개의 지식을 조합하면 흥미로울 것 같은 아이디어가 떠올랐다. 그러나 어제 신문기사와 마찬가지로 도저히 찾을 수가 없다.

미국 기업에서 아주 새로운 고밀도 메모리 개발을 한 그룹 팀장이 있다. 최첨단 연구개발을 하는 그 역시 찾는 것에 어려움을 겪고 있다. 분명히 어딘가에 있는 지식을 찾지 못하고 '정말 어쩔 수가 없군'이라고 말했던 기억이 난다.

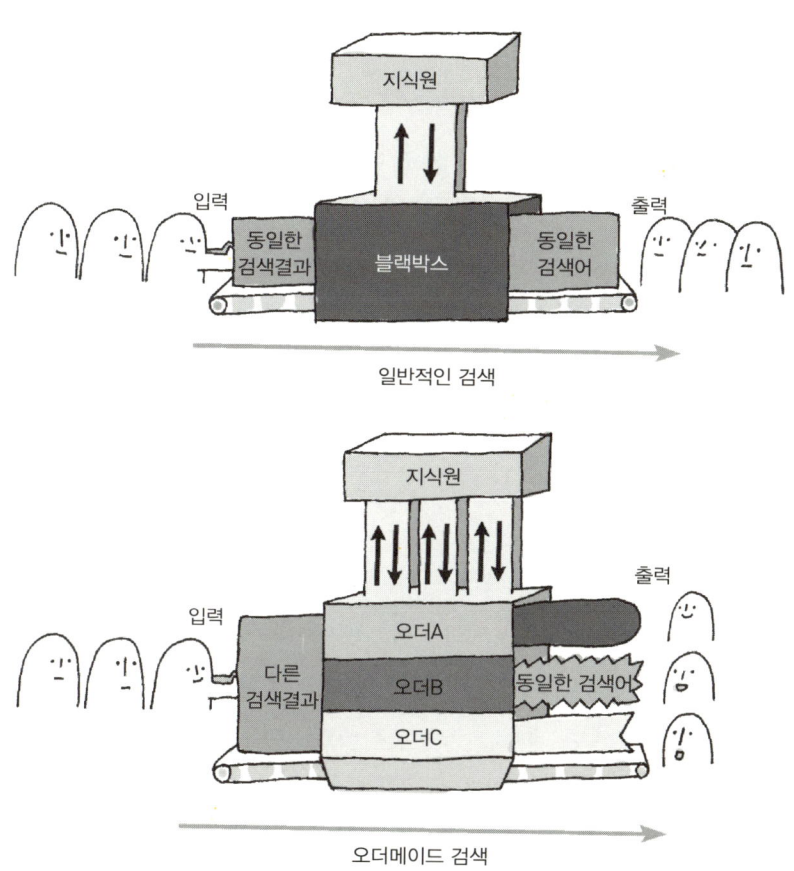

일반적인 검색

오더메이드 검색

그림 3-7 오더메이드 검색으로 다른 검색결과 생성

같은 지식원에 같은 단어를 입력하면 같은 결과가 검색된다. 이것이 현 지식시스템 상태다. 입력한 사람이 그 분야 전문가든 단어의 의미조차 모르는 초보든 입력한 단어를 포함한 문서가 제시된다. 그러므로 만약 검색하는 주체에 따라 다른 결과가 제시된다면 이 시스템은 오작동하는 것이다. 그러나 조금만 생각해보면 나가시마 시게오라는 같은 단어를 입력해도 이치로 선수와 타율을 비교하고 싶은지, 그를 키워낸 감독 이름을 알고 싶은지, 아니면 건강 회복상태를 알고 싶은지, 그 목적은 십인십색이다.

입력과 출력이 일대일인 이유는 단어를 기호로 사용하기 때문이다. 지식검색을 낚시라고 생각해보자. 바다라는 지식원에서 키워드라는 미끼로 물고기라는 지식을 낚는다. 같은 미끼로는 늘 동일한 물고기만 낚듯이 같은 단어를 입력하면 항상 동일한 지식이 검색된다. 하지만 같은 바다라도 그물을 이용하면 다양한 물고기가 걸린다. 비즈를 격자 상태로 배열한 레이스네트가 지식망이라고 하면 비즈는 지식이고, 가운데 있는 빨강색 비즈가 키워드이며, 레이스가 비즈를 이어준다. 이 비즈네트를 이용해 지식을 검색해보면 빨강색 비즈는 같아도 주위에 있는 비즈와 레이스가 의도를 표현하므로 목적과 시점에 따른 검색이 가능하다.

사장과 담당자가 연료전지를 검색한다는 가정을 해보자. 지식원은 같기 때문에 현재 지식시스템으로는 두 사람에게 동일한 내용이 제시된다. 그러나 담당자는 자기가 개발한 연료전지의 화학반응에 대해 알고 싶고, 사장은 다른 회사 개발상황과 시장규모에 대해 알고 싶다. 키워드로 관련된 단어와 비즈네트를 입력하면 오더메이드 검색이 가능하다.

또 한 가지는 낚시 장소가 적절한지의 여부, 즉 지식원이 적절한지를 살펴야 한다. 작은 복어나 정어리가 많이 있는 잡어장에서 도미를 잡으려고 해봤자 헛수고일 뿐이다. 그래서 지식 구조화가 필요하다. 구조화된 지식원은 대체 어떤 이미지일까? 내가 생각하는 이미지는 크고 작은 수많은 비즈네트가 트로피컬하게 얽혀있는 구조다.

진화라는 관점에서 인간이란 빨강비즈를 들면, 침팬지, 오리너구리에서 아메바에 이르는 비스네트가 출현한다. 사회라는 관점에서 벌이란 빨강비즈를 들면, 여왕벌, 일벌에서 꿀에 이르는 비즈네트가 나온다. 벌이란 빨강비즈는 진화와 인간 비즈네트에 있는 비즈 하나와 공통한다. 당이란 관점에서 화학반응을 들면 어딘가에서 꿀 비즈를 포함한 네트가 나타난다. 거대한 비즈네트의 트로피컬 구조를 지식원으로 하고, 시점과 키워드인 작은 비즈네트를 입력해서 검색하면 도미가 낚인다. 이것이 지식 구조화시대의 오더메이드 검색이다.

25.
지식 구조화의 정의

영국 캠브리지대학에서 강연을 부탁받았을 때의 일이다. '지식 구조화'에 대해 강연하고 싶어 말은 꺼냈는데 문제는 내용을 영어로 정확히 전달할 수 없다는 점이었다. 그도 그럴 것이 일본어로도 확실하지 않은 개념을 영어로 표현하자니 내 실력으로는 불가능했다. 하지만 내 설명을 이해한 대학 관계자는 다행히 큰 관심을 표시했고, 강연 제목을 정하는 부분까지 진전됐다.

사실은 예전에도 MIT에 있는 지인과 지식 구조화를 영어로 번역하며 'Structurization of Knowledge' 등 여러 의견을 나눈 적이 있다. 그러나 이 표현을 캠브리지대학에 있는 영국인은 좀처럼 납득하지 않았다. 결론을 내지 못하고 어느 일본식 술집으로 자리를 옮겨 제2라운드에 들어갔다. 결국 강연 제목은 'Structuring Knowledge and the Knowledge Infrastructure'로 결정지었다. 지식 구조화를 영어로 번역하는데 있어서 의견이 분분하나 개인적인 생각으로는 'Structuring Knowledge'가 올바른 영어 표기법이라고 확신한다.

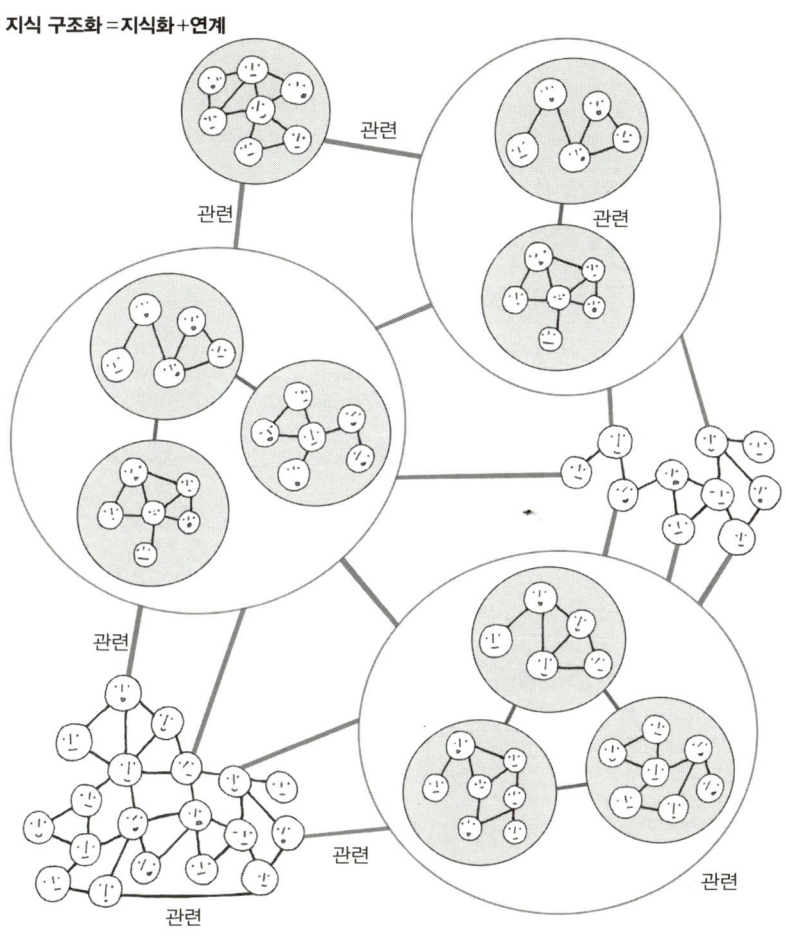

지식 구조화 = 지식화 + 연계

그림 3-8 지식 구조화 이미지

지식 구조화를 '구조화 지식, 인간, IT 및 이들의 상승효과로 지식의 방대화에 적응 가능한 우수한 지식환경을 구축하는 것'이라고 정의한다. 머지않아 지식시대가 도래한다는 건 이미 많은 사람들과 대부분의 조직에서 인식하고 있다. 그러나 쓰레기 폐기장 상태로 둔 방대한 지식에 대한 구체적인 대응은 준비되어 있지 않다. 이를 위한 방법론으로 '지식 구조화'를 제안한다.

구조화 지식은 관련을 맺은 지식군이다. 인간은 누구나 어느 정도 영역전문가이며 머릿속에 구조화된 영역지식을 갖고 있다. 인간은 IT 시스템을 통해 실현 불가능할 정도의 고도로 유연한 구조화를 구현했다. IT는 스피드와 용량, 규모로 인간을 능가한다.

'구조화 지식, 인간, IT'를 병용하면 상승작용이 일어난다. 인간과 IT만으로는 야후와 구글로 대표되는 현재 검색 범위를 넘지 못한다. 구조화 지식과 인간만으로는 백과사전 범위를 넘지 못한다. 구조화 지식은 IT에서 자동적으로 만들어지는 것이 아니라 인간의 직감이나 부감능력이 절대적으로 필요하다. 구조화된 지식이 IT로 실현되면 그것을 사용하는 인간 두뇌의 구조화영역은 넓어지고 망망대해였던 구조도보다 명확해져서 구조화 지식에 충실히 기여할 수 있다. 이런 상승효과를 의식적으로 유발하는 것이 중요하다.

지식 구조화는 전체상의 부감과 지식구조에 대한 이해를 가능하게 한다. 전체상은 특정 목적을 달성하기 위해 특정 관점에서 필요한 지식이 보이는 전체 구조다. 비행기에서 부감하면 일본이란 전체상이 보인다. 그 속에 북해도, 혼슈, 시코쿠, 큐슈라는 구조, 군마, 사이타마, 도쿄라는 세분화 구조, 나아가 더욱 세분화된 구조가 보인다. 그러나 이렇게 부감할 수 있는 건 지리에 한정된 것으로, 아무리 상공을 높이 날아도 일본 역사에 대해서는 볼 수 없다. 여기에 구조화 지식이 없으면 전체를 부감하는 일은 불가능하다.

구조화 지식을 비즈네트의 트로피컬 구조로 생각해보자. 구조화로 구축하는 지식환경은 사이버도서관을 생각하면 된다. 인류는 지식을 책으로 표현했다. 어느 시점에 대한 영역지식을 구조화한 것이 바로 책이다. 책은 한 장의 비즈네트다. 도서관은 책을 분류해 보관한 곳으로 최고의 지식 인프라였다. 지식 폭발로 드러난 도서관의 결점은 두 가지다. 첫 번째는 일서와 양서, 아이우에 순처럼(일본어 히라가나 순서, 우리나라의 가나다 순_옮긴이), 내용별로 한정된 시점밖에는 분류하지 못한다는 점이다. 시점이 다양해진 현재는 이것이 중요한 문제다. 두 번째는 이 책의 이 지식과 저 책의 저 챕터, 그 책의 그 단락을 연결지으면 새로운 책이 만들어진다는 점이다. 즉 지식의 재구성이 필요한데 그것이 불가능하다. 지식의 조합과 융합이 새로운 지식을 낳는 원동력인 시대에 이것은 치명적인 결함이다. 구조화 지식과 인간, IT가 기여하는 사이버도서관이라면 이 두 가지 문제를 동시에 해결할 수 있다.

제4장 지식 구조화의 이용

26.
생명과학
통합을
위한
부감상

실력 있는 축구팀에는 우수한 플레이메이커가 있다. 일본에는 나카타와 오노 선수가 그렇다. 이런 선수들의 경기는 보는 사람을 휘어잡는 무언가가 있다. 생각지 못한 곳에 스루패스를 하거나 뒤에 있는 선수에게 패스를 하기도 한다. 특히 스루패스는 예술적이다. 상대편 수비선수 사이로 볼을 차서 미스플레이라고 생각하는 순간, 어느새 자기편 선수가 그 틈으로 들어와 볼을 쫓아 골대까지 가면 그곳엔 결국 골키퍼밖에 없다. 아마도 나카타는 선수 11명 모두의 움직임을 읽을 것이다. 그러나 플레이메이커한 사람만으로는 이길 수 없다. 몸싸움을 하는 수비수, 발 빠른 윙플레이어, 투지에 불타는 골키퍼, 그리고 오로지 골만 보는 스트라이커, 이 모두가 승리를 위해 꼭 필요한 존재다. 또한 뛰어난 팀에는 분위기메이커가 있다. 그는 팀 전체 분위기를 활성화시켜 목표를 달성하는데 도움을 준다. 축구는 개인능력과 팀 밸런스가 조화를 이룬 승부다.

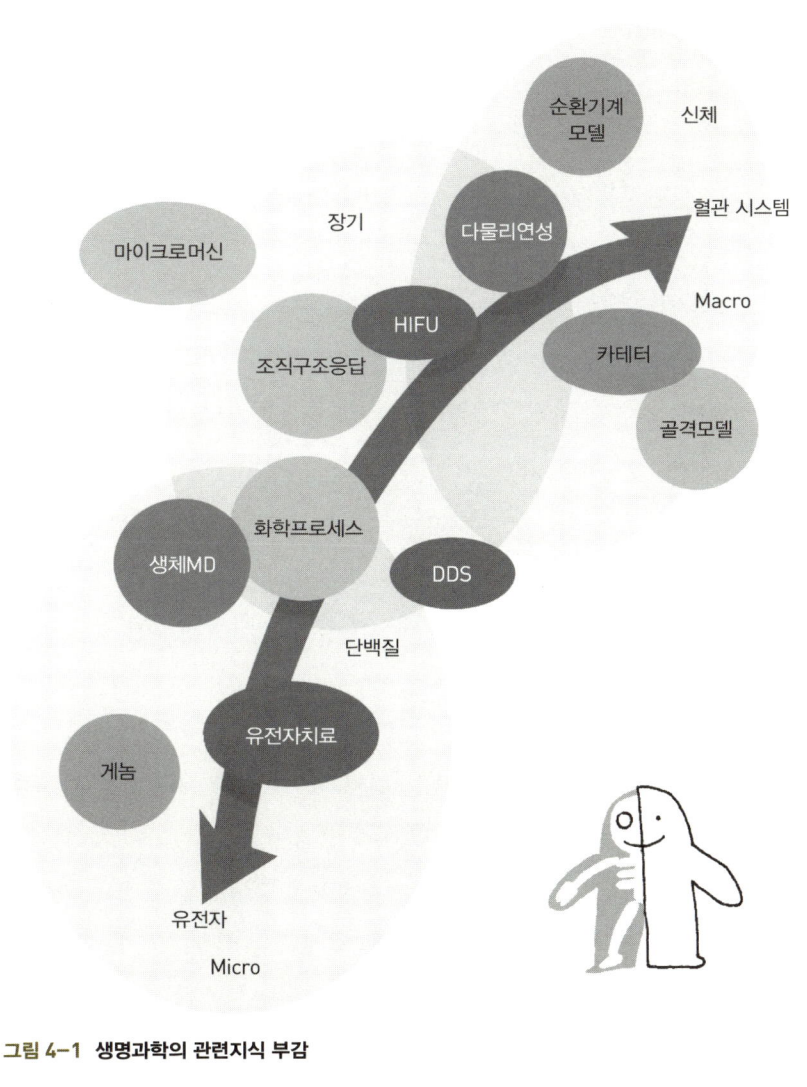

그림 4-1 생명과학의 관련지식 부감

생활에 여유가 생기면 사람의 관심은 물욕과 식욕에서 복지와 건강으로 이동한다. 이와 같은 생활의 질적 향상에도 과학기술의 공헌은 빠지지 않는다. 최근 과학기술은 생활의 질을 지원하는 많은 기기의 생산을 실현시켰다. 앞으로 더욱 눈부신 발전을 할 분야가 생명체인 인간의 부감과 관련 과학기술의 통합에 의한 건강·의료기술 전개다. 앞 페이지 그림은 인간의 부감상이다.

왓슨과 클릭의 발견이후 생명과학은 눈부실 정도로 발전했다. 예를 들어 게놈 정보를 테일러메이드 의료에 응용하거나 게놈에서 단백질과 그 집합 시스템의 정보를 얻어 테일러메이드 의료에 응용하는 등 지금까지는 상상도 할 수 없었던 다양한 가능성을 제시한다. 이런 연역적인 접근과 함께 개인의 게놈 특징과 처방 효과 사이에 통계적 상관관계를 발견하고, 그 결과를 테일러메이드 의료에 반영하려는 접근 방식도 주목받고 있다.

눈부시게 발전한 생명과학 때문에 생명과학을 의료에 적용하는 것은 문명 그 자체에 질문을 던지는 일이 됐다. 예를 들어 유전자 치료나 인간복제와 같은 문제는 의학, 공학, 법학, 윤리학, 철학, 경제학 등 거의 모든 지식과 관계가 있다. 그 중에서 하나라도 충분한 검토가 이뤄지지 않는다면 생명과학은 균형 있게 발전하지 못한다. 앞으로는 이런 학문이 다시 융합해서 예전처럼 철학영역으로 통일되는 시대로 돌아갈 필요성도 생길 것이다.

20세기 과학은 비약적으로 발전했다. 물리학, 화학, 생명과학, 정보과학 등 많은 과학 분야가 본질적으로 진보했다. 하지만 이들을 활용하기 위해서는 학술 통합화가 필요하다. 가장 단순한 통합화 기술은 컴퓨터에 의한 시뮬레이션인데, 문제는 처리시간이 얼마나 걸리느냐. 예를 들어 지구의 모든 움직임을 시뮬레이션하려면 처리하는 데만 몇백 년이 걸린다. 그래도 최근 컴퓨터 기술로 많은 일이 가능해졌다. 현재 일본에 있는 세계 최고속 컴퓨터 지구 시뮬레이터는 지구온난화를 최고정밀도에서 예측한다. 그러나 지구의 구조가 워낙 복잡하기 때문에 바다, 육지, 하늘의 모든 물리현상과 화학현상을 동시에 풀기는 불가능하다. 그래서 더욱 빠른 컴퓨터를 만들기 위해 많은 연구자들이 도전하고 있다. 또 지구상에 있는 방대한 컴퓨터를 네트워크로 연결해서 분산처리하려는 연구자들도 있다. 초복잡계라도 계를 구성하는 각각의 현상은 일반적인 정밀도로 풀 수 있다.

전체상을 부감하는 유력한 방법은 이들을 연결해서 전체상 시뮬레이션을 꾀하는 일이다. 앞 페이지 그림은 이에 대한 일례를 든 것이다.

27.
의료 시스템에 적용한 지식 구조화

일본인은 마라톤을 좋아한다. 지역마라톤 대회에서 올림픽 마라톤까지 그 종류가 다양하며 마라톤 경기의 텔레비전 시청률 또한 꽤 높은 편이다. 텔레비전을 시청하다 보면, 마라톤 종반에 선두 두 사람이 경쟁하기 시작할 때 해설자들 대부분이 이제부터는 정신력 싸움이라고 이야기하는 걸 볼 수 있다. 또한 주목받는 선수가 뒤쳐지면 정신력으로 버티길 바란다고 말한다. 해설자는 경험을 통해 그렇게 말하는 것일까? 혹은 정말로 그렇게 생각해서 하는 말일까?

나도 운동을 해봐서 알지만 체력이 있을 때 기력이 생긴다. 이제부터는 남은 체력이 승부를 정한다고 하면 해설이 재미없을 지도 모르지만, 해설자의 말이 자기 머리에서 나왔다고는 생각하지 않는다. 사람들이 자주 쓰니까 해설자도 그렇게 말하는 것뿐이다. 축구 선수 나카타가 시합에서 패한 뒤 재미있는 말을 했다. "전 승부근성이나 팀워크를 좋아하지 않지만 이 팀에는 최소한의 것도 없습니다. 이래서는 이기지 못합니다." 그는 적어도 자기 머릿속에서 생각한 말을 했다.

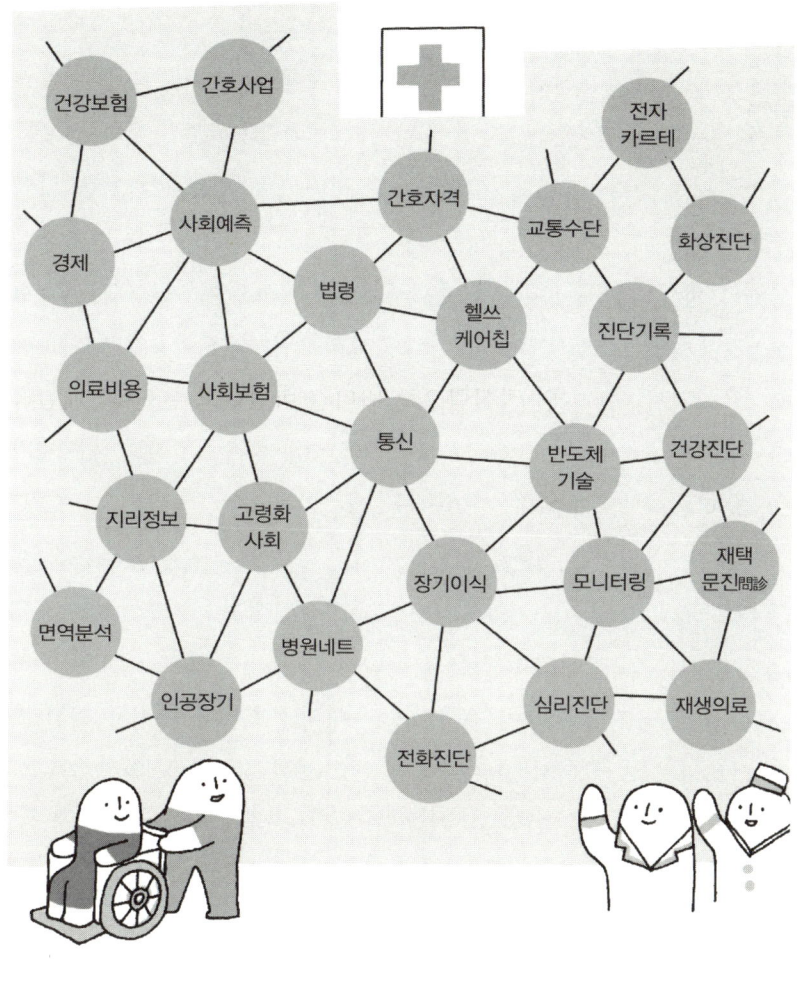

그림 4-2 의료 시스템과 지식 구조화

마을에 병원이 하나뿐이어서 온 마을 주민들이 그곳에서 치료받던 시절이 있었다. 그러나 현재 의료는 경쟁체제에 들어섰다. 좋은 병원으로 평판이 나면 전국각지에서 환자가 몰려들고, 그 반대의 경우는 도산하기도 한다. 여기서 문제가 되는 것이 바로 의료 시스템의 지식 구조화다.

의료 시스템을 구성하는 것은 의료행위 자체만이 아니다. 건강보험, 경제경영, 간호사업, 사회예측, 사회보험, 의료비용, 고령화 사회, 지리정보, 면역분석, 인공장기, 병원네트, 통신수단, 관련법령, 간호자격, 교통수단, 장기이식, 전자카르테, 헬쓰케어칩, 반도체기술, 모니터링, 전화진단, 심리진단, 진단기록, 화상진단, 건강진단, 재택문진, 재생의료, 등등 의료 시스템을 둘러싸고 있는 요소들은 매우 다양하다. 또한 이들 모두가 병원경영에 있어서 무시할 수 없는 문제들이다. 이와 관련하여 최근 주목받고 있는 것이 바로 의료 비즈니스다. 의료 비즈니스는 입원하지 않는 재택 환자와 노약자를 위한 간호 비즈니스, 보험회사 상품 구입이 불가능한 장애우를 위한 의료보험 시스템, 병원과 노인간호 기능이 있는 시설 등 다양한 비즈니스 모델이 등장했다. 이들은 기존 의료지식에 새로운 지식을 관련지어 태어난 비즈니스 모델이다. 특히 의료지식에 경영지식을 관련지으면 새로운 의료 시스템이 탄생할 가능성이 높다.

의료지식은 매우 방대하기 때문에 한 개인이 전체상을 완벽히 파악하고 의사가 되려면 장기간에 걸친 교육훈련이 필요하다. 그러나 새로운 치료법의 개발과 감염증의 출현 등 의료를 둘러싼 환경은 매우 빠르게 변화한다. 일개 의사의 노력만으로는 도저히 불가능한 상황에 달한 것이다. 의료지식을 구조화해서 의사나 간호사와 같은 의료 관계자만이라도 전체상을 파악하도록 지원하지 않으면 의료 안전이나 효율화를 꾀할 수 없는 상황에 놓였다.

　의료지식을 규칙화해서 컴퓨터 프로그램으로 엑스퍼트시스템을 실현하려는 시도는 이미 20년 전에 있었다. 그러나 단순한 'if-then' 규칙으로 표현해서 논리구조로 추론하는 것만으로는 다양한 질병과 사람을 대상으로 하는 의료행위에는 도움되지 않는다. 먼저 필요한 것은 방대한 의료지식을 상호관련지어 의학적 근거를 표현하는 일이다. IT로 실현된 구조화 지식 시스템의 지원을 받으며 영역전문가인 의사가 구체적인 진료행위를 하는 것이 지식폭발 시대에 어울리는 현실적인 의료의 형태다. 의료는 사람의 몸과 마음을 대상으로 하기 때문에 지적활동 중에서도 가장 복잡한 행위에 속한다. 이런 대상일수록 지식 구조화의 위력은 제대로 발휘된다.

28.
사막녹화와 연구개발 플랫폼

도쿄대 도서관에서는 도서 구매를 효율화시키기 위해 집중구입 시스템을 도입했고, 그 결과 대학 인력이 줄었다. 서점에서도 지금까지는 많은 연구실을 일일이 찾아 다니며 결재를 했지만, 이제는 집중관리실에만 가면 해결되기 때문에 가격인하가 가능해졌다. 하지만 이 정도 일이라도 큰 조직 안에서 실행에 옮기려면 꽤 힘든 일이다.

이런 일을 할 때는 모든 걸 집중화하려고 하지 말고 80퍼센트 정도만 목표로 잡아야 한다. 교원 중에는 고문서와 같은 특수한 책을 특수한 서점에서 구입하는 경우도 있다. 이처럼 개개인에 따라 여러 사정이 있을 수 있고, 이유는 잘 모르겠지만 유독 심하게 반대하여 설득하기 힘든 사람도 있기 마련이다. 조직에 반드시 있는 이런 사람들을 처음에는 무시했다가 시작한 다음에 들어오길 기다리면 된다. 즉 여기가 좋다는 것을 보여주면 되는 것이다. 정방형과 그 안에 내접하는 원 면적 비율이 $\pi/4$로 약 0.8이다. 대상은 정방형이지만 실행을 할 때는 원 면적부분이 목표지점이다. 이것이 $\pi/4$법칙이다.

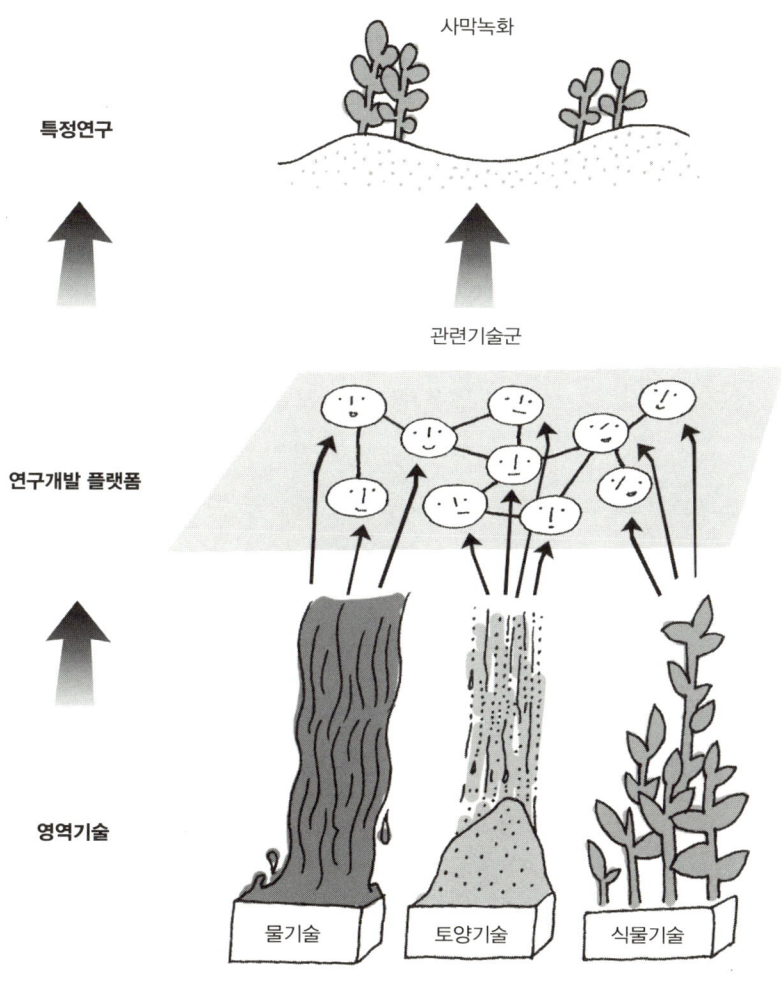

특정연구

사막녹화

관련기술군

연구개발 플랫폼

영역기술

물기술

토양기술

식물기술

그림 4-3 사막녹화를 예로 한 연구개발 플랫폼 이미지

지식은 지속적으로 생성, 세분화, 융합, 팽창해나간다. 20세기 지식의 폭발적인 팽창 결과 어떤 대상을 정할 때 전모를 부감하는 것이 곤란해졌다. 그러나 지식 구조화로 인해 지식을 대상에 맞춰 통합하는 일이 가능해졌다.

일예로 사막녹화 플랫폼을 소개하겠다. 사막을 녹화하기 위해서는 물, 토양, 대기, 식물 등 다양한 영역의 기반지식이 필요하다. 유전자 기술로 내건성식물 개발, 지구규모 대기모델로 기상 시뮬레이션, 물환경모델로 토양수분포 추산, 강우량 진형 지속적 식림연구 등 급속도로 새로운 지식이 생성되고 있다. 한 사람이 이 모든 것을 파악하는 건 불가능하다. 사막녹화 플랫폼을 통해 필요한 지식을 일람할 수 있다. 예를 들어 사막녹화를 위해서는 물에 대한 지식이 꼭 필요하다. 그러나 모든 물 지식이 필요한 건 아니다. 물이 토양 속을 어떻게 흐르는지는 알아야 하지만, 맛있는 물 분자구조에 대해서는 알 필요가 없다. 즉 특정 목적에 필요한 지식은 한 가지 분야에서 보면 극히 일부분이다. 필요한 지식을 선택해서 구조화하면 특정 문제를 효과적으로 대응하는 지식 플랫폼을 구축할 수 있다. 지식이 새롭게 생성됐을 때는 차례대로 플랫폼에 추가하면 된다.

과학자는 개인의 호기심에 근거해서 연구를 진행한다. 노벨상에 빛나는 문명의 기반에 관계할 정도로 엄청난 대발견이나 대발명의 대부분은 훌륭한 과학자의 지적호기심에서 탄생한다. 그렇다고 해서 과학자의 판단에만 맡기고 연구비를 흥청망청 쓴다면 국가예산이 남아나지 않을 것이다. 자립분산적인 과학자와 목적지향적인 사회를 잇는 것이 과학기술의 통합화다.

과학기술 통합화의 열쇠가 바로 지식 구조화이고 특정문제에 대해 구체화한 것이 플랫폼이다. 구조화 지식이 비즈네트의 거대한 기하학구조라고 하면 특정목적으로 만들어진 한 장의 비즈네트가 플랫폼이다. 나노테크놀로지 플랫폼과 바이오테크놀로지 플랫폼 등 전용 비즈네트를 만들 수 있다. 그러나 아무리 플랫폼이 많이 늘어나도 기본이 되는 기하학구조를 바꿀 필요는 없다. 과학은 대상영역을 정의하며, 그 결과 과학이 발전하면 세분화는 반드시 일어난다. 한편 사회니즈는 통합화를 지향하기 때문에 공학과 같은 실용학문은 통합을 지향한다. 이런 지식은 세분화와 통합화운동을 반복하면서 계속 팽창해나간다. 그러다보니 지식 전모를 부감하는 일은 곤란해졌다. 이 점을 해결하려면 목적에 맞는 플랫폼 구축이 효과적이다. 특히 이것은 거대한 연구개발 프로그램에서 연구자원의 효율화를 위해 필수 불가결한 요소다.

29.
의료사고 방지를 위한 프로세스 해석

만약 기술자가 'CAD'라는 단어를 들으면 'computer-aided design'을 떠올릴 것이다. 예전에 어느 미국인과의 대화에서 'CAD'가 고급자동차 '캐딜락'이라는 것을 한참 이야기하고 나서야 알았다. 경제 분야의 친구가 'cash against document'라고 하길래 그 뜻을 물었으나 의미는 잘 모른다고 했다. 원래 'CAD'에는 깡패라는 뜻이 있다. 'cats and dogs(산사태)'라고 말하는 사람도 있겠지만 아마도 농담일 것이다.

분야가 약간 다른 그룹에 들어가도 언어가 다르기 때문에 매우 난처하다. 특히 미국의 젊고 유능한 사람들의 경우에는 그 정도가 더욱 심하다. 빨리 말하는 것과 자신을 어필하는 것, 그리고 돈 버는 일이 좋은 것이라 확신하는 이들과의 대화는 여간 힘든 게 아니다. 나처럼 대학에서 표준적인 지식을 배운 교원은 그 의미를 알 길이 없다. 일본에서도 최근에는 '시부야어澁谷語'라는 신조어가 등장했다. 시부야에 모인 젊은이들이 자신들 세계에서만 쓰는 말이라고 한다. 같은 일본인끼리 대화하는데도 사전이 필요한 시대가 왔다.

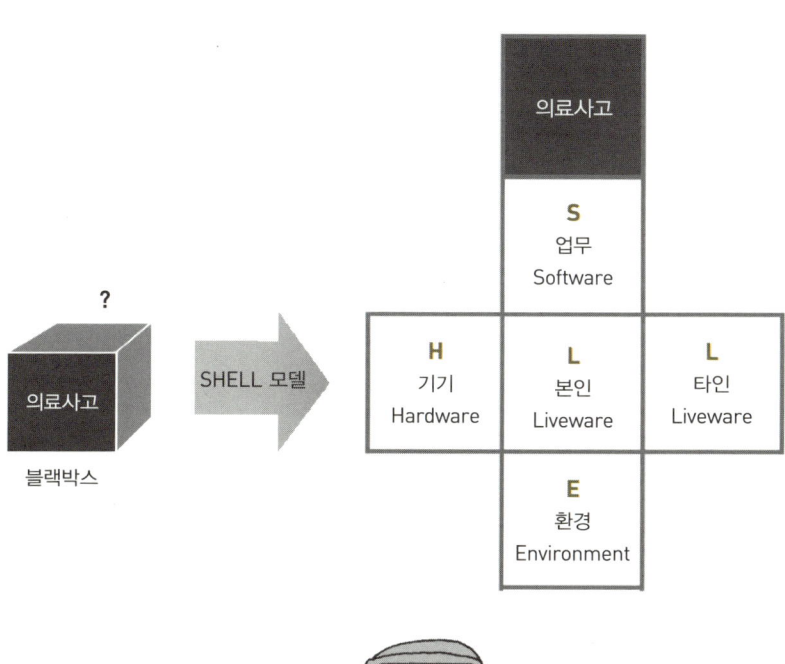

그림 4-4 프로세스로 의료사고 해석 (도쿄대 이즈카 요시노리 교수의 분석 인용)

의료는 살아 있는 사람을 대상으로 하기 때문에 최대로 세심한 주의가 필요하다. 의약, 설비, 장치의 선택폭이 증가했기에 대상에 맞춰 종합적으로 판단하지 않으면 실수할 가능성이 있다. 아무리 주의를 해도 의료사고는 일어날 수 있다. 최근에는 재판까지 가는 일도 늘고 있다. 같은 의료행위에 대해 병원측과 환자측의 해석에 차이가 생기기 때문이다. 의심할 여지없이 의료는 지식 구조화가 필요한 전형적인 케이스다.

사사로운 실수가 중대한 결과를 가져오는 의료행위는 다양한 관점에서 검토해야 한다. 그러나 지금까지는 충분한 분석과 해석의 대상이 됐음에도 불구하고 객관성 있는 행동을 표현하는 것조차 불충분했던 경향이 있다. 여기서 문제를 한정하여 의료행위 결과가 생명에 중대한 영향을 미치는 의료사고를 분석한 결과를 보면, 의료사고 문제점을 다섯 가지 관점에서 파악할 수 있다. 그 관점은 업무, 기기, 환경, 본인, 타인이며, 앞 페이지 그림에 표시했듯 영어의 앞 글자를 따서 SHELL모델이라고 한다.

특정 관점에서 의료사고를 보면 한 가지 설명이 가능하지만, 다양한 관점으로 의료행위를 볼 수도 있다. 의료사고에 대한 SHELL모델을 지식 구조화 입장에서 생각해보면, 의료사고의 원인과 결과를 설명하기 위해 지식을 관련짓고 그 이유를 다섯 가지 관점에서 설명하려는 시도로 보인다. 예를 들어 제조업에서는 지식을 과학기술이나 경영의 관점에서 관련짓는 것에 비해 의료사고의 경우는 앞에서 말한 다섯 가지 관점에서 지식을 관련짓는다.

SHELL모델을 분석하면 병원측과 환자측 판단의 차이가 어디서 생기는지 밝힐 수 있다. 의료사고는 되풀이될 가능성이 있다. 재발 방지를 위해 사고 원인관계는 철저히 규명되어야 한다. 규명하는 방법론이 지식 구조화이고 구체적인 예가 SHELL모델이다.

사고가 생긴다고 의료행위를 그만둘 수는 없다. 그러나 사고는 반복될 가능성이 있다. 사고를 통해 얻은 지식을 구조화해서 공유한다면 같은 사고가 되풀이될 가능성은 줄어든다. 사고의 원인은 복합적일 지도 모른다. 행위 하나가 원인이 될 수도, 일련의 행위들이 원인이 될 수도 있다. 이들을 분석하고 구조화하면 의료사고는 줄일 수 있다. 그러면 자연히 재판을 줄일 수 있고 재판관의 판단을 지원할 수 있다.

30.
해양
탄소순환

토론은 문제에 대한 시야를 넓혀주기 때문에 중요하며, 회의 인원은 5명 정도가 최적이다. 너무 적으면 시점의 다양성이 불충분해지고 10명을 넘으면 발표할 시간이 줄어들어 반론을 제기할 수 없다. 의견을 말할 수는 있어도 토론은 불가능하며, 결국 말만 하는 회의는 불만만 쌓인다.

20년 넘게 국가위원회에 출석하는 동안 교육론에 대한 새로운 시점에 대해 들은 적은 없지만, 득의양양하게 지론을 펴는 건 수없이 들어봤다. 그때마다 꽤 참기 힘들었는데, 내 말도 누군가 이렇게 생각한다고 하면 참기 힘들 것 같다. 시점을 제시하고 필요한 데이터 분담을 정하면 회의는 끝난다. 데이터를 모아 구체안을 생각하는 단계가 되면 숙박을 하면서 결론을 내는 방식이 지금까지 한 토론 중 가장 성공률이 높다.

그림 4-5 해양 이산화탄소 순환 모델

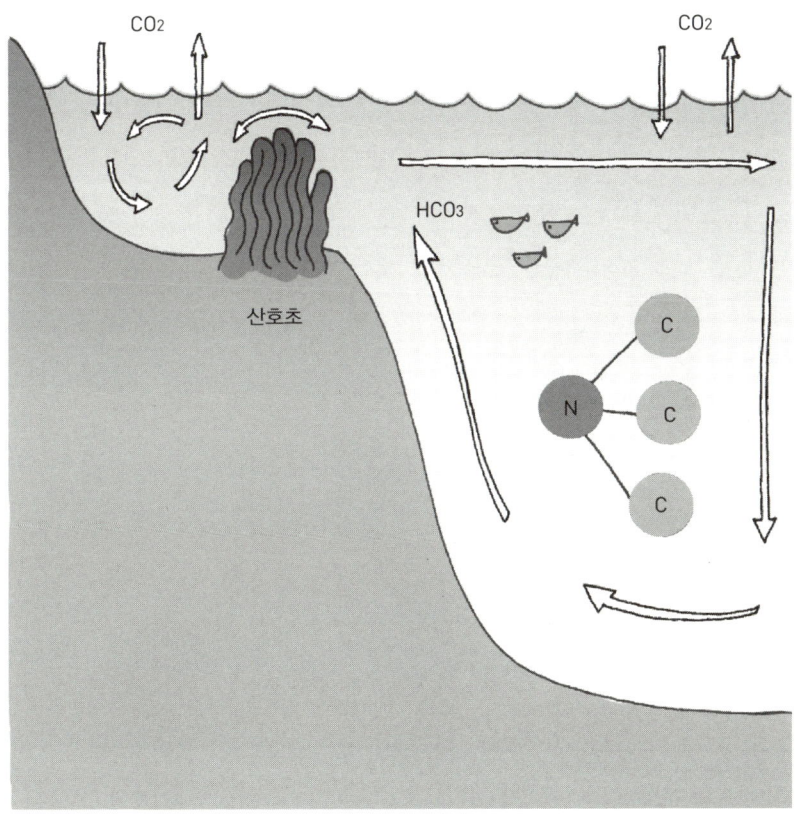

산호는 지구온난화 문제에 어떤 역할을 할까? 신비한 동물인 산호는 체내에 갈충조란 식물과 공생한다. 갈충조는 광합성을 하기 위해 이산화탄소를 고정시키지만 산호는 동물이기 때문에 호흡으로 이산화탄소를 방출한다. 대체 산호는 온난화 문제를 해결할 보배인가, 아니면 온난화 문제를 조장하는 애물인가?

우리는 동물학자, 생태계 연구자와 함께 미야코섬 보라만에 있는 산호초를 대상으로 연구를 시작했다. 동물학자는 직경 2미터 정도의 괴상산호에 큰 비닐을 씌워 해수 조성변화를 측정, 산호의 생리를 관찰했다. 생태계학자는 산호초가 산호만이 아니라 생태계 전체를 평가하는데 필요하다고 잠수를 반복하며 해저생물을 채집 분류했다. 우리는 해수에 포함된 이산화탄소 농도가 만내 분포에 반영된다는 생각으로 배에서 해수를 채집하여 분석했다. 세 그룹에서 나온 결과를 합하니 산호와 그 밖의 다른 생태계의 부분 구조를 반영한 보라만 산호초의 전체상을 밝힐 수 있었다. 산호초는 이산화탄소를 고정시킨다.

이야기는 여기서 끝나지 않는다. 보라만에는 해류가 출입하기 때문에 산호초는 해류를 타고 생성한 유기물을 배출한다. 외양에서는 해양학자가 이산화탄소 연구를 하고 있다. 그들은 해양표면에 있는 식물성 플랑크톤의 광합성에 이용되어 수직방향으로 이동하는 이산화탄소가 온난화의 본질이라고 생각한다. 보라만에서 배출된 유기물은 외양표층에서 일어난 광합성에 의해 나온 유기물과 합쳐질 것이다.

결과는 어떻게 될까? 이에 대해 해양학자도, 산호초 연구자도 언급하지 않는다. 이 문제에 대한 해답은 아직 나오지 않았다. 산호의 생리와 유전자에 대해서라면 독립연구도 가능하다. 그러나 지구 온난화 문제에 대한 산호초의 역할이라면 이야기는 달라진다. 이처럼 같은 산호 연구라도 목적과 시점에 따라 상황은 일변한다.

바다는 유한하다. 기술자라면 지구 규모로 시뮬레이션을 해야 한다고 생각하는 사람도 있을 것이다. 그러나 바다 전체에 있는 이산화탄소를 시뮬레이션하는 것은 불가능한 일이다. 이유는 두 가지다. 첫 번째는 컴퓨터 성능의 한계 때문이다. 두 번째는 보라만에서 배출된 유기물이 해류 속에서 어떻게 흐르는지, 물고기가 어떻게 그것을 먹는지와 같은 요소지식과 모델화가 불충분하다. 첫 번째 문제의 해결방안인 고속 컴퓨터와 인터넷을 이용한 분산형 계산기술 등의 고속 대용량 계산기술이 눈에 띄게 진보했다. 두 번째 문제인 요소지식과 모델화를 해결하려면 지식 구조화를 해야 한다. 머지않아 온난화에 있어 산호초의 진정한 역할이 무엇인지 우리기 필요로 하는 정도에서 시뮬레이션을 통해 확실하게 밝혀질 날이 올 것이다.

31.
전체상 부감과 인간의 활용

'재복사'를 아는 사람도 이제 소수에 불과하다. 잉크를 침투시키기 때문에 정식명칭은 습식복사다. 사어가 된 등사판과 연필 시대에 등장했던 재복사는 연구실 세미나용 자료를 작성하는 신병기였다. 그런데 재복사로 만든 자료는 강한 빛에 노출되면 탈색하고, 어두운 곳에서 보관한다 하더라도 10년 쯤 지나면 읽지 못한다. 연구도 10년 지나면 소용없어진다는 말을 농담처럼 했던 기억이 있다.

현재 거의 모든 연구실은 석박사 논문으로 가득하다. 이제는 인쇄물로 제작하기 때문에 논문이 사라질 염려는 없지만 문제는 그 논문을 읽는 사람이 거의 없다는 점이다. 젊은이들이 자신의 청춘을 바쳐 만든 지식이 잠들고 있으니 참으로 안타까운 일이 아닐 수 없다.

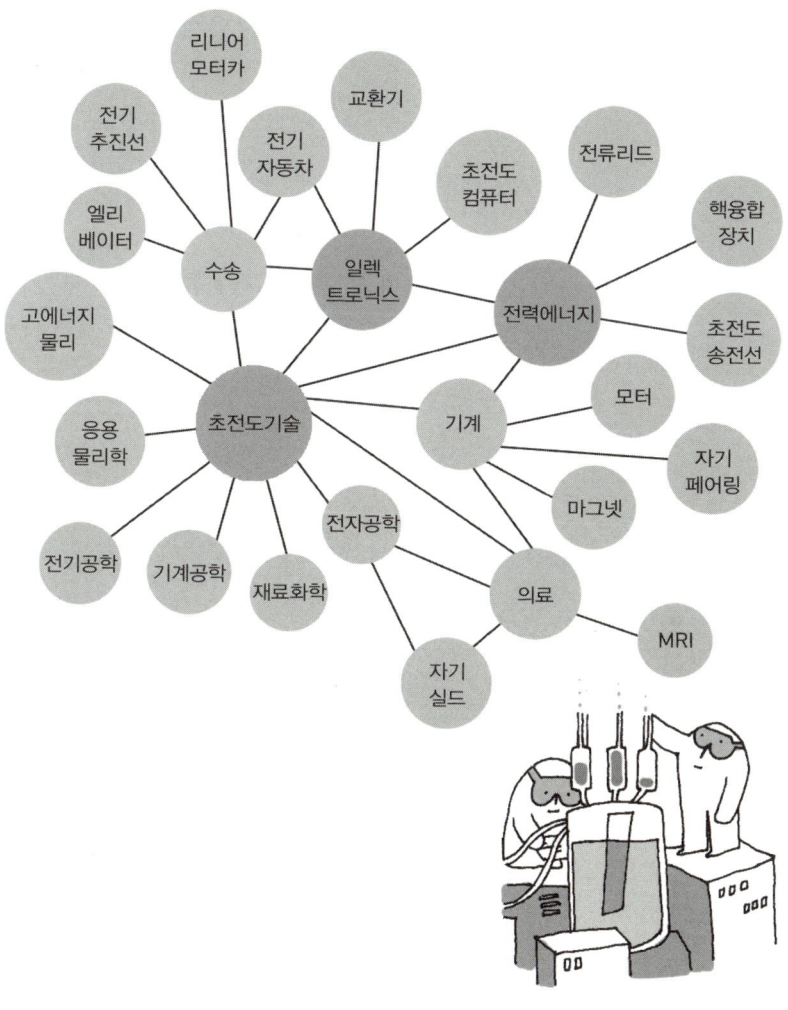

리니어
모터카

교환기

전기
추진선

전기
자동차

초전도
컴퓨터

전류리드

엘리
베이터

수송

일렉
트로닉스

핵융합
장치

고에너지
물리

전력에너지

초전도
송전선

응용
물리학

초전도기술

기계

모터

자기
페어링

전기공학

기계공학

재료화학

전자공학

마그넷

의료

MRI

자기
실드

그림 4-6 초전도기술을 중심으로 하는 관련연구 부감

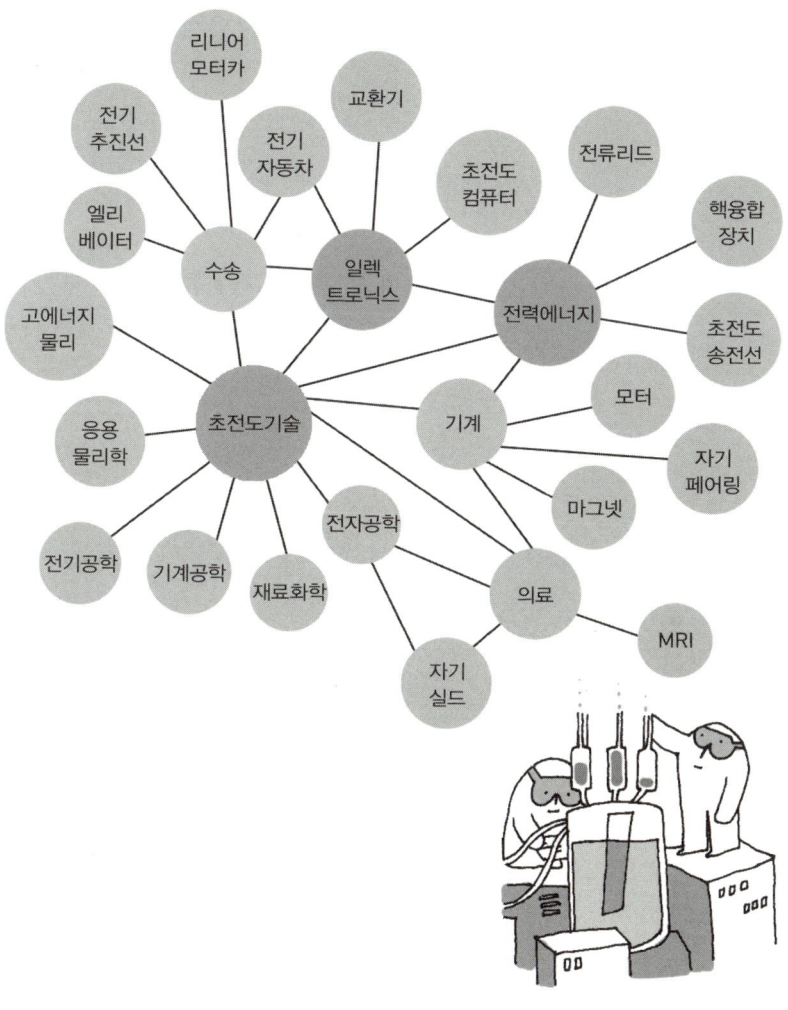

'지금까지 어떤 연구를 했는가? 현재 밝혀진 것과 밝혀지지 않은 것은 무엇인가? 무엇이 가능하고 불가능한가? 이런 상황에서 앞으로 할 일은 무엇인가?' 만약 박사 논문 심사에서 이같은 질문에 대답하지 못한다면 실격이다. 자신의 연구가 어떤 위치에 있는지 파악하지 못했다는 뜻이기 때문이다.

전체상을, 그리고 그 안에서 개인의 연구를 다른 지식과 관련짓는다면 해답을 얻을 수 있다. 개인의 연구를 빨간 비즈로 한 비즈네트를 만들어 지식 구조화를 이용하면 쉽게 해답이 나온다. 학술논문은 서론을 명확히 기술해야 하는데, 이런 내용이 없으면 독자는 이 논문이 무엇을 말하고자 하는지 모르기 때문이다.

모르는 길을 자동차로 갈 때 내비게이터는 든든한 힘이 된다. 초행길이라도 목적지와 현재의 위치를 알고 있다면 다음 목표지점을 예측할 수 있다. 출발 전 임의로 몇 곳을 정하고 확인하면서 운전하면 목표지점까지 무사히 도착한다. 연구를 할 때도 위치를 파악하는 일은 자동차를 운전할 때 위치를 확인하는 것과 같다. 지도를 보고 위치를 확인하면 앞으로의 행동을 예측할 수 있기 때문이다.

학생이 자신의 연구내용을 열심히 설명하면, 베테랑 교수가 그 다음 전개를 예측하고 조언해주는 모습은 대학 연구회에서 자주 볼 수 있는 광경이다. 학생은 교수의 선견지명에 놀란 나머지 본인은 연구자로서의 소질이 없다고 낙담하기도 한다. 어떻게 그런 예측이 가능할까? 물론 걱정할 필요는 없다. 이는 경험의 차이다. 교수의 머릿속에는 오랜 기간 경험을 통해 쌓은 관련 지식의 전체상이 들어있다. 학생의 연구를 전체상에 놓고 위치를 파악해서 앞으로의 전개를 예측하는 것이다. 즉 교수는 내비게이터를 가진 셈이다. 그 결과 자기가 직접 하지 않은 연구라도 논의가 가능하다.

지식 구조화에는 지식 연계와 IT에 의한 실현과 함께 인간의 활동이 필요하다. 그 이유는 사람의 머릿속에는 이미 자신의 일과 관련된 지식이 구조화되어 있기 때문이다. 사람마다 비즈네트의 크기는 각각 다르다. 비즈를 잇는 레이스에 구멍이 난 사람도 있고 처음부터 여기저기 뜯어진 사람도 있다. 유능한 사람의 비즈네트는 그 크기가 크고 레이스가 두꺼우며 튼실하다. 사람의 머릿속에 있는 구조화 지식을 활용하면 지식 이용도는 극단적으로 높아진다. 구체화 방법은 다양하지만 지식 구조화가 사람의 관여를 중시하는 이유는 머릿속에 있는 비즈네트의 활용 때문이다.

32.
지식기반 산업 창출

프로젝트 X라는 인기 방송 프로그램이 있다. 에리모곶襟裳岬 해안에 나무를 심어 바다를 살리고, 처음으로 국산 승용차를 만들고, 교묘히 특허 망을 빠져나가 복사기 시장에 진입하는 등의 감동적인 이야기를 방영했다. 일본에는 강한 의지와 탁월한 선견지명을 가진 사람들이 많고, 구체적인 목적을 공유한 일본 팀은 세계최강이라는 점을 알 수 있는 방송이라 개인적으로 매우 좋아하는 프로다.

학창시절에 이 얘기를 하면 뭐든 농담으로 받아들이는 친구들은 그냥 웃어넘겼다. 그러나 그 친구들도 같은 마음이라는 걸 안다. 프로그램의 주역은 대부분 기술자와 장인으로, 경영자와 정부는 대체로 믿음직스럽지 못한 모습을 보여준다. 프로젝트 X는 일본인의 유전자를 표현하는 방송이 아닐까 한다.

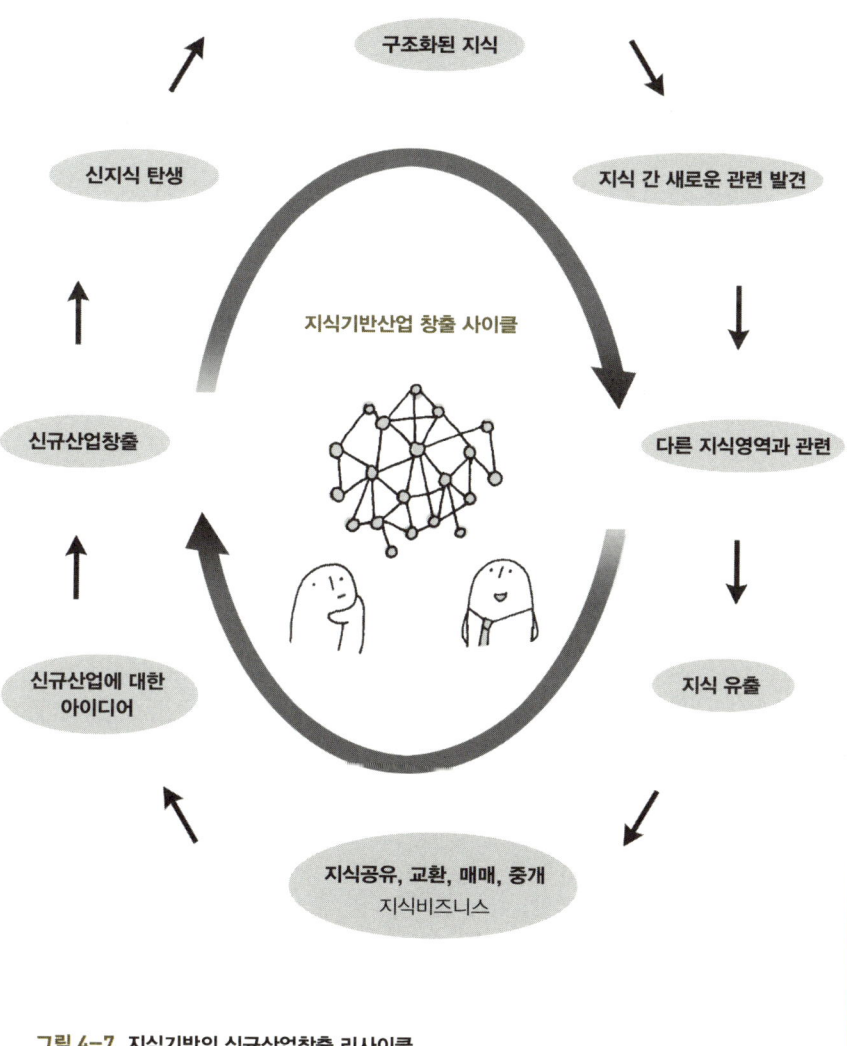

구조화된 지식

신지식 탄생

지식 간 새로운 관련 발견

지식기반산업 창출 사이클

신규산업창출

다른 지식영역과 관련

신규산업에 대한
아이디어

지식 유출

지식공유, 교환, 매매, 중개
지식비즈니스

그림 4-7 지식기반의 신규산업창출 리사이클

앞으로는 지식을 기반으로 한 시대가 온다고 한다. 그러나 이 뜻을 정확히 아는 사람은 적을 것이다. 확실히 지식기반 경제에 대해 구체적으로 설명하기도 어렵고 이미지도 너무 광범위해서 종잡을 수 없다. 그래도 내가 생각하는 지식기반 경제가 구조화 지식이 중심이라는 점은 강조하고 싶다. 지식이 구조화되면 지식 간 관련을 맺는다. 관련은 시점에 따라 변하므로 새로운 상품과 같은 시점이 생기면 지식 간 새로운 관련을 맺고 신지식이 생성된다. 구조화 지식과 신지식을 공유, 교환, 매매, 중개의 대상으로 한다. 이것이 내가 생각하는 지식기반 경제의 이미지다.

경제활동은 사람, 사물, 서비스 변환과 이동으로 가치를 낳는 활동이다. 이들은 구조화된 지식을 대상으로 지식 변환과 이동을 이용한 가치 생성을 지향한다. 지식기반 경제가 다루는 상품은 지식만이 아니다. 지금처럼 사람, 사물, 서비스는 변함없이 매매되는데 이때도 지식은 함께 매매되며, 지식의 가치는 지속적으로 높아진다. 누구나 휴대전화를 매매 할 수 있는 상황은 이미 일어나고 있다.

제조업도 변한다. 생산설비에서 지식으로 경쟁력의 원천은 이미 이동하고 있다. 생산설비가 기반이면, 그 기업의 경쟁력은 설비로 추측 가능하다. 어떤 기업은 몇만 톤의 프레스가 있다는 점이, 어떤 기업은 몇십만 킬로와트의 발전설비를 갖춘 점이, 어떤 기업은 생산라인이 두 개 있다는 점이 중요한 기준이 된다. 경쟁기업이 고성능설비를 도입하면 경쟁은 격화된다. 가격과 납기의 과당경쟁을 불러올 소지가 있다.

지식을 기반으로 하는 제조업에서는 창조성을 낳는 지식환경이 중요한 기준이다. 최근에는 공장이 없는 제조기업이 많이 등장하고 있다. 설비를 갖추지 않는 제조기업이 설비를 갖춘 제조기업에 맞설 수 있는 방법은 지식에 있다. 예를 들어 특정기능이 실현가능한 반도체를 원하는데 그 사양을 모르는 유저에게 독창적이고 효율 높은 반도체를 설계하는 기업이 있다. 이 기업은 제조기업이지만 기획과 설계만 할 뿐 생산은 다른 기업의 공장을 이용한다. 즉 설계는 도쿄 본사에서 하고 제작은 동남아시아에 있는 공장에서 하는 식이다. 설계와 생산을 하는 기업명만 다를 뿐이다.

지식기반 산업의 성공여부는 지식 구조화에 달렸다. 모든 지식을 완전히 구조화하는 건 도저히 불가능하다. 따라서 구조화할 지식으로 어떤 것을 선택할 것이며 어느 정도까지 구조화를 진행할지를 판단하는 것이 중요하다.

33.
사람과
조직 관계의
구조화

전쟁 전까지 일본은 가부장제 대가족 사회였다. 한 집에 3대, 4대가 함께 살며 가장이 있고, 물론 가장은 남자다. 그에게는 가정을 유지하는 책임이 있고, 그는 재산과 가족들의 혼례를 결정하는 권한 또한 가졌다. 전쟁 뒤에는 부부 단위의 핵가족화 시대가 열렸다. 전쟁 전은 집중계, 전쟁 후는 분산계다. 자식과 부부가 부모에게 금전적으로 의지하지 않는다면 자율분산계다. 조부모 가족, 부모 가족, 형제 가족이 자율분산해도 사이가 좋고 필요할 때는 서로 돕는 형태가 자율분산협조계다. 분산계를 만드는 건 간단하다. 자율분산계는 부모와 자식이 독립해야 하고, 자율분산협조계는 권리의무 의식이나 조화 의식이 필요하다.

최근에는 결혼을 안 하거나, 결혼은 하더라도 아이를 낳지 않는 사람이 늘고 있다. 일본의 인구도 점점 줄어든다. 가족단위도 '개인'이다. 쓸쓸하다.

업무   취미

관계   관계

관계   개인   관계

가족   지역

그림 4-8 개인을 중심으로 생긴 다양한 네트워크

사회는 인간 네트워크로 구성된다. 과학자 세계도 예외는 아니다. 과학자 2명 사이에 과학자 6명이 개입하면 모든 과학자가 네트워크로 연결된다고 한다. 이것은 학술논문 저자가 둘 이상인 경우가 많기 때문에 공동저자인 과학자들을 네트워크로 표현하면 대부분의 과학자가 7명 이내의 사람들과 관계를 갖는 것과 같은 현상이다.

연구자 네트워크 분석은 연구자원을 배분하는데도 이용 가능하다. 예를 들어 일본에서는 국립대학과 독립행정법인 등에서, 연구개발비는 대부분 국가에서 지출한다. 자금을 받은 연구자를 중심으로 인간 네트워크를 만들어보면 재미있다. 모든 분야에는 각각 중심이 되는 연구자가 있고 그 사람을 중심으로 인간 네트워크가 펼쳐진다. 그러나 이 네트워크에 연구자금과 연구 성과의 정보를 추가하면 네트워크 해석이 변할 수도 있다. 예를 들어 같은 연구실에 있고 공동논문까지 쓴 연구자이지만 연구자금은 다른 네트워크에 속할 수 있다. 연구자원배분을 할 때 연구자 간 경쟁 시점과 네트워크 간 경쟁 시점을 병용하려는 생각도 있을 것이다.

인터넷에서 모인 서로 모르는 사람들의 네트워크를 분석하고, 사람들이 모이는 곳에 하나의 사회가 생성됐다고 인정하는 연구도 있다. 이 연구에서는 게시판처럼 사람이 모이는 장소에서 하는 교신을 분석해서 네트워크 생성과 그 네트워크의 중추가 되는 중심인물까지 파악했다. 또한 네트워크를 유향선분으로 표시하면 사람들 사이의 힘 관계까지 추측할 수 있다.

과거에 재벌이었던 기업들이 지금도 자금출자 등에서 관계를 유지하는 경우가 많다. 이 관계를 파악하기 위해서 조직간 유향선분을 자주 사용한다. 예를 들어 A기업이 B기업에 100을 출자했으면, A에서 B로 화살표를 긋고 그 위에 100이라고 쓰던지, 아니면 100에 상응하는 굵기의 선을 긋는다. 이 작업을 모든 기업에 적용하면 특정 기업과 특정 산업계에 대한 기업 간 관계가 간단하게 파악된다.

요즘은 자매대학이나 연구협력대학과 같은 협정으로 대학이 해외로 네트워크를 넓히는 일이 빈번하게 이뤄진다. 협력관계는 학생이나 연구자 교환, 수업 교환만이 아니라 학교운영에까지 영향을 미친다. 이런 네트워크 크기를 영향력의 척도로 본다. 허브나 터미널 분석은 전략을 책정하는 근거로 볼 수 있다.

34.
과학기술의 이노베이션 지원

　타격연습장에 가면 타석에 따라 공의 속도가 달라진다. 대부분 가장 느린 속도가 90킬로이고, 10킬로 씩 빨라져 최고 150킬로까지 간다. 가장 느린 공으로 몸과 눈을 푼 뒤 빠른 공에 도전하는 것은 자주 쓰는 전통적인 사고방식이다. 그러나 90킬로도 꽤 빠른 속도여서 치기에 만만한 공은 아니다. 그러면 100킬로로 올릴 엄두는 내지도 못한 채 의기소침해서 돌아온다. 그러나 이와는 반대로 큰맘을 먹고 130킬로 속도의 공을 쳐보면 어쩌다가 치기는 해도 90킬로일 때와 그렇게 큰 차이를 느끼지 못한다. 그러다 100킬로 속도의 공을 치면 희한할 만큼 잘 쳐진다. 아래부터 차근차근 올라오는 게 좋은 것만은 아니다.

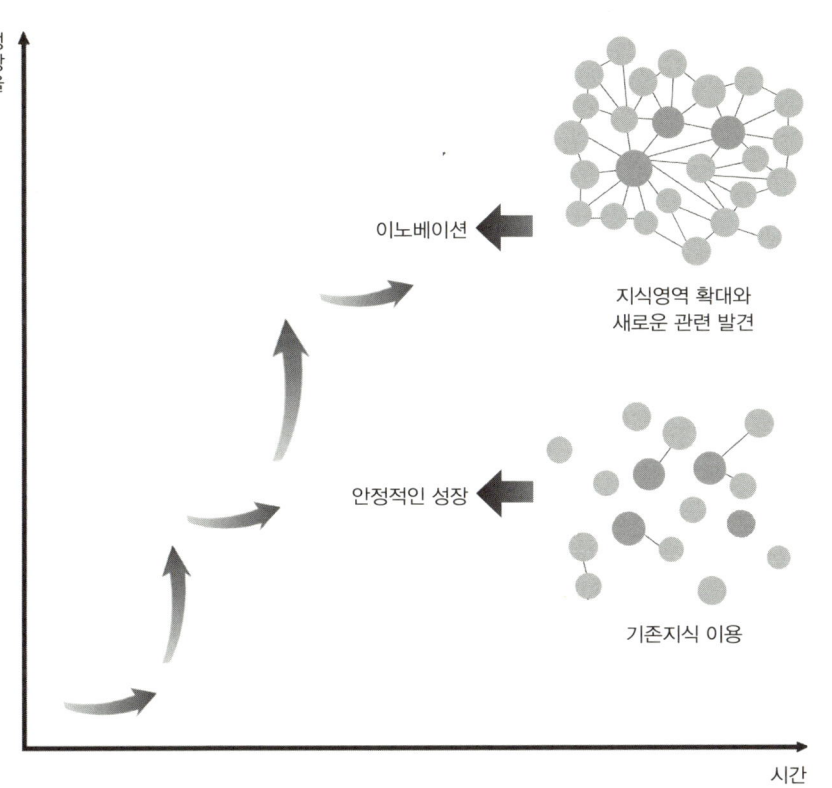

성장율

시간

이노베이션

지식영역 확대와
새로운 관련 발견

안정적인 성장

기존지식 이용

그림 4-9 새로운 지식 연관관계로 인한 이노베이션

　　과학기술은 단순히 시간만 경과한다고 발전하지는 않는다. 역사를 돌아봐도 과학기술이 한 순간에 성장한 르네상스 시대도 있지만 몇백 년 동안 거의 정체기였던 암흑시대도 있었다. 대학 연구실도 마찬가지다. 기업도 어느 시기에는 기술개발과 아이디어 상품이 속속 출현하지만 기술발전과 상품개발이 멈추는 시기도 있다.

　　생물진화 패턴에 돌연변이가 생기듯, 인류 역사에도 돌연변이와 같은 사람이 출현한다. 이들 중에는 천재로 과학기술에 공헌한 사람도, 독재자로 인류에게 불행을 안겨준 사람도 있다. 이런 사람이 기업의 경영자가 되면 기업은 눈부신 발전을 이룰 수도 있지만 자칫 잘못하면 도산하고 만다.

　　과학기술에서도 돌연변이와 같이 급격한 발전이 있는 반면 아무도 눈치 채지 못할 만큼 서서히 진행되는 발전도 있다. 이것을 나타낸 것이 앞 페이지에 있는 표다. 시간경과와 함께 서서히 진보하다 어느 시점에서 갑자기 불연속적으로 발전한다. 그 다음에는 천천히 발전하다 또 다시 갑작스럽게 발전한다. 시간간격과 발전의 폭은 다르지만 이런 사이클을 반복하면서 과학기술은 발전한다.

　　과학기술 진보가 천천히 연속적으로 이뤄질 때는 지식 간 연계가 그다지 진행되지 않는다. 지식은 세분화하면서 생성되고 각각의 지식은 단독으로 이용되기 때문에 어떤 지식에서 다른 지식으로 갔는지 명확하지 않다. 이런 상황의 특징은 같은 경우라도 사람에 따라 사용하는 지식이 다르다는 점이다. 사람은 관계가 있을 법한 지식을 찾고 이용 가능한 지식이 있으면 사용하는, 단지 이 일을 반복할 뿐이다.

급속하게 발전하는 시기에는 지식 사이에 새로운 연계가 생기고, 그에 따른 관련지식이 늘어난다. 아레니우스가 화학반응 온도와 속도 사이의 관련을 발견한 예를 살펴보자. 아레니우스의 발견으로 그때까지만 해도 단편 지식에 지나지 않았던 화학반응 데이터가 활성화에너지와 빈도인자라는 두 개의 파라미터로 표현되었다. 또한 암모니아 합성이 성공해서 비료를 대량생산할 수 있게 되는 등 이 영역의 과학기술은 단숨에 발전했다. 새로운 관련지식의 발견이 가져온 급격한 발전으로 아레니우스는 노벨상의 영광을 안았다.

일본사회는 이노베이션이 필요하다. 이노베이션은 지식 사이에 새로운 관련을 맺고 지식영역을 확대시킬 수도 있다. 평상시에도 이노베이션이 일어날 수 있는 환경을 양성하기 위해서는 의식적으로 지식간 관련을 맺어야한다.

35.
<mark>전문가
의견이
반영된
정책 입안</mark>

나는 전부터 대학 1학년생은 베테랑 교수가 가르치고 대학원생은 젊은 교원이 가르쳐야 한다고 주장했다. 대학원생은 조교나 박사후기과정이라도 좋으니 연구의 첨단을 걷는 사람에게 연구에 근접한 말을 듣는 것이 좋다. 또한 앞으로 일을 하겠다는 자세를 가지고 강의를 듣기 때문에 강의하는 사람도 편하다. 반면 대학 1학년생은 베테랑 교수가 넓은 시야로 학생들 수준을 고려해서 강의할 필요가 있다.

나는 이 방침을 교양학부까지 실천하려고 했으나 경영 쪽 일이 늘어나면서 부담이 됐다. 그래서 4회 강의 중 1회는 대학원생에게 맡겨 강의 내용을 학생들에게 연습시키기로 했다. 나는 강의를 쉬어서 좋고 대학원생들은 문제를 풀며 강의 내용을 몸에 익혀서 좋다. 일석이조의 효과다. 그런데 예기치 못한 효과가 생겼다. 대학원생이 후배에게 창피를 당할까봐 필사적으로 예습을 하는 것이다. 그래서 난 강의를 두 번으로 늘였다. 이것이 티칭어시스턴트의 본질이다.

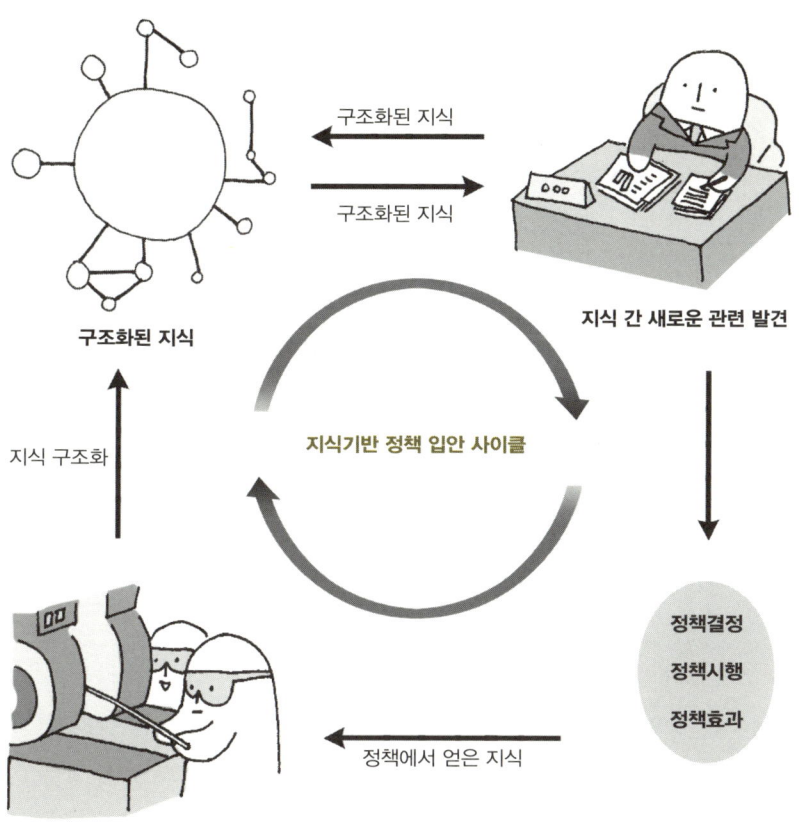

구조화된 지식

구조화된 지식

구조화된 지식

지식 간 새로운 관련 발견

지식기반 정책 입안 사이클

지식 구조화

정책결정
정책시행
정책효과

정책에서 얻은 지식

STRUCTURING

그림 4-10 지식기반의 정책 입안 사이클

일본이 과학기술 입국을 표방한 지는 오래됐다. 천연자원 없이 인구가 많은 일본이 발전을 계속하려면 과학기술에 의존할 수밖에 없다. 그래서 국가차원에서 이를 지원하자는 발상이다.

일본은 국립대학이나 독립행정법인의 연구개발 자금 대부분이 정부에서 나온다. 따라서 국가 정책은 연구개발 방향에 중요한 영향을 미친다. 정부기관이 기술정책을 결정할 때는 위원회와 심의회를 발족시켜 전문가 의견을 수집 분석한 뒤, 거기에서 나온 결과를 정책에 반영한다. 그리고 전문가 견해가 정책의 질을 향상시킬 거라는 기대를 한다. 정책 입안자는 전문가에게 의견을 들으며 꼼꼼히 메모를 한다. 하지만 이 귀중한 메모가 설사 정책에 반영된다고 해도 어차피 나중에는 서류철로 만든 뒤 창고에 보관되고 결국은 방치되는 것이 실상이다.

전문가가 자기 전문분야에 관계된 특정 정책에 가치 있는 조언을 하는 건 당연하다. 게다가 그 조언이 다른 정책에 중요한 힌트를 줄 가능성도 있고 새로운 정책에 이용될 수도 있다. 그러나 현 상태를 보면 전문가의 의견이 충분히 활용된다고 보기는 힘들다. 그 원인 중 하나는 정책을 입안하는 쪽에 전문가의 지식을 구조화하는 기구가 없기 때문이다.

예를 들어 나노테크놀로지처럼 많은 영역에서 막대한 지식이 융합되어 전 세계가 사용하는, 총예산이 수십억 달러에 달하는 기술 분야가 있다고 하자. 그러면 이 분야가 일본에서도 당연히 중요한 문제이므로 국내에서 다양한 프로젝트를 실시할 것이다. 그러나 각각의 프로젝트를 독립적으로 실시하기 때문에 프로젝트 하나에서 얻은 지식을 다른 프로젝트에 체계적으로 이용하지 못한다. 또한 특정 프로젝트가 끝난 뒤, 그 프로젝트에 참가한 전문가의 지식이 다음 정책에 반영되는 일은 실제로 크게 기대할 수 없다.

정책 입안자가 다양한 영역 전문가의 지식을 구조화해서 수시로 활용한다면 기술정책 상황은 일변할 것이다. 구조화된 전문가 지식은 정책 입안의 중요한 자원이다. 전문가는 자신의 연구 성과나 타인의 학술논문에서 새로운 지식을 흡수하는데 부단한 노력을 기울여야 하기 때문에 그들의 지식은 시간과 함께 변화한다. 따라서 정책 입안을 위해 구조화된 지식은 계속 갱신해야 한다. 어느 시점에 존재했던 구조화 지식과 새로운 구조화 지식을 비교하면 그 전문가가 가진 지식이 어떻게 변화했는지 파악할 수 있다. 변화하는 원인은 특정영역에 대한 지식 증가, 지식 간 새로운 연계, 전문가 본인의 성장 등이 있다. 이런 변화를 정책에 반영하면 보다 정확히 현실을 반영한 정책 입안이 가능할 것이다.

36.
기술 로드맵 작성과 공유

1680년 런던의 페니 우편제도는 우편제도의 신기원을 열었다. 1페니로 런던 교외까지 개별배달을 한 것이 대히트를 친 것이다. 그때까지만 해도 고가의 우편배달은 부유층의 전유물이었으나, 페니 우편제도가 우편배달을 단숨에 서민 통신수단으로 바꾸었다. 그런데 페니 우편제도는 몇 년 못가 금지되었고 뒤를 이은 관영우편이 가격을 올리고 다시 민영화했다. 이 이야기도 현재 우편 민영화 논의와 비교해보면 재미있다.

일본 에도시대에 한 달에 세 번 에도와 교토, 오사카를 오가는 파발꾼이 있었는데 메이지유신 3년 뒤인 1870년, 마에지마 히소카의 건의로 우편사업을 시작했다. 그리고 1877년 만국우편연합에 참가했는데 이것은 우표 규격화를 위해 연합이 설립된 지 겨우 2년째 되던 해의 일이었다. 우편사업 하나만 봐도 특정 산업의 역사와 유신 뒤 급속하게 변하는 일본의 전형적 사례를 볼 수 있다. 현재 진행되고 있는 산업도 처음 시작을 보면 모두 벤처에서 출발했다. 벤처 사업에서 중요한 것은 새로운 비전이다.

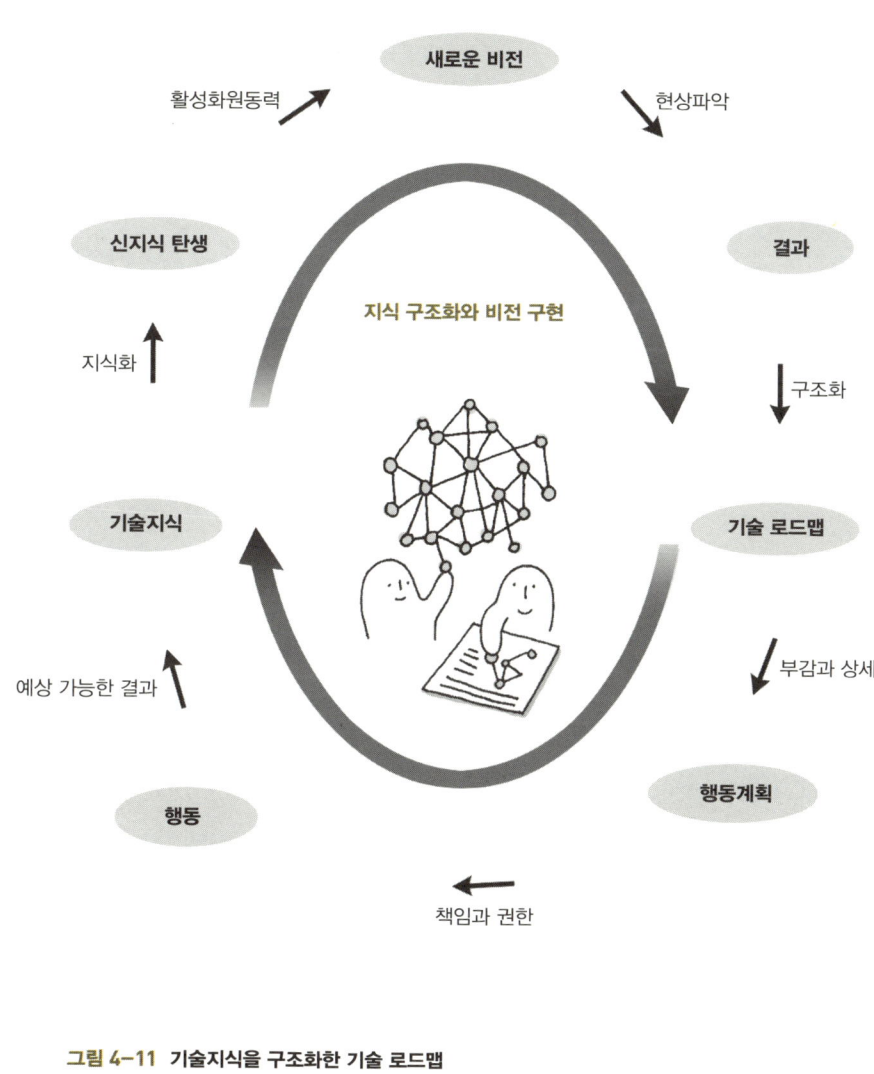

새로운 비전

활성화원동력

현상파악

신지식 탄생

결과

지식 구조화와 비전 구현

지식화

구조화

기술지식

기술 로드맵

예상 가능한 결과

부감과 상세

행동

행동계획

책임과 권한

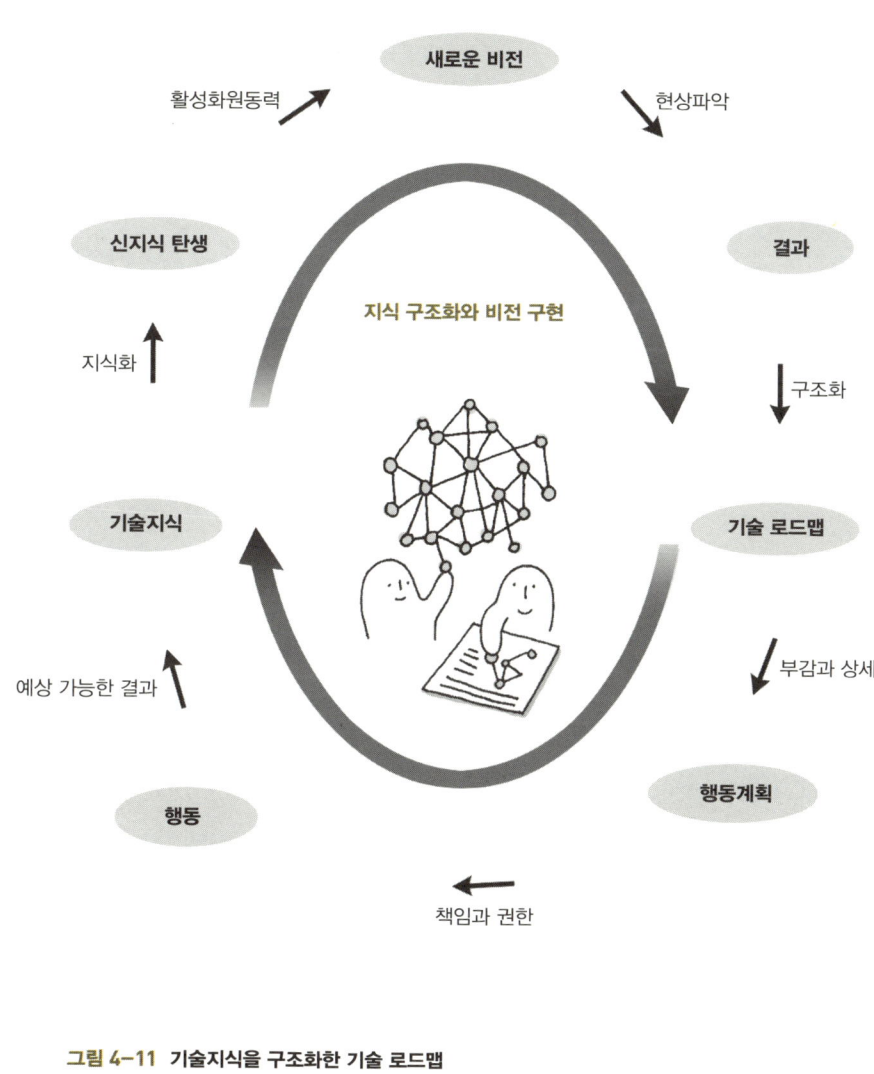

그림 4-11 기술지식을 구조화한 기술 로드맵

기술발전에 따라 영역이 세분화되면 기술 전모를 파악하기 힘들다. 하지만 정부도 기업도 사람도 부감을 하지 못하면 기술전략과 투자전략을 입안하지 못한다. 그 때문에 국가 발전이나 기업 성장에 중요한 기술은 기술 로드맵을 만들어 전략을 정하는 것이 일반적이다.

기술 로드맵은 과학기술의 지식 간 관련을 비롯해 장래 목표와 방향을 나타내는 일종의 미래예측 지도다. 그러나 일반적으로 지리를 나타내는 지도와 기술 로드맵이 다른 점은 목표나 바람이 시간축에 포함돼있다는 점이다. 또한 지도는 객관적이며 하나의 수치만으로 완전히 표시되는 양이지만 기술 로드맵은 목적지향적이며 크기와 방향으로 정해지는 양이다.

특정 영역의 과학기술에 대해 구조화 지식이 있을 가능성이 높은 사람은 물론 전문가다. 그 때문에 기술 로드맵을 작성할 때는 당연히 전문가가 참가해야 한다. 예를 들어 어떤 기술에 대해 전문가가 생각하는 내용이나 궁금한 내용을 명확하게 해서 특허나 연구개발 자금과 비교해보는 것도 재미있다. 또한 같은 기술영역에 있는 전문가라도 일반적으로 생각이 다르므로 전문가들의 생각을 비교분석 하는 것도 참고가 될 것이다.

델파이법에서는 전문가 의견을 모은 뒤, 그 의견을 피드백해서 다시 의견을 수집한다. 그러면 전문가는 다른 전문가 의견을 참고하거나 영향을 받아 의견을 수정한다. 이 작업을 반복하면 특정영역에 있는 전문가 집단의 의견이 정리된다. 예를 들어 국가나 기업이 위원회를 구성하고 위원들에게 의견을 제출하도록 한 뒤, 델파이법을 적용하면 전문가 의견을 집약할 수 있다. 이것은 전문가의 지식을 구조화하기 위한 작업이다.

신에너지·산업기술종합개발기구NEDO는 이런 방법을 이용해서 나노테크놀로지 분야의 전문가 지식을 구조화하고, 그 결과를 기술 로드맵 작성에 활용한다. 전문가가 특정기술에 대해 자기가 생각한 장래성이나 기술 간 관련성을 명확하게 표현하면, 그 내용을 특허분석결과와 비교한다. 비교결과는 가시화해서 전문가에게 피드백 하고 결과를 본 전문가는 다시 한 번 왜 이렇게 생각하는지 표현한다. 이 과정에서 구조화된 전문가 지식이 나노카본튜브기술과 나노인프린트기술 로드맵 작성에 반영됐다. 그러나 이런 프로세스에서 얻은 결과가 옳은지 그른지는 하늘만이 안다.

37.
다른 업종과 공유 가능한 지식

30년 전 미국 대학에서 연구를 했을 때의 일이다. 실험 장치를 만들기 위해 비닐튜브를 받으러 배급실에 갔다. 10미터를 달라고 했더니 관리인이 나한테 화를 냈다. 여기는 미국이라 자기는 미터가 뭔지 모른다는 것이다. 결국 피트로 계산해서 받았던 일이 지금도 기억에 선하다. 그 관리인과는 전부터 잘 아는 사이였기에 파티에도 초대받고 야구 시합도 함께 다녔었다. 그래서 더욱 당황했었다.

미터제도는 19세기 무렵부터 우여곡절 끝에 채택된 규격이다. 일본은 척관법을 매우 힘들게 전환했다. 이제 젊은 세대는 6척 2촌 38관이라고 하면 잘 모른다. 영국 소설을 보면 몸무게를 스톤으로 표기한다. 아마도 돌로 무게를 측정한 것 같다. 그런데 몸무게, 버터, 면 1스톤 무게가 각각 다르다고 한다. 사용했던 돌이 달랐던 걸까?

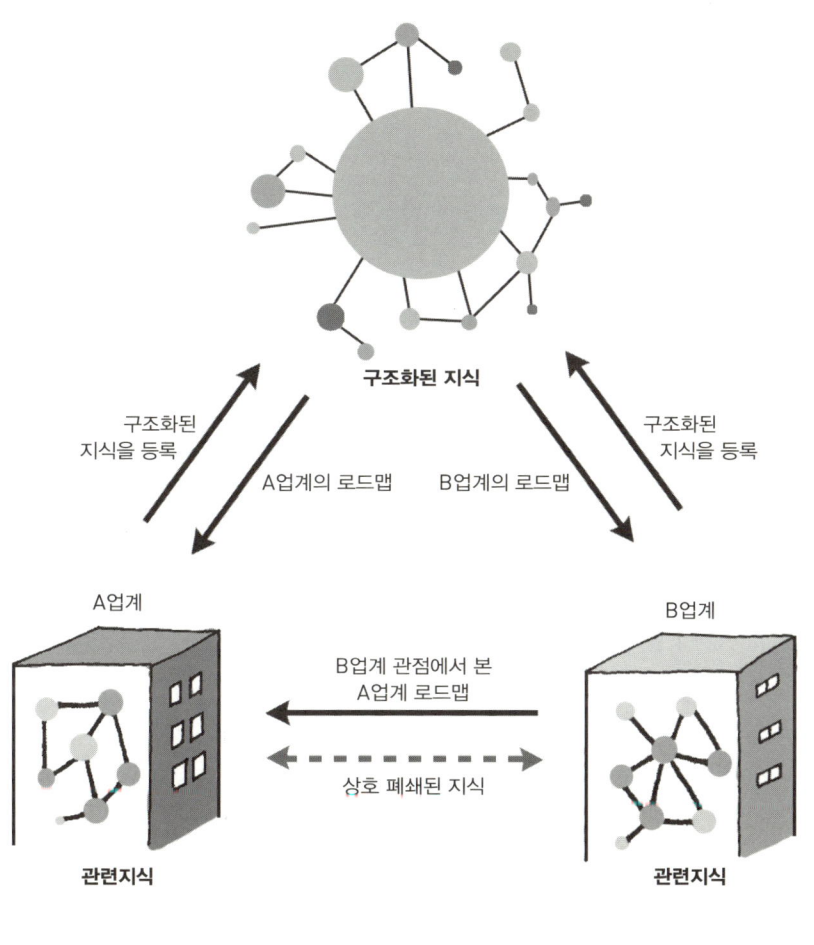

구조화된 지식

구조화된
지식을 등록

A업계의 로드맵

B업계의 로드맵

구조화된
지식을 등록

A업계

B업계

B업계 관점에서 본
A업계 로드맵

상호 폐쇄된 지식

관련지식

관련지식

그림 4-12 공개적 지식기반을 이종업계에서 공유한다

한 반에서 공부했던 학생이 한 명은 공학부, 한 명은 문학부에 입학했다고 하자. 머지않아 두 사람 사이에는 사고방식과 표현법에 차이가 생긴다. 이들을 둘러싼 주위 사람들의 시점과 언어가 자연스럽게 반영되기 때문이다. 예를 들어 인간, 로봇, 우주와 같은 문제에 대해 공학부와 문학부에서 보는 관점은 다르다. 한쪽은 인간을 볼 때 게놈과 뉴런으로 이뤄진 의료 대상으로 보고, 한쪽은 어떻게 살아야하는지에 대한 관점으로 인간을 생각한다. 언어와 관점이 다르면 서로를 이해하기 어렵다.

그러나 이들이 같은 서클에서 활동한다면 신기하게도 서로를 이해하게 된다. 이것은 같은 생활을 공유하면서 상대방의 언어와 표현에 익숙해지기 때문에 상대가 연구하는 영역지식을 어느 정도 이해해서 그렇다. 다른 영역 사람들과 만나는데 익숙한 사람은 그렇지 않은 사람보다 위화감을 덜 느낀다. 그러므로 젊은 시절 서클활동은 이런 경험을 쌓는 의미에서도 중요하다.

업계에도 저마다 고유의 표현과 시점이 있다. 같은 사물이라해도 업계마다 명칭이 다른 경우가 적지 않다. 반대로 명칭은 같은데 의미가 다른 경우도 있다. 언어나 표현은 사고방식에 반영된다. 그 결과 같은 일인데도 업계에 따라 표현과 처리과정이 다른 것을 자주 본다. 언어 문제는 다른 업종과 의사소통을 할 때 큰 걸림돌이 된다.

다른 영역의 지식을 받아들이고 자신의 성장을 자극시키기 위해 많은 기업에서 다른 업종이 모여 만든 스터디에 참가한다. 스터디에 참가하는 기업은 각각 사고방식과 실천 방법이 다르다. 이것은 서로에게 귀중한 자극이 되고 지식원이 되어 비즈니스모델 개선을 촉진시키며, 새로운 비즈니스모델을 창출한다.

다른 업종과의 스터디는 효과적이나 모든 업종에서 참가하지 못하는 점과 개최빈도가 물리적이라는 한계가 있다. 그러므로 업종마다 자신들의 지식을 구조화해서 그것을 공개하면 효과적이다. 해당 업종은 지식을 비경쟁부분과 경쟁부분으로 나누어 비경쟁부분을 공개하면 된다. A업종에서 구조화한 지식, 즉 비즈네트 A를 공개했다고 하자. 이것을 B업종에서는 구조화한 지식, 비즈네트 B와 관계맺는다. 비즈네트 A와 B의 공통 비즈를 합해서 기하학적으로 통합을 한다. 이러면 비즈네트는 확대되기 때문에 둘 중 어떤 지식 네트워크를 이용해도 양쪽 지식 모두에 다다를 수 있다.

물론 기업이 가진 특정 고유지식은 공개하면 안 된다. 공개된 구조화 지식에 고유지식을 관련짓는다면 진정으로 차별화된 지식이 돼서 경쟁력의 원천이 되고, 결국 이 작업에 참가한 그룹이 경쟁에서 승리한다.

38.
대학교육의 지식 구조화

선생님은 학생들에게 열심히 공부하라고 한다. 이 말은 강의 내용에 집중하라는, 즉 선생님의 전문분야를 배우라는 소리다. 한편 미디어에서는 이제 하나만 알아서는 안 되는 제너럴리스트의 시대가 왔다고 하니 매우 난처한 일이다.

T자형 인재가 되라는 말도 있다. 알파벳 T의 세로선이 전문지식의 깊이, 가로선이 일반지식의 폭을 의미하는 것으로, 깊은 지식과 넓은 시야를 가지라는 뜻이다. 한 가지 전문성을 갖기도 힘든데 이 점도 난처하기는 마찬가지다.

지금 학생들은 더욱 심각한 상황에 놓였다. 게놈이나 양전자학은 물론 예전부터 있던 기초분야의 지식도 필요하기 때문이다. 내가 학생이었던 때보다 더욱 힘들 것이다. 한때 학생들에게 T형 전문지식을 두 개로 늘린 π형을 지향하라, 아니 전문지식을 더욱 늘려 다리가 8개인 문어형을 지향하라는 말을 했다. 지금은 그런 무리한 발언을 한 것에 반성한다. 지금은 전문가가 되라고 하며, '제너럴리스트란 지식 구조화의 전문가'라고 말한다.

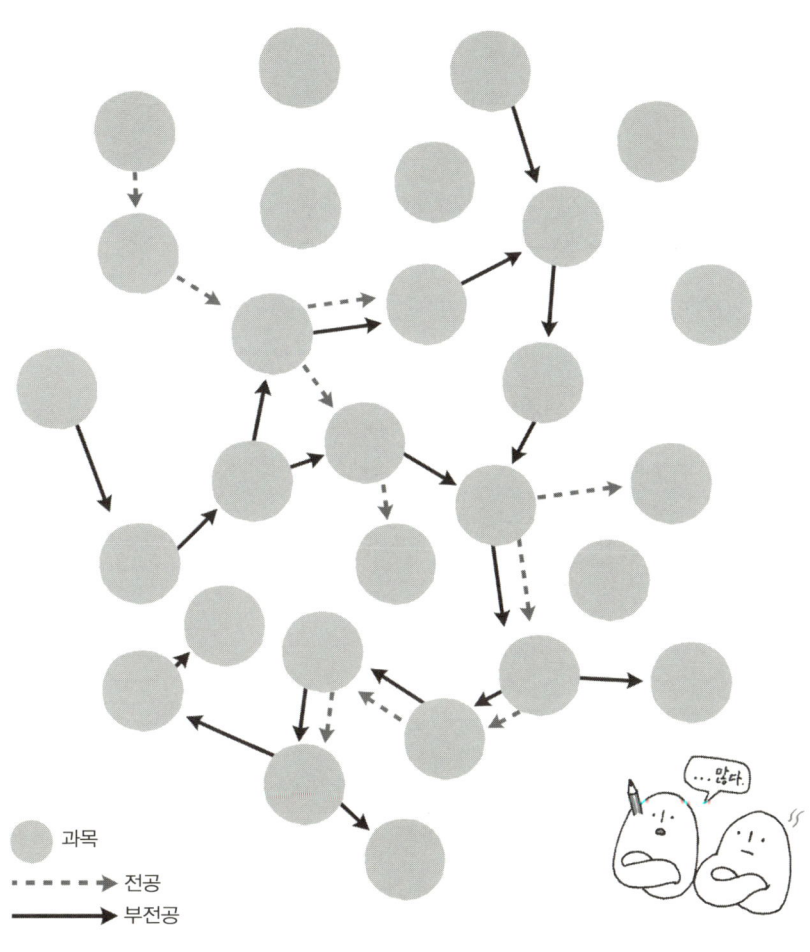

과목

전공

부전공

그림 4-13 대학 교과과정에서 전공과목과 부전공과목 선택

　누구나 대학교육에 대해 일가견이 있다. 지금까지 많은 사람들의 의견을 들었지만 교육의 폭과 깊이를 양립시켜야 한다는 의견이 대부분이었다. 사회는 젊은이들에게 전문성을 확립하고 폭넓은 인간이 되라는 어려운 주문을 한다. 한정된 시간을 생각하면 모순된 요구임이 분명하며, 이를 실현시키기 위한 구체적이고 설득력 있는 의견 또한 들어본 적이 없다. 이 문제에 대해 내가 제시하는 해답은 대학교육의 지식 구조화다.

　대학교육에 지식 구조화의 이미지를 구체화하기 위해 그 예로 전공과 부전공을 실현할 수 있는 시스템을 생각해보자. 도쿄대학 공학부 수업은 현재 950과목이나 되는데 이들 중에서 전공분야와 부전공분야의 커리큘럼을 결정해야 한다. 950개나 되는 과목을 그냥 보면 막연하다. 하지만 구조화된 지식을 이용하면 전공과 부전공을 1+1=2식으로 단순히 단위를 습득한다는 발상이 아니라 1+0.3=1.3의 발상으로 실현할 수 있다. 왜냐하면 전공과 부전공 사이에는 중복된 지식이 많은데 구조화 지식은 이것을 나타내기 때문이다. 이것은 같은 학부 안에서 전공과 부전공을 선택했을 경우를 가정한 것이다. 만약 전공은 화학공학, 부전공은 표현예술처럼 다른 학부를 선택한다면 전자처럼 쉽지는 않겠지만 그래도 지식 구조화는 중요한 역할을 한다.

　2배가 아닌 1.3배 단위로 부전공을 취득할 수 있도록 해서 두 가지 전공을 갖도록 하는 것이 대학교육의 지식 구조화 효과다. 전공과 부전공을 비교적 쉽게 취득할 수 있다면 모순으로 보이는 넓고 깊은 대학교육 요구에 부응할 수 있다. 또한 학문을 구조적으로 이해하기 때문에 전체상을 파악할 수 있고 배우는 기쁨을 맛볼 수 있다. 그래야 1900년대에 비해 1000배가 넘는 지식 홍수에 밀려 힘들어 하는 요즘 젊은이들이 학문에 흥미를 갖는다.

최근 여러 대학에서 수업을 교환하는 움직임이 일고 있다. 그러나 단위교환을 하려는 학생 입장에서 보면 교환가능한 수업명과 수업단위만 나와있을 뿐, 어느 대학 어느 수업을 듣고 어떤 수업을 받으면 무엇이 가능하다는 정보는 거의 찾아볼 수 없다. 대학교육이 구조화되지 않았기 때문에 학생에게 교육의 전체상을 보여주지 못한다. 교환수업처럼 아무리 취지가 좋아도 구조화 지식이 없으면 본래 목적을 달성할 수 없다. 대학교육 전체를 구조화해서 전공과 부전공의 맞춤형 커리큘럼을 쉽게 만들고, 타 대학과 교환수업도 효과적으로 받을 수 있는 환경을 만들어야 한다. 이상적인 모습은 대학이 공동으로 지식 구조화를 실현하는 것이다.

제5장 지식 구조화의 요소

39.
지식
표현과
미디어

요즘은 책의 홍수로 책 한 권당 판매부수가 점점 줄고 있다. 이런 와중에 요로 다케시의 『바보벽』이 350만 부나 팔린 것은 놀라운 일이다. 과학기술관련 책이 1만 부 정도 팔리면 베스트셀러고 3000부가 팔리면 평균수준이다. 전문서적은 처음부터 100부에서 1000부 정도의 판매를 예상하고 출판하는 경우도 적지 않다.

영어시장은 전 세계를 대상으로 하므로 많은 부수가 팔리지만 일본어 책은 그렇지 못하기에 핸디캡이 크다고 말하는 사람도 있다. 그러나 이런 생각을 하는 사람은 미국만을 외국으로 생각하는 사람이다.

실제로 과학기술서를 자국어로 출판 가능한 나라는 그렇게 많지 않다. 화학공학에 대한 책이 태국어로 출판돼서 놀란 적이 있었는데 알고 보니 국왕의 특별 배려였다고 한다. 자국어로 출판이 가능하면 지식의 시야는 넓어진다.

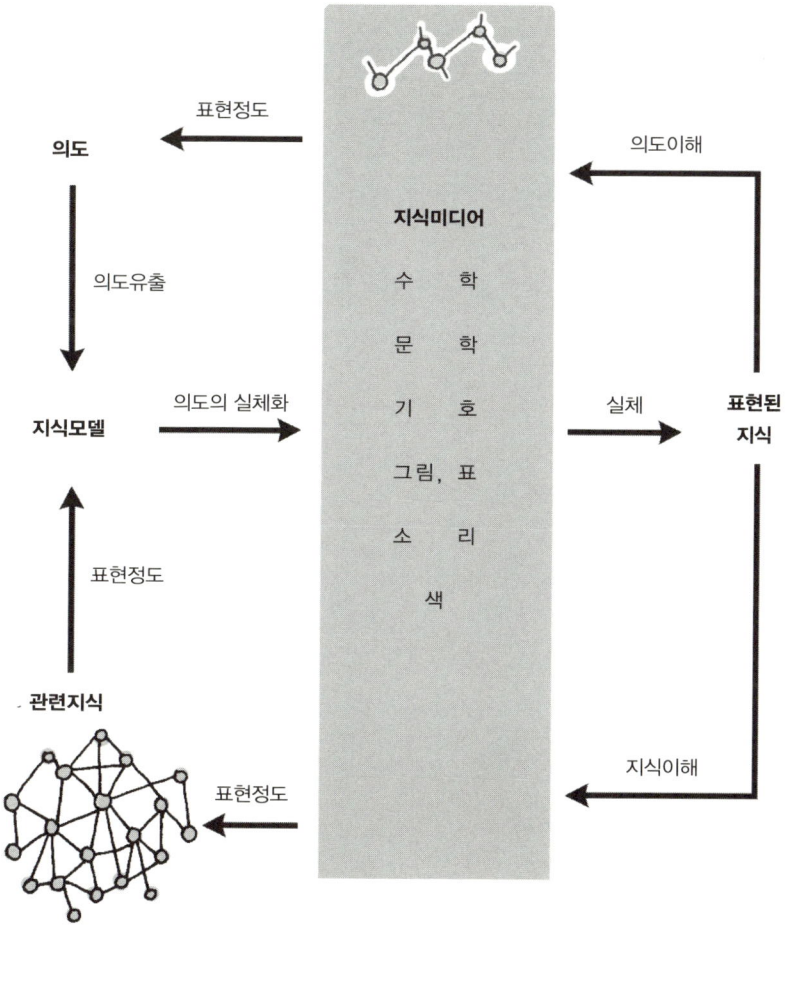

그림 5-1 지식표현과 미디어

지식은 표현해야 한다. 표현방법에는 일반적으로 문학, 수학, 기호, 심볼, 표, 그림, 소리, 색 등이 있다. 그러나 어떤 방법을 쓰더라도 지식을 완벽하게 표현하는 것은 불가능하다. 표현하는 것 자체에 애매한 부분이 있다.

의식을 하든 하지 않든 지식은 누구나 사용한다. 그러나 지식을 적절히 표현하려면 교육과 훈련이 필요하다. 원시인은 동굴벽화에 당시 생활모습을 그렸다. 이것은 표현이라는 것이 특별히 교육받지 않아도 가능하다는 사실을 보여준다. 그러나 같은 벽화라도 고대 이집트 유적에서 보는 것은 표현의 깊이와 정확도가 매우 뛰어나다. 이집트의 벽화는 역사 교과서로도 손색이 없을 정도의 내용이다. 그렇다면 이집트에서는 이미 교육이 이뤄졌던 것일까?

선진국 국민들은 대부분 교육을 받기 때문에 문맹률이 낮다. 일본만 해도 거의 모든 사람들이 문자를 읽고 쓸 줄 안다. 하지만 글을 읽고 쓴다고 해서 지식을 적절히 표현할 수 있는 건 아니다. 지식을 표현하는 행동도 단순히 어떤 사실을 기술하는 데부터, 학술논문에 나오는 과학기술지식의 표현, 사람의 마음을 매료시키는 문학적인 표현에 이르기까지 다양한 수준이 있다. 기업에도 업무와 관련지식을 간결하고 정확하게 표현하는 매뉴얼부터 다양한 지식영역을 가진 사람들이 모인 임원회에서 사업계획을 인정받기 위한 기획서에 이르기까지 다양한 종류가 있다.

목적에 따라 지식을 적절하게 표현 가능한 사람을 표현력이 있다, 혹은 설득력이 있다고 한다. 이런 사람들에게는 공통된 특징이 있는데, 자기도 모르게 듣는 사람의 지식과 자기 지식을 관련짓는다는 점이다. 가장 효과적으로 지식을 전달하기 위해서는 전하고 싶은 지식을 듣는 사람이 공유할 수 있도록 특정한 전체상과 관련지을 수 있어야 한다. 그러면 듣는 사람은 지식의 본질을 파악할 수 있다.

학계에는 포스터섹션이라고 하는 것이 있다. 말로 하는 것이 아니라 여러 장의 포스터로 발표하는 것으로, 발표자는 부스에 붙인 포스터 앞에서 자기 포스터에 흥미를 갖고 모인 청중만을 앞에 두고 깊이 있는 토론을 한다. 이것이 포스터섹션의 장점이다. 그러나 청중이 없으면 토론을 하지 못한다. 그래서 1분 안에 자기 포스터 내용을 소개하는 원미닛토크 섹션을 하기도 한다. 어떻게 1분 안에 모든 것을 소개한단 말인가? 확실히 많은 학자들이 불만을 표시한다. 하지만 1분 동안의 설명만으로도 많은 청중을 매료시켜 자기 포스터로 끌어 모으는 학자도 있다. 자기가 발표할 내용의 본질을 파악하여 듣는 사람이 공유할 수 있는 전체상과 관련지어 설명하기 때문에 이것이 가능하다. 인물 캐리커처는 그리는 사람이 표현하고 싶은 사람의 특징을 부각해서 인물을 표현하는 기술이다. 1분 토크를 잘하는 사람은 말하자면 지식 캐리커처가 뛰어난 사람이다.

40.
지식
보존과
관련 요소

IT덕분에 그림그리기나 애니메이션 제작이 편해졌다. 세일즈맨은 소형화된 프로젝터와 노트북만 있으면 도표와 애니메이션으로 고객을 사로잡을 수 있다. 그러나 이것은 어떤 면에서 볼 때 사기이기도 하다. 아는 게 아니라 아는 것 같은 느낌만 주는 일이 많기 때문이다. 구입하고 나서 후회해봤자 소용없다.

정보기술을 구사하는 교육을 반대하는 교수도 많다. 도표와 애니메이션만으로 강의를 빠르게 진행한다면 그 강의를 듣는 학생들이 딱하기 그지없다. 아는 것 같아도 실제로 남는 건 아무것도 없다. 교사가 칠판에 쓴 것을 노트에 필기하는 방법은 새로운 것을 이해하기 위한 훌륭하고도 적절한 시간이 걸리는 방법이다. 그러나 칠판과 분필만이 최선은 아니다. 칠판에 서투른 그림을 그리는 대신 IT기술을 이용한다면 더욱 효과적일 수 있다. 문자와 그림, 애니메이션의 조합은 학생이 강의지식을 보존하는 수단으로도 훌륭하다.

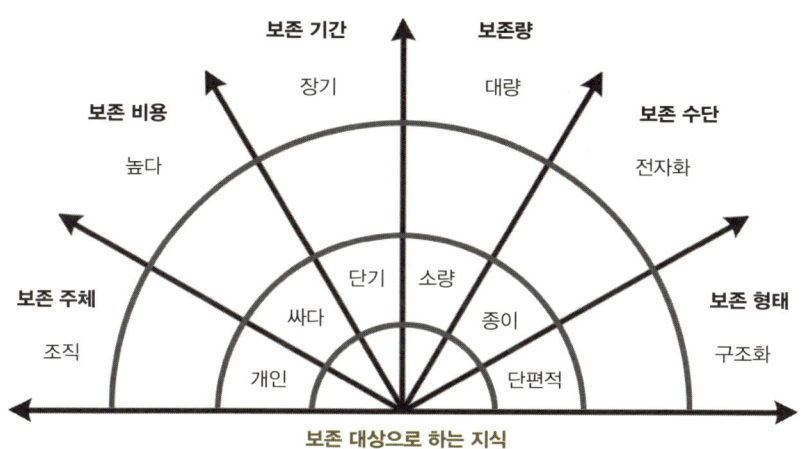

그림 5-2　지식 보존의 특징을 나타내는 다양한 요소

지식은 사람에서 사람으로, 조직에서 조직으로, 과거에서 미래로 보존되고 전승된다. 지식의 보존 형태는 지식을 취급하는데 매우 중요한 가치다.

각 국가별 역사와 지리정보를 연대별로 정리하고 디지털화했다고 하자. 그러면 이탈리아, 그리스, 터키, 시리아, 이란, 아프가니스탄, 티베트, 중국, 일본의 13세기 후반을 마르코폴로라는 연결고리를 통해 지리정보와 관련짓고 버추얼 리얼리티(인공 현실감) 기술을 조합하면 마르코폴로와 함께 동방을 보는 일도 가능할 것이다. 가마(포르투갈의 항해가_옮긴이)도 징기스칸도 체험할 수 있다. 현재 막대한 양의 대부분의 지식은 단편적으로 기록됐다. 예를 들어 역사 기록도 대부분 당시 상황을 상세하게 기술한 고문서가 일반적이다. 이들을 구조화해서 보존한다면 그 이용가치는 상상을 뛰어넘을 만큼 높아진다.

지식 보존에 대한 논점은 다양하다. 먼저 보존하는 주체가 조직인지 개인인지의 문제가 있다. 조직의 경우 보존대상이 되는 지식은 방대한 경우가 많기 때문에 지식을 보존하는 비용과 부담대상을 누구로 할지에 대한 문제가 발생한다. 일반적으로 지식을 보존하는 주체가 비용도 부담하지만 인간문화재처럼 국가가 비용의 일부를 부담하고, 보존하는 주체는 개인인 경우도 있다.

지식 보존기간은 수일에서 수천 년까지 폭넓다. 온고지신도 오래 보존된 지식이 있기에 생긴 말이다. 일반기업이나 창업 몇백 년 된 노점 지식도 장기간에 걸쳐 보존된 것이다.

지식 보존 양을 예로 들었을 때 백과사전 30권 분량의 지식은 대량일까? 자기가 모르는 것이 많다는 점에서 볼 때는 대량이지만 IT로 기록한다면 그렇게 놀랄만한 양은 아니다. 종이는 지금도 중요한 지식 보존 수단이지만 전자화는 필요하다. 정부기관이나 기업이 종이에 보존한 방대한 지식을 전자화하는 비용문제는 해당 경영자의 머리를 아프게 한다. 어떤 지식을 보존하고 버릴지 다양한 시점에서 판단해야 하기 때문이다. 기업에서도 개인이 노트에 기록하는 업무일지와 기업이 전자화해서 보존하는 영업 상담보고는 그 특징이 전혀 다르다. 국가도 보존해야 할 지식을 선별하지 않으면 아무리 돈을 많이 들여도 무용지물이 되고 만다. 지식은 과거에서 미래로 장시간에 걸쳐 전승된다. 보존 기간 중에는 문화나 매체 등 다양한 변화가 생기므로 가능한 지식을 구조화해서 보존해야 한다.

41.
지식의
이용

"고미야마 선생님은 사린을 만들 줄 아세요?" 지하철 사린 사건이 발생했을 때 이웃집 할머님이 내게 물었다. 난 솔직하게 만들 줄 모른다고 대답했다. 하지만 화학교수이면서 화학공학회 회장이란 사람이 사린을 만들기는커녕 화학구조식조차 모를 줄은 꿈에도 생각하지 못했을 것이다.

내 무지함을 좀 더 솔직히 밝히자면, 화학반응을 일으키는 설비와 안정성 문제로 볼 때 일반가정에서 사린을 만들지 못한다는 점은 알고 있다. 또 마음만 먹으면 정보를 모아 사린을 만드는 일도 가능하며, 필요한 정보를 어떻게 모으는지도 안다. 교과서, 핸드북, 참고서, 설비를 갖춘 연구실뿐만 아니라 사린을 만드는 방법에 대해 물어보면 자세히 가르쳐줄 전문가도 안다. 전문가 한 사람이 커버하는 범위는 극단적으로 좁아졌지만 전문가의 능력이 떨어졌다고 비관할 필요는 없다. 문제는 지식 구조화다.

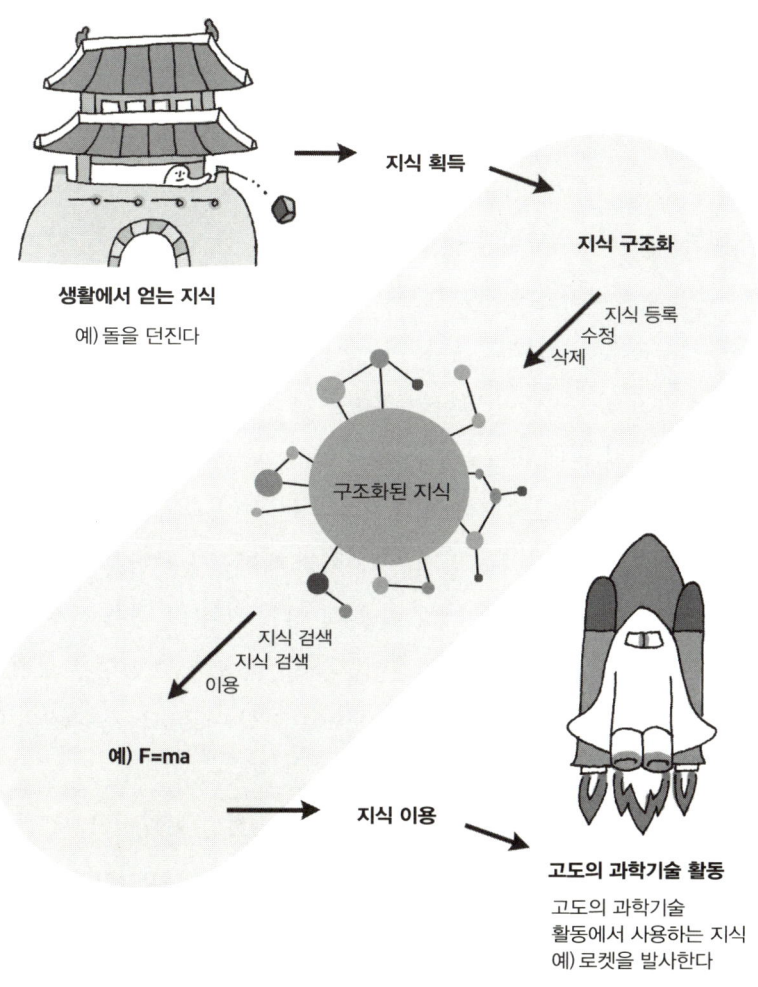

생활에서 얻는 지식

예) 돌을 던진다

지식 획득

지식 구조화

지식 등록
수정
삭제

구조화된 지식

지식 검색
지식 검색
이용

예) F=ma

지식 이용

고도의 과학기술 활동

고도의 과학기술
활동에서 사용하는 지식
예) 로켓을 발사한다

그림 5-3 지식 획득에서 이용까지의 과정

　　이용하지 않으면 지식이라 부를 수 없다. '독립계 엔트로피는 증대한다'와 같은 열역학 제2법칙은 대부분의 사람들에게는 지식이 아니다. 미국이 실시한 어느 조사 결과를 보면 문서작성용 소프트웨어 워드를 사용하는 일반 이용자는 워드가 가진 기능의 20퍼센트밖에 쓰지 않는다고 한다. 하지만 단 20퍼센트만 이용한다 해도 대단한 일이다. 일반 이용자가 남은 80퍼센트에 대해 전혀 모른다고 해도 워드에 대한 지식을 갖고 있다고 본다. 어떤 사람이 특정 부분에 대한 지식을 얼마나 갖고 있는지를 판단하는 기준은 바로 그 지식의 이용도다.

　　지식은 어떤 형태로든 표현되어야 한다. 보통 문자와 숫자가 많이 쓰이는데, 이렇게 문자나 숫자를 이용하는 일이 지식을 이용하는 일이다. 그러나 어떤 지식을 얻기 위해 몇천 페이지에 달하는 두꺼운 전문서를 전부 읽는 사람은 거의 없을 것이다. 만약 그 책을 전부 읽는다 하더라도 적절한 시기에 적절히 지식을 이용할 수 있다는 보장은 없다. 즉 문자와 숫자에 의한 표현만으로 지식 이용도는 높아지지 않는다.

　　지식 이용도를 높이기 위해서는 지식 구조화가 필요하다. 지식 구조화는 지식 간 연계, 사람의 활용, 적절한 표현방법이 있어야 실현가능하다. 인류가 축적한 방대한 지식을 필요한 때에 적절히 이용하도록 하는 것이 지식 구조화의 중요한 목적이다.

　　누구나 높은 탑에서 돌을 던지면 어떻게 되는지 안다. 갈릴레오는 돌 크기에 상관없이 똑같이 떨어진다는 사실을 발견했다. 그러나 돌의 낙하현상을 보고 로켓을 달에 쏘아 올리는 고도의 과학기술지식을 만들어 당장 이용할 수 있는 사람은 없다. 그러나 뉴턴이 발견한 f=ma 운동 법칙을 매개로 하면 돌을 로켓으로 변환하는 일이 가능하다. 돌 낙하라는 특정 영역의 데이터와 정보를, 달에 로켓을 발사하는 지식과 관련지으려면 뉴턴의 발견을 매개로 하는 지식 구조화가 필요하다.

구조화된 지식을 이용하려면 이와 관련된 지식을 검색해서 가공해야 한다. 그러나 지식이 너무 많기 때문에 오히려 필요한 지식을 검색하는 일이 어려워졌다.

만약 버린 서류가 집에 있는 쓰레기통에 있다면 쉽게 찾을 수 있겠지만, 도쿄 쓰레기 처리장에 있다면 찾지 못하는 것과 마찬가지다.

지식을 구조화하면 지식 간 관련을 맺을 수 있다. 쓰레기 처리장과는 차원이 다른 완성된 직소퍼즐이다. 그러므로 한 가지 지식에서 관련을 찾아 다른 지식을 탐색하는 것이 용이하며, 결국 필요한 지식을 검색해서 이용할 수 있다.

42.
논리의
정반합

몇 년 전 타 대학 연구자와 합동연구회에 갔을 때 일이다. 야간 연구회가 시작하기까지 시간이 좀 남아 지인과 둘이 숙소에 머물렀다. 하필 폭우까지 쏟아져 우리는 무엇을 하며 시간을 보낼지 고민했다. 학창시절 바둑 서클에서 활동했던 친구는 바둑 두는 사람치고는 드물게 장기는 겨우 말만 움직이는 정도였다. 난 바둑과 장기 모두 초단 수준이다. 먼저 바둑을 뒀지만 상대가 너무 강하니까 대결이 안 됐다. 그래서 장기로 바꿔보았지만 이번에는 친구의 실력이 약해서 금방 끝났다. 결국 바둑과 장기로 한 시간도 버티지 못했다. 뭘 할까 궁리하며 로비에 나갔는데 우연히 회합 상대를 만났다. 상대편도 시간이 남아 뭘 할지 고민이라고 했다. 그러면 연구회 시간을 앞당기자고 했고 무사히 일을 마친 뒤 저녁 식사를 하며 반주를 즐겼다. 비도 그쳐서 산책을 나가니 달빛이 아름답게 빛났다.

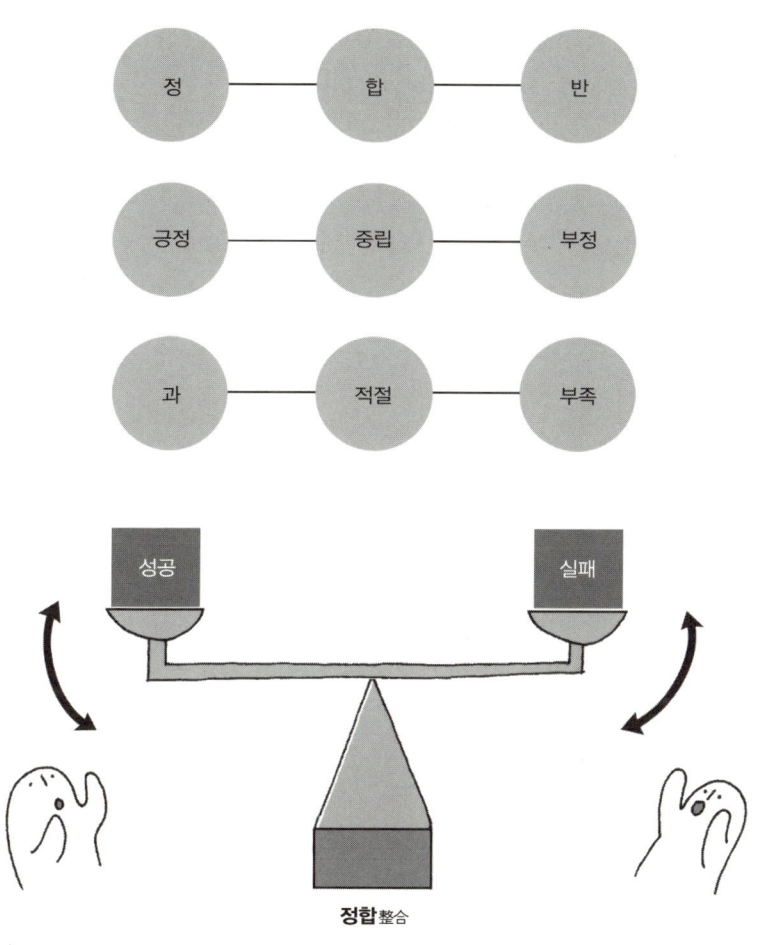

그림 5-4 논리의 정반 무게는 같다

논리의 정반합은 양자택일의 우를 범하지 않고 최선의 결론을 탐구하는 사고방식이다. 어떤 논제에 대해 편견 없이 균형 있는 판단을 하기 위한 사고방식으로 봐도 좋다. 독일 철학자 칸트가 제안한 이 발상은 지금까지도 다양한 분야에 영향을 미친다. 지식 구조화는 이 발상을 실현하기 위한 방법론으로 논리의 정반합 측면에서 사람과 시스템 조화를 중요시한다. 지식은 사람이 만든 창조물이므로 지식을 대상으로 하는 발상의 중심에 사람이 있는 건 당연하다. 그러나 지식의 양이 급격히 증가한 현시대에는 지식의 전모를 파악해서 어떤 처리를 하려면 컴퓨터 시스템 이용이 필수다. 이때 사람과 컴퓨터 시스템의 조화가 중요하다. 바꿔 말하면 지식을 대상으로 하는 발상에서 보면 컴퓨터 시스템만으로 자동화 시스템을 개발하는 것은 아무런 의미가 없다.

특정 문제에 대한 관련 지식을 아무리 생각해봐도 답이 나오지 않는 경우에는 정반합 관점에서 생각해보면 효과적이다. 정반대의 사고로 문제나 프로세스를 생각해본다. 또 정반대는 아니지만 먼저 어떤 내용을 긍정적으로 생각한 다음에 다시 부정적으로 생각하는 방법도 새로운 지식을 생성하는데 효과적이다. 예를 들어 지식 구조화가 실현되면 새로운 지식이 창출된다고 생각한다. 그리고 지식 구조화가 실현되지 못하면 새로운 지식이 창조되지 못한다고 생각한다. 그 다음에 새로운 지식을 창조하고 싶으면 지식 구조화가 필요하다고 생각한다. 여기서 지식 구조화를 A라 하고, 새로운 지식 창조를 B라고 하면 위 내용은 명제 A와 명제 B로 논리를 전개할 수 있다. A면 B다. A가 아니면 B는 아니다. A는 가능해도 B는 불가능하다. A는 불가능해도 B는 가능하다. 이처럼 A와 B에 대해 긍정문과 부정문을 바꿔가며 논리를 전개해본다. 이것은 새로운 지식 창조를 지원하는데 중요한 작업으로, 우리는 이것을 사고유희라고 부른다.

연구개발은 지금까지 알려지지 않은 지식 간 관련을 발견하는 일이기도 하다. 한 가지 실험에서 얻은 데이터만으로 특정 사실을 결론짓는 것은 위험한 일이다. 이것은 A는 B라는 논리일 뿐, 정반합의 관점으로 충분히 검증되지 않았기 때문이다. 대학연구는 어떤 '정正'에 대해 '반反'을 생각해서 결론으로 '합合'을 도출하는 일이다. 그러므로 학생들은 자기 연구에 대해 다양한 위치에 있는 사람과 논의하고 학계에 발표하여 다른 사람들의 의견을 들어보는 것이 좋다.

43.
6시그마 사상의 적용

일을 한 사람에게 맡길지 두 사람에게 맡길지 고민할 때가 있다. 난 책임감에는 $1/n^2$의 법칙이 성립한다고 생각한다. 즉 개인이 느끼는 책임감의 무게는 두 사람에게 맡기면 1/4, 셋이면 1/9, 모두에게 맡기면 제로에 가까워진다. 이것이 $1/n^2$의 법칙이다.

"그럼 그 방향으로 여러분이 상담해서 결정하십시오"와 같은 결정 방법은 민주주의적으로 보이지만 효과는 거의 없다. 오히려 "그럼 그 방향으로 다나카 씨가 결정하도록 합시다"와 같은 방법이 훨씬 좋다고 생각한다. 방향이 정해졌기 때문에 다른 사람과 상담을 할지의 여부는 다나카가 정하면 된다. 그리고 원칙에 의해 다나카의 원안에 따른다. 왜냐하면 다나카는 몇 개의 선택기준을 상정하고, 그 중에서 뽑은 결과를 원안으로 제안할 테니까 말이다. 세부적인 것까지 논의하자면 한이 없다.

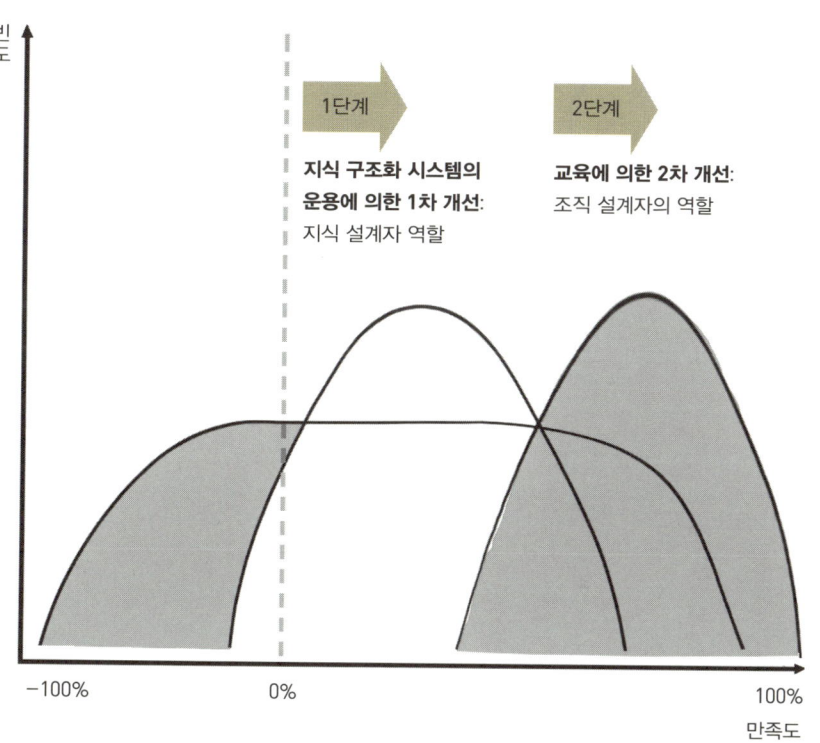

빈도

1단계

지식 구조화 시스템의
운용에 의한 1차 개선:
지식 설계자 역할

2단계

교육에 의한 2차 개선:
조직 설계자의 역할

−100%   0%   100%

만족도

그림 5-5 지식 구조화 시스템 구축에 따른 6시그마 상상

STRUCTURING

컴퓨터가 본격적으로 도입되기 시작했을 당시 많은 사람들은 인간의 일을 컴퓨터가 뺏는 건 아니냐고 우려했다. 엑스퍼트 시스템이 유행했던 시대에는 전문가의 일이 없어진다고 생각한 사람들이 많았다. 그러나 그런 일은 일어나지 않았다. 새로운 물건과 시스템이 도입될 때 기대와 불안이 교차하는 것은 당연한 일이다.

지식 시스템을 도입했을 때도 두 가지 오해가 있었다. 인간이 가진 모든 지식을 컴퓨터에 입력해서 고속으로 추론하면 컴퓨터는 인간만큼이나 인간 이상으로 뛰어난 지적활동이 가능하다. 그래서 지식 시스템을 도입하면 조직의 지적작업 효율이 비약적으로 향상하기 때문에 사람이 없어도 의사결정이 가능하다고 생각한 사람들이 있었다. 이것이 첫 번째 오해다. 지식시스템은 어디까지나 인간의 지적활동을 부분적으로 보좌하는 것에 불과하다. 이것이 확실해지자 이번에는 반대로 지식 시스템은 아무런 도움이 안 된다는 두 번째 오해가 발생했다.

제조업의 생산을 지원하는 6시그마 사상이 있다. 이는 제너럴 일렉트로닉GE에서 시작한 운동으로, 제품 불량률을 100만 개당 3개로 낮추자는 것이 기본 사상이다. 즉 완벽하지는 않지만 완벽에 가까운 생산 활동을 지향하자는 것이다. 6시그마 사상은 2단계로 나누어 실천할 수 있다. 제1단계에서는 산만하게 분산된 불량품 발생빈도를 일정빈도로 맞추고, 제2단계에서는 일정빈도로 맞춰진 빈도를 목표빈도까지 향상시킨다.

　지식 시스템에 6시그마 사상을 적용해서 생각해보면 제1단계에서는 산만하게 분산된 만족도를 일정 만족도로 맞추고, 제2단계에서는 만족도를 향상시키기 위한 활동을 실시하는 것이다. 지식 시스템을 도입한 조직은 직접적인 효과가 제1단계라는 점을 알아야 한다. 제2단계는 지식 시스템 자체보다 이것을 매개로 교육이나 문화에 의존해서 표현하는 부분이다. 즉 제1단계 활동만으로 지식 시스템에 의한 정형적인 처리는 어느 정도 성과를 기대할 수 있다. 본래 지식 시스템이 가진 성과는 제2단계로 교육이나 조직문화에 가서야 비로소 달성할 수 있다. 같은 지식 시스템을 도입하더라도 지식에 따라 최종적인 성과에서 큰 차이가 발생하는 이유는 여기에 있다. 바로 제1단계는 같아도 제2단계의 성과가 달라서 그런 것이다. 6시그마 프로세스를 지식 시스템에 대입해서 풀어보면 지식 시스템에 대한 두 가지 오해가 풀리지 않을까? 마지막은 인간과 문화의 문제다.

44.
지식
설계자

명선수가 반드시 명감독이 되는 건 아니다. 코치도 마찬가지다. 특히 천재적인 명선수가 코치를 하는 경우는 문제가 있다고 생각한다. 나가시마 시게오와 아오키 이사오 선수는 전형적인 천재 선수다. TV에서 나가시마 선수가 소년들에게 배팅을 가르치는 모습을 봤는데, 단순히 "휙하고 쳐, 휙~"하는 것이다. 아오키 선수가 하는 쇼트 어프로치 레슨은 "자, 이렇게 하세요"였다. 분명히 아오키 선수는 자기 말대로 '이렇게' 쳐서 볼이 홀로 들어갔지만, 보는 사람들은 도무지 이해할 수 없다.

노벨상을 탄 학자가 대학 경영을 잘 할 리가 없다. 하지만 학자가 아닌 사람이 대학을 경영할 수 있을까? 이것은 논의할 필요가 있다. 학술의 깊이를 이해하지 못하면 학술 경영은 불가능하다. 학술을 이해하려면 역시 학술에 대한 경험이 필요하지 않을까? 훌륭한 스포츠 코치는 명선수는 아니더라도 분명 스포츠 경험을 쌓은 선수다.

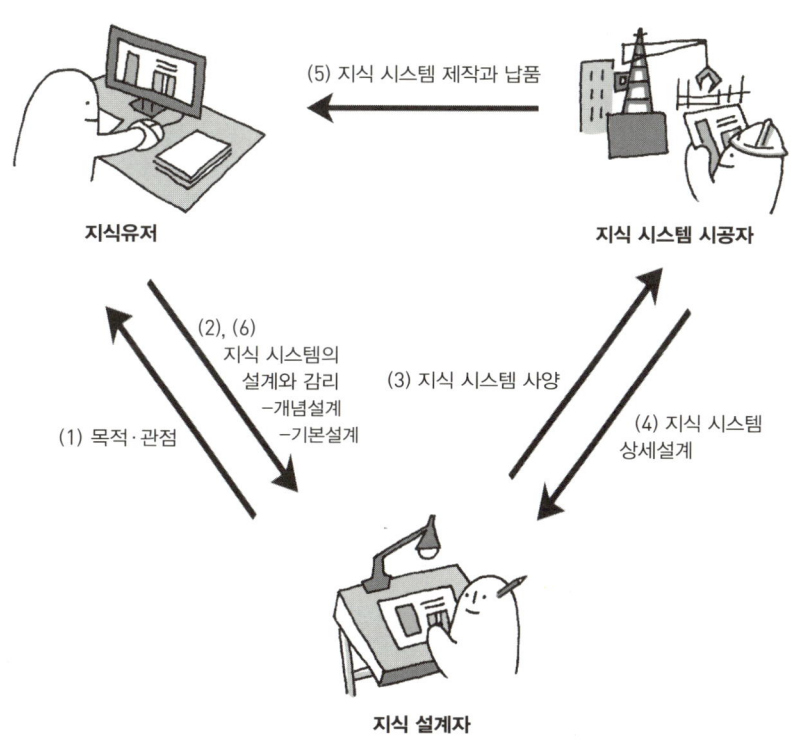

(5) 지식 시스템 제작과 납품

지식유저

지식 시스템 시공자

(2), (6)
지식 시스템의
설계와 감리
－개념설계
－기본설계

(3) 지식 시스템 사양

(1) 목적·관점

(4) 지식 시스템
상세설계

지식 설계자

그림 5-6 지식 설계자를 중심으로 한 지식 시스템 구축

빌딩을 건설할 때는 입주자와 건설업자, 건축사가 관여하고 경우에 따라서는 감리를 담당하는 건축사가 별도로 있다. 입주자가 건축사에게 요구사항을 설명하면 건축사는 그것을 건축도면과 사양서로 표현한다. 도면과 사양서만 있으면 어떤 건설업자라도 똑같은 건물을 지을 수 있다. 건축사는 입주자가 말로 표현하지 못하는 부분까지 도면과 사양서 형식으로 표현하는 능력이 있어야 한다. 입주자가 유능한 건축사와 상담을 했다면 자기가 바라는 것보다 더 멋진 건물이 될 가능성이 높다. 만약 입주자가 건축사를 개입시키지 않고 건설업자와 직접상담을 한다면 자신이 원하는 건물이 될 가능성은 적다. 반대로 무능한 건축사를 만났다면 입주자는 많은 불만을 갖는다.

지식 시스템도 건축과 같은 발상이 필요하다. 입주자가 무엇을 하고 싶은지 정하면 지식 설계자는 입주자의 요구를 듣고 지식 시스템을 설계한다. 지식 설계자는 입주자의 요구를 존중하면서도 입주자가 표현하지 못한 부분까지 파악한다. 예를 들어 입주자가 몰랐던 규제나 기술진보 가능성에 대한 대응도 포함해서 설계한다. 지식 설계자가 설계한 지식 시스템 결과는 시스템 설계와 시스템 사양으로 지식 시스템 시행자에게 준다. 지식 설계자는 건축 모형과 같은 원형을 만들어 설계와 사양을 보다 구체적으로 지정하는 것이 바람직하다. 시행자는 시스템 인티그레이터와 소프트웨어 개발회사 등 지식 시스템을 소프트웨어로 만들어 실현하는 조직이다. 조직 시스템 시행자는 지식 시스템을 실현하기 위한 소프트웨어나 하드웨어 등을 상세하게 설계한다. 지식 설계자는 상세설계를 검토하면서 기본설계와 사양은 만족하는지, 원형에서 지정한 전체 흐름은 충족하는지 검토한다. 만족할 경우 시행자는 실현작업을 시작한다.

지식 설계자는 실현작업과 최종성과물로 지식 시스템의 감리를 담당한다. 이 작업은 단순히 입주자를 대신해서 하는 작업이 아니다. 지식 시스템의 설계, 사양, 모형을 만들어 지식 시스템 전체를 창안한 책임을 갖고 요구 조건대로 모두 실행됐는지 검토한다. 지금까지 지식시스템 개발은 입주자와 시행자가 직접 상담하거나, 입주자가 직접 개발하는 경우가 많았다. 그러나 지식시스템 개발에 지식 설계자를 활용하면 입주자는 자기가 바라는 시스템을, 시행자는 실현 가능한 설계와 사양을 제공할 수 있다. 또한 건축모형처럼 원형을 만들어 양쪽에 설명하기 때문에 시스템 개발 초기단계부터 무엇을 개발하는지 관계자가 함께 이해할 수 있다.

45.
지식의 패턴화

탄소원자 60개가 축구공처럼 동그란 상태인 분자를 플레린이라고 한다. 지금까지 탄소개체는 다이아몬드, 그래파이트, 흑연뿐이라고 알려졌기 때문에 이를 발견한 학자는 노벨상을 수상했다. 한편 튜브 상태인 카본나노튜브를 발견한 이지마 박사와 엔도 박사가 노벨상을 받지 못한 사실은 납득할 수 없다는 말들을 하는데, 나도 그렇게 생각한다.

다시 본론으로 돌아오면, 플레린이나 나노튜브가 정말 예전에는 존재하지 않았을까?하는 의문이 든다. 내 생각에는 분명히 존재했으리라 본다.

왜냐하면 이들을 합성하는 것이 비교적 간단해지고 보니, 다이아몬드나 그래파이트를 합성하는 방법과 별반 다르지 않기 때문이다. 그러므로 분명히 다이아몬드나 그래파이트를 합성하는 실험을 했을 때도 생성됐을 것이다. 하지만 그런 것이 있다고 생각하지 않았고, 신경 쓰지도 않았기 때문에 발견하지 못했던 것이다. 내 연구실에서도 분명 그랬으리라 본다.

그림 5-7 박막 프로세스로 나타난 구조의 일부

사람은 패턴 인식에 따라 처음 보는 사물의 본질을 파악하려고 한다. 우수한 경영자는 처음 경험하는 경영상황에 대해서 과거나 이와 비슷한 타사의 사례를 떠올려 최적의 대처 방안을 생각한다. 로봇이 물체를 인식해서 반응하는 것도, 접속하는 사람의 행동을 예측해서 최적의 홈페이지 구성을 제시하는 것도, 기본은 패턴 인식이다. 패턴으로 나누어 생각하면 방대한 지식이나 미지의 상황을 대처하는데 효과적이다.

내가 리더로 있는 프로젝트 중에 일본학술 진흥회 미래개척 학술연구 추진사업의 하나인 '재료 프로세스의 이상 성장 제어'라는 게 있다. 재료 프로세스에서 평평한 박막을 얻고 싶은데 표면에 요철이 생기거나, 구형입자가 필요한데 가시가 생기는 등 생각대로 되지 않을 때가 많다. 사실 많은 기술자가 이런 문제로 고생을 하고 있는데 실패 사례 보고는 전혀 없다. 겨우 이 문제를 극복하고 나면 이상이 생긴 구조는 분석조차 하지 않는다. 실험 노트나 업무일지를 데이터로 기록한 것만 가지고는 지식으로 이용할 수 없다.

우리는 700가지 이상의 성장 사례를 수집했고, 표면요철, 돔상 이상, 수림상 이상, 공극발생 등 이상 성장을 각종 패턴으로 분류했다.

돔상 이상이나 수림상 이상 등 패턴 발상 메커니즘 중 몇 개는 이론적으로 해명할 수 있다. 그렇지 않은 것은 발생상황을 정리 분류했다. 즉 일부는 형식지로 일부는 다른 지식과 관련지어 모두 패턴화했다.

이론적으로 발생 메커니즘을 해명하는 일을 프로젝트 팀이 전부 한 것은 아니다. 자세히 조사해보니 과거 수림상 이상 발생이 밝혀졌고 그에 대한 논문도 나왔지만, 이용하지 않았을 뿐이었다. 같은 박막연구자라도 실험가는 이론가의 논문을 읽을 시간이 없다. 거기에 같은 실험가라도 실리콘조, 화합물조, 어모퍼스조 등으로 세분화됐기 때문에 어떤 조가 발표를 해도 다른 조로 전해지지 않는다.

반도체나 나노테크와 같은 선진적 재료 프로세스는 미세구조형성 속도, 형태, 균일성을 동시에 충족시켜줘야 한다. 이상 성장 원인을 현상론적 또는 계층적으로 패턴화, 소프트웨어화했기 때문에 지식 이용도가 단번에 높아졌다. 패턴화 효과에는 예측기능도 포함된다. 지배법칙이 알려지지 않은 프로세스의 경우 이미 알려진 결과를 몇 개의 패턴 집합으로 표현하면 새로운 실험 결과를 예측할 수 있다.

제6장 지식 구조화의 평가기준

46.
지식 구조화 시스템구축 필요 요소

도쿄대 야스다 강당에서 심포지엄이 열렸을 때였다. 닛산의 곤 사장이 강연을 맡았는데, 그는 질의토론을 좋아하고 언변이 뛰어난 사람이다. 30분 강연, 30분 질의응답 시간을 가졌는데 처음에는 주저했던 학생들도 시원시원한 곤 사장의 답변에 질문이 끊이지 않았다.

"프랑스와 일본은 전혀 다른데 지금까지의 경험이 도움이 됩니까?"라는 질문에 곤 사장은 다음과 같이 말했다. "기본은 같지만 구체화 방법은 다릅니다. 기본은 목표, 전략, 계획, 실현에 대해 모든 사람들이 공통의식을 갖도록 하는 겁니다. 물론 잘하고 못하는 것의 차이는 있습니다. 프랑스가 전략을 생각하는 단계는 뛰어나지만 실현 단계는 미흡합니다. 하지만 일본은 실현 단계 능력이 뛰어납니다. 그러므로 구체화 방법이 다릅니다. 다르기 때문에 닛산과 르노가 성공적으로 합병한 것입니다. 난 양쪽 모두를 존경합니다." 그는 역시 달인이다.

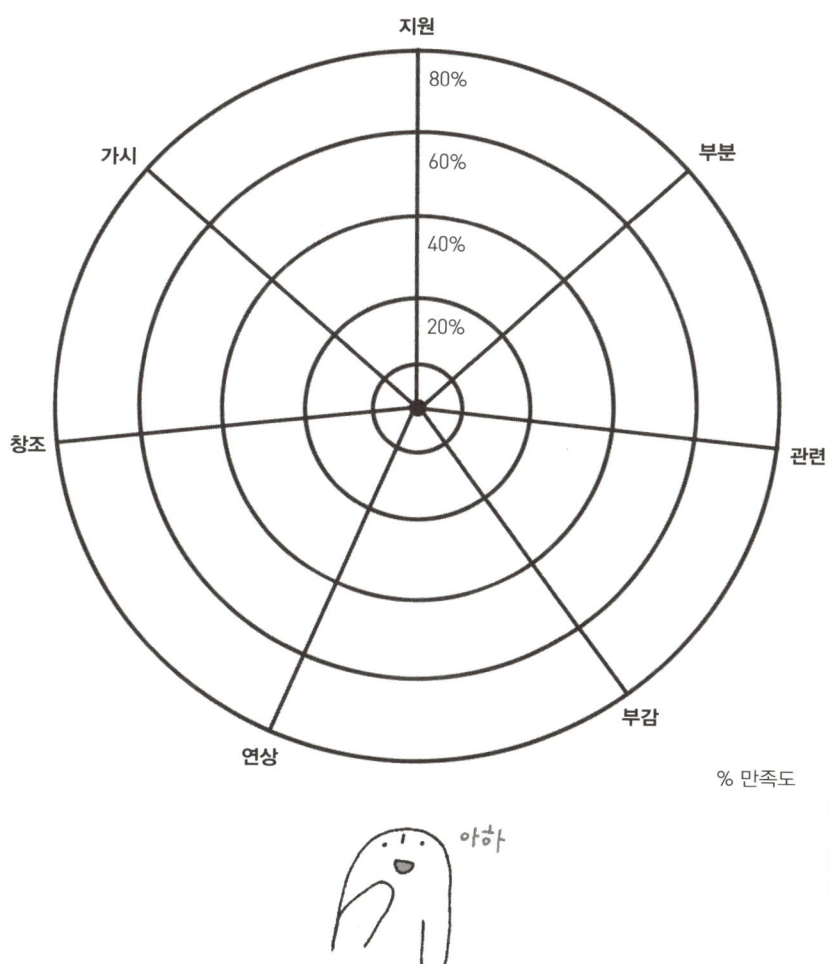

아하

그림 6-1 **지식 구조화 시스템의 만족도를 판단하는 일곱 가지 요소**

지식은 존재하지만 눈에는 보이지 않는다. 지식을 다룬다고 해도 그 형태는 없다. 누구나 지식을 사용하지만 개인마다 생각하는 깊이나 범위는 다르고, 지식을 관리한다고 해도 대체 무엇을 어떻게 관리해야 하는지 확실하지 않다. 이렇기 때문에 지식을 디자인해서 다루기 위한 새로운 패러다임으로 지식 구조화를 제안하는 것이다.

지식을 구조화하는 처리과정과 지식을 이용하는 환경은 컴퓨터 시스템을 이용한 IT기술로 실현된다. 그 때문에 지식 구조화를 지원하는 시스템을 개발할 때는 설계사양을 정확하게 해야 한다. 예를 들어 고층 빌딩을 지을 때 특정 관점과 목적을 바탕으로 정해진 구체적인 요구가 들어간 설계 사양이 필요한 것과 같다. 지식 구조화 시스템은 소프트웨어와 하드웨어로 구성된 정보시스템이기 때문에 사양도 소프트웨어와 하드웨어로 나누어 정의한다.

지식에 대한 명확한 정의가 없기 때문에 이것을 다루는 지식 시스템 평가기준도 다양하다. 지식 시스템을 평가하는 기준은 지식에 대한 평가기준, 시스템에 대한 평가기준, 유저에 대한 평가기준으로 나눈다. 또한 어떤 조직이라도 공통적으로 사용하는 평가기준, 조직별로 자세하게 정한 평가기준, 업무별 평가기준으로 구분이 가능하다. 이런 상황을 고려해서 지식 시스템을 평가하는 기준으로 가시, 부분, 부감, 연상, 관련, 창조, 지원의 일곱 가지 항목을 제안한다. 각각의 기준에 대한 상세한 설명은 예제를 들어 뒷장에 기술하겠다.

일곱 가지 기준은 절대기준으로도, 지식 시스템을 비교하기 위한 상대기준으로도 이용이 가능하다. 지식 시스템을 이용하는 유저의 직위, 업무, 권한, 기간, 예산과 연동해서 각 기준의 폭과 깊이를 조정할 수 있다. 또한 기준에 대한 만족도는 절대치에 연연하지 않고 상대치로 평가하는 것이 좋다. 왜냐하면 지식과 유저에 대한 평가는 절대치로 표현하기 힘들고 의미 없는 경우가 많기 때문이다. 하지만 시스템 평가를 숫자로 평가할 수 있으면 그 편이 정확하다.

지식 시스템 평가기준은 시스템을 구축하기 전에 명확히 하고 설계 사양에 반영하는 것이 바람직하다. 그러나 이미 지식관리 시스템을 운용하기 시작한 조직에서 기존 시스템을 모두 개조하기는 힘들다. 그럴 때는 먼저 기존 시스템을 일곱 가지 기준으로 평가한 다음 무엇이 부족한지 파악한다. 자기 약점을 모르는 조직도 많기 때문이다. 지피지기면 백전백승이다.

KNOWLEDGE

47.
가시 : 시스템 움직임이 보이는가

자전거 페달을 밟을 때 라이트를 켜면 페달 밟기가 무거운데, 이는 발전하면서 브레이크를 걸기 때문이다. 전차가 정지할 때 끽~하는 고음이 나는 일이 잦다. 이것은 에너지 절약형 전차로, 발전기를 타성으로 돌려 발전하는 것과 동시에 브레이크를 거는데 이때 발전기가 회전하면서 이런 소리가 난다. 옛날에는 차바퀴에 금속판을 달아 브레이크를 걸었다. 물론 이렇게 해도 지하철은 정지하지만 타성 에너지는 마찰열이 되어 대기로 분산하고 만다.

하이브리드 자동차도 에너지 절약형 지하철과 같은 원리로 발전을 겸한 브레이크를 쓴다. 에너지 절약형 버스에서는 낮은 소리가 난다. 이것도 원리는 같다. 자전거처럼 주변에서 쉽게 볼 수 있는 사물을 보고 이해한 뒤에 같은 원리를 가진 현상으로 그 대상을 점차 확장하는 것, 바로 이것이 유추 사고법이다.

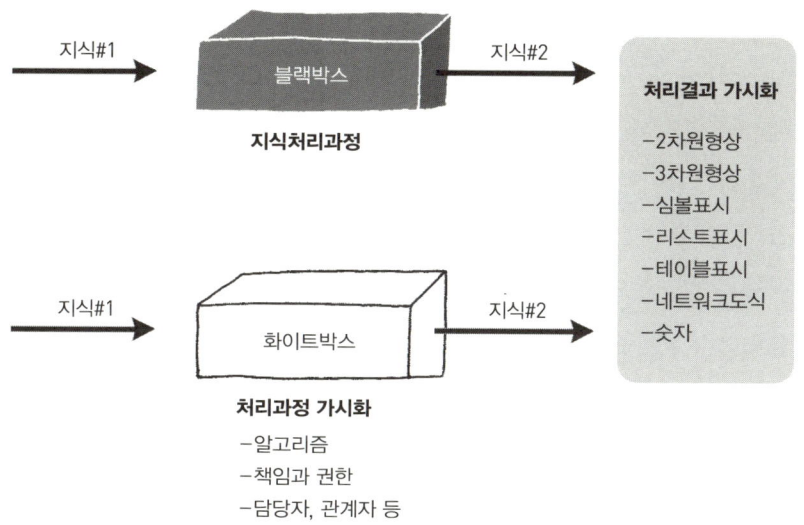

그림 6-2 처리과정과 처리결과가 보이는 지식 구조화 시스템

백문이 불여일견이다. 인간의 지적처리능력을 향상시키기 위해서는 직접 보고 판단하는 것이 가장 중요하다. 눈으로 보지 않으면 불안해하고 믿지 않는 사람도 많다.

공업제품이나 가게에서 이런 점을 고려한 다양한 아이디어를 볼 수 있다. 컴퓨터 하드웨어 외부를 투명 플라스틱으로 만들어 내부가 보이도록 하고, 시계에 문자판을 없애서 시계내부가 보이도록 만든 제품이 있다. 또 건물 외부를 벽 대신 유리로 만들어 실내가 보이는 카페도 늘고 있다. 볼보는 시내에 있는 공장 벽을 모두 유리로 처리했다.

지식, 사고, 처리 프로세스, 역사, 음성, 의견, 바람 같은 것을 시각화하기는 어렵다. 공학에서 가시화라는 연구 테마는 다양한 내용을 보여주는 방법론 개발이 목적이다. 사람은 눈으로 보면서 폭넓고 깊이 있는 이해를 한다.

지식 시스템에서도 성과를 극대화하기 위해 시각화하는 것은 중요하다. 그러나 무엇을 언제 어떻게 보여줄지에 대한 방법은 지식 시스템 목적에 의존한다. 일반적으로 말해서 지식 시스템의 가시화 대상이 되는 것은 지식 시스템 처리과정과 처리결과다. 지식 시스템 처리과정은 처리 알고리즘, 이용자 책임과 권한범위, 처리 담당자와 관계자 등을 거쳐야 한다. 또한 처리결과 가시화 방법으로는 2차원형상, 3차원형상, 심볼표시, 리스트표시, 테이블형식, 네트워크도식, 숫자 등이 있다.

지식 시스템 처리과정과 처리결과를 가시화하면 이용자는 안심하고 시스템을 이용할 수 있다. 반대로 전혀 보이지 않으면 이용자는 지식 시스템을 신뢰하지 않는다. 엑스퍼트 시스템이 그다지 많이 쓰이지 않는 이유 중 하나는 시스템 움직임이 일종의 블랙박스로 되어 있어서 유저가 처리과정을 볼 수 없다는 점이다. 시스템을 분류할 때 자동화 시스템과 지원 시스템으로 나누기도 한다. 하지만 아무리 반복적인 처리를 자동화하고 사람의 의사결정을 지원하는 시스템이라도 처리과정과 처리결과가 가시화되어있지 않으면 사람들은 신뢰하지 않는다. 같은 기능을 가진 지식 시스템이라도 가시화하면 그 이용도는 한층 올라간다. 내용은 그대로이고 표현만이 문제라고 해도 표현은 본질적으로 중요하다.

48.
부분 : 모듈 집합으로 구성되었나

우리가 영어 자체를 모르는 상황에서는 듣기를 못하는 것인지, 단어를 모르는 것인지, 시스템을 모르는 것인지 알 수 없다. 예를 들어 전화를 걸었을 때 교환원이 하는 말이 "hold on"인지, "hang up"인지 알아듣는 것은 엄밀히 말하면 그 표현을 이미 알고 있기 때문이다. 영어를 전혀 모르는데 두 단어를 구별하는 엄청난 귀를 갖고 있을 수는 없다. 즉 시스템과 단어를 알고 있기 때문에 이해하는 것이다.

이렇게 보면 먼저 시스템과 단어를 알고 귀를 단련해야 한다는 영어 학습에 대한 방향이 잡힌다. 지하철을 타면 영어로 다음 역 이름이나, 잊은 물건 없이 내리라는 말이 나오는데 이때도 무슨 말을 하는지 알기 때문에 이해하는 것이다. 평상시 우리가 쓰는 말도 이런 경우가 많지 않을까?

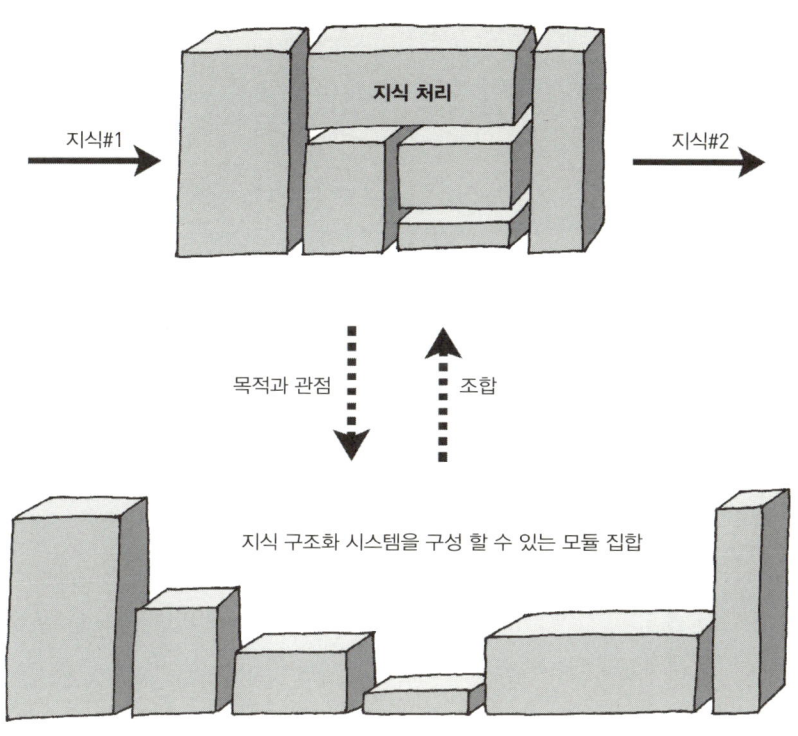

그림 6-3 모듈 조합으로 구성된 지식 구조화 시스템

지식 시스템을 개발할 때 일괄적으로 하는 경우와 기능 모듈을 몇 개로 나누어 하는 경우가 있다. 어느 쪽이 좋은지는 대상과 이용목적에 따라 다르다.

다만 모듈 단위로 개발한 지식 시스템은 변경하기 쉽기 때문에 다른 시스템으로 재이용이 가능하다.

지식 시스템을 모듈로 나누는 기준을 생각해보자. 먼저 처리기능에 따라 나누는 방법이 있는데, 예를 들면 지식획득, 표현, 보존, 검색, 열람, 교환, 가공 등의 기능으로 구분하는 방법이다. 또한 사용하는 대상의 라이프 사이클을 기준으로 구분하는 방법이 있다. 제조업을 예로 들면 설계, 생산준비, 조달, 생산, 검사, 출하, 판매, 사용, 애프터서비스, 리사이클, 폐기와 같은 활동으로 구분하는 방법을 말한다. 만약 한 가지 지식 시스템을 복수 조직에서 일시적으로 사용하는 경우는 조직이나 이용주체로 구분하는 방법도 있다. 예를 들어 컨소시엄에서 복수 기업이 수개월 동안 모여 프로젝트 하나를 실시하는 경우 기업 A, 기업 B로 구분할 수 있다.

지식 시스템을 모듈 집합으로 개발할 때는 모듈 간 경계를 명확하게 해야 한다. 모듈을 구분하는 방법에도 원인이 있겠지만 일반적으로 경계가 불명확한 경우가 자주 있다. 이것은 기능, 활동, 조직 등 어떤 기준으로 나눠도 자주 일어나는 문제다. 모듈 구분이 불명확해서 복수 모듈이 같은 정보에 다른 결과를 주어 문제가 생기거나, 반대로 어디에도 포함되지 않는 결손 정보가 발생하는 경우가 생긴다. 이런 문제를 피하기 위해 모듈을 균등하게 나누거나, 모듈을 표준부품 집합으로 하거나, 모듈 간 인터페이스를 검증하는 등 다양한 해결책을 마련한다.

지식 시스템을 모듈 집합으로 개발하는 이점에는 경제성, 안정성도 포함된다. 기존에 있던 저렴한 모듈을 구입하면 비용이 절감되며, 이는 효과가 검증된 모듈이기 때문에 안정적인 시스템 구성이 가능하다.

모듈화는 뛰어난 개념이다. 그러나 유의할 점도 많다. 특히 모듈 간 대화의 건전성에 유의해야 한다. 표현형식이나 알고리즘이 다르면 처리결과가 변한다. 데이터 표현형식이 다르면 기본연산 결과까지 달라질 가능성이 있다.

49.
부감 : 지식 전체상이 보이는가

지식 구조화는 전체상을 표현하고 포함된 지식들을 관련지어 정보기술을 이해하기 쉽고 쓰기 편하게 하는 것이다. 전체상이란 목적에 필요한 지식의 전체구조다.

책 제목과 목차는 책의 목적과 지식구조를 표현한다. 제목은 목적 표현이고 목차에 나오는 대제목은 책 내용을 개괄적으로 표현한 것이다. 상공에서 일본을 봤을 때, 혼슈, 시코쿠, 홋카이도, 큐슈가 대제목이고 군마, 사이타마, 도쿄, 치바가 중제목, 세다가야구, 치요다구가 소제목으로 세분화된다.

상공에서 부감 가능한 것은 지리에 한정된다. 환경문제나 나노테크놀로지를 부감하지 못하는 이유는 구조화가 되지 않았기 때문이다. 지식을 구조화하지 않으면 전체상을 부감하는 것은 불가능하다.

현재 야후나 구글과 같이 뛰어난 검색 엔진과 데이터베이스는 개발되었지만 지식 구조화는 이뤄지지 않았다. 흩어진 직소퍼즐 조각의 단편만 검색하는 것이 현 상태다.

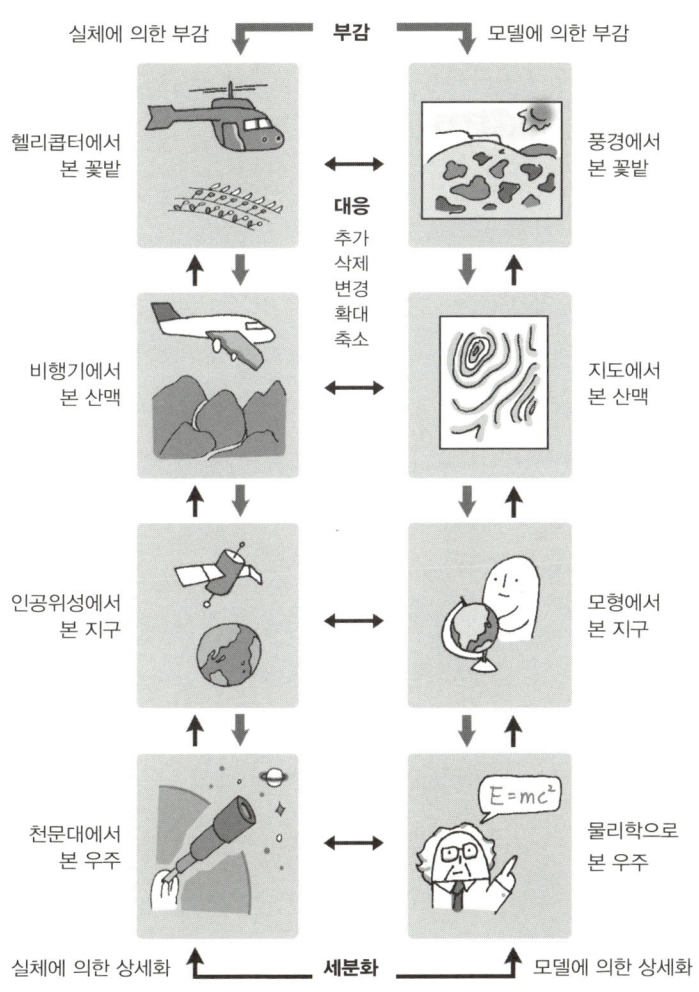

실체에 의한 부감   **부감**   모델에 의한 부감

헬리콥터에서
본 꽃밭

풍경에서
본 꽃밭

대응
추가
삭제
변경
확대
축소

비행기에서
본 산맥

지도에서
본 산맥

인공위성에서
본 지구

모형에서
본 지구

천문대에서
본 우주

물리학으로
본 우주

$E=mc^2$

실체에 의한 상세화   **세분화**   모델에 의한 상세화

그림 6-4 부감: 전체를 보는 지식 구조화 시스템

　자신이 소속된 사회나 업무의 전체상을 파악하면 자신의 입장과 지향해야 할 방향을 판단하기 쉽다. 지식 구조화의 가장 중요한 목적 중 하나는 전체상을 이해하기 쉽게 도와주는 것이다.

　그럼 전체상은 무엇이며 부분상은 무엇일까? 그것은 사람이 정하는 목적에 따라 다르다. 예를 들어 어떤 사람이 꽃밭을 둘러본다고 하자. 그 사람이 전체상을 파악하려면 꽃밭을 걸으면 된다. 그러나 만약 헬리콥터에서 꽃밭을 본다면 시점이 바뀔 수도 있다. 대형 관람차를 만들어 꽃밭부터 해안까지 볼 수 있는 비즈니스모델을 떠올릴지도 모른다. 이것은 그 사람이 보다 큰 전체상을 가졌기 때문이다. 이 같은 경우에는 과거에 그 사람의 전체상이었던 꽃밭은 현재 생각하는 비즈니스모델의 부분상이 된다.

　부감은 실체로 보는 부감과 모델로 보는 부감으로 나누어 볼 수 있다. 모델은 어느 시점에서 본 실체를 재현한 것이다. 모델로 보는 부감은 실체를 추가, 삭제, 변경, 확대, 축소해서 특정 목적과 시점에 집중하도록 하는 장점이 있다. 꽃밭의 경우 실체로 보는 부감은 헬리콥터에서 비행기로, 비행기에서 인공위성으로, 우주로, 고도를 높여서 볼 수 있다. 모델로 보는 부감은 풍경화, 지도, 모형, 물리식 등 다양한 모델을 도입해서 전체상을 볼 수 있다. 양쪽 모두 효과적이기 때문에 적절히 조합하면 큰 도움이 된다.

　모델로 보는 부감은 부분상의 확대와 축소, 연산, 집합 등이 자유자재로 가능하다. 부분상의 확대와 축소는 카메라 줌렌즈를 떠올리면 이해하기 쉽다. 부분상 간의 연산은 복수 부분상에 대해 어떤 부분상에는 +가중치, 어떤 부분상에는 −가중치를 주어 전체상을 보는 것이다. 이것은 복잡한 현상에서 특정 부분만을 유출해서 부감할 때 효과적이며, 부분상 집합은 단순히 관련된 부분상만을 모아 부감하는 것이다.

부분상을 다루는 방법에 따라 부감되는 전체상이 바뀐다. 예를 들어 어떤 부분상을 확대하고 축소하느냐에 따라 전체 인상이 바뀌며, 부분상 간의 연산도 가중치에 의존한다. 부분상 집합은 부분상을 모으는 방법에 따라 달라진다. 경제현상이나 정치를 봐도 전문가들의 의견은 십인십색이다. 이는 각자 부분상을 처리하는 방법이 다르기 때문인데, 대학에 대한 인상이 학생, 교관, 외부관계자마다 다른 것도 이런 이유 때문이다.

50.
연상 : 다른 지식에 도달할 수 있는가

20년 전 미국유학시절 현지 학생들은 날 파인맨으로 불렀다. 별명이 저명한 물리학자 파인맨이니 좋겠다고 생각하겠지만 사실은 그게 아니다. "How are you?" 란 인사를 했을 때 항상 "Fine, thank you. And you?"라고 대답해서 붙여진 별명이다. 난 배운 대로 했을 뿐이다. 그래서 그들이 어떤 인사말을 주고받는지 주의 깊게 살폈다. "How are you?" 에 대한 대답으로 "Not too bad." "So so." "I had a huge amount of math homework last night, so I'm very tired." 등 다양했다. 그 뒤로는 나도 기분이 항상 fine일 수는 없기에 다양한 표현을 쓰려고 신경 썼다. 하지만 최근에는 다시 단순해져서 대부분 "Fine, thank you. And you?" 라고 대답해 버린다. 단순히 나이 탓일까?

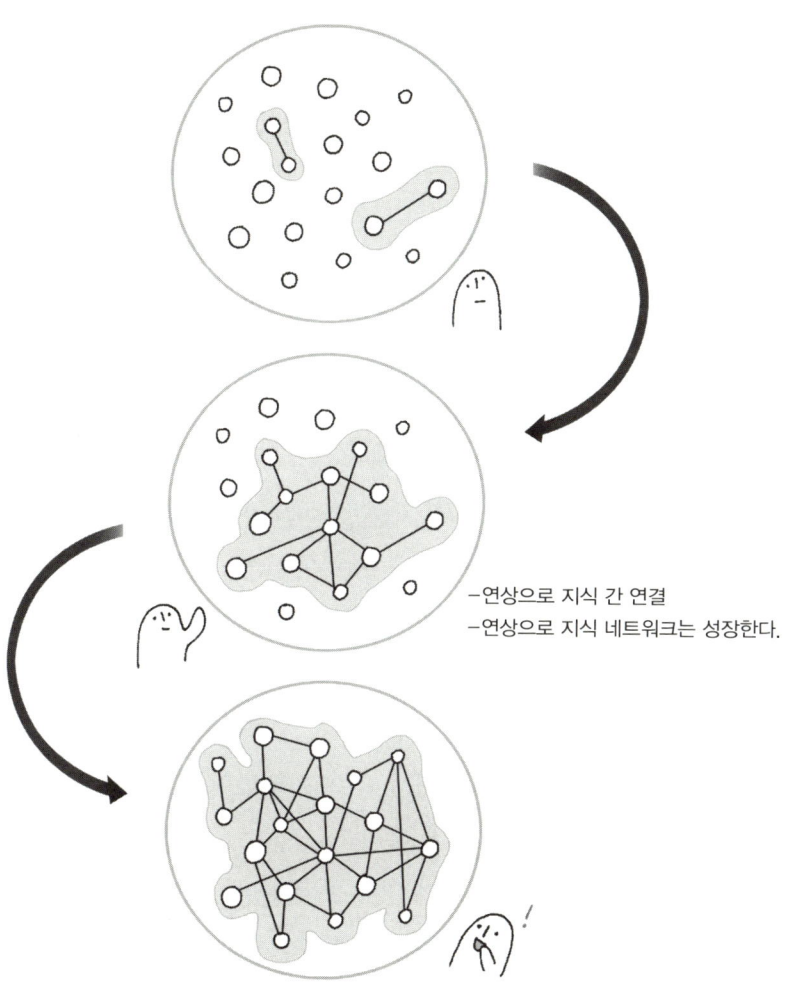

-연상으로 지식 간 연결
-연상으로 지식 네트워크는 성장한다.

그림 6-5 발상: 한 지식에서 다른 지식으로 이어지는 지식 구조화 시스템

사람은 특정한 일에 대해 생각하면서 그와 관련된 다른 일까지 생각할 수 있다. 이 과정이 연상이라면 연상이 활발한 사람은 창조성이 높다고 볼 수 있다. 어떤 지식에서 다른 지식이 연상되는 것은 두 지식이 특정한 관계가 있기 때문이다. 경제적인 이유, 과학적인 이유, 희망이나 목표 때문에 생긴 이유 등 그 이유는 다양하다. 어쨌든 지식 간 관계를 명확하게 표현하는 것은 어려운 작업이다. 과학연구는 지식 간 관계가 분명하지 않을 때 그것을 명확하게 하는 과정이기도 하다.

연상은 지식 구조화의 중요한 목적 중 하나이지만, 연상의 근거를 어디에 둘지는 조직마다 다르다. 제조업 같은 경우는 주된 이유가 과학기술일 것이다. 금융기관이라면 경제적인 이유가, 영화나 만화와 같은 엔터테인먼트 산업 조직에서는 재미와 기발함이 그 이유로 작용할 것이다.

연상을 하는 이유는 목적과 관점에 따라 변한다. 예를 들어 산소에서 수소를 연상했다고 해도 지구나 수혹성을 연상했을지도 모르고, 연료전지를 연상했을 수도 있다. 혹 이과 교수는 전기분해 실험을 생각할지도 모른다. 한 금융상품에서 다른 금융상품을 연상한 경우도 그 동기는 사람마다 다르다. 그러므로 지식을 연상할 때는 왜 그것을 연상했는지 경로를 명확하게 표현해야 한다.

지식 간의 연상과 그 이유는 지식 구조화 시스템을 운용하는 조직마다 다른 관심에 바탕을 두는데 이것이야말로 조직지組織知의 전형적인 근거다. 예를 들어 조직 X와 조직 Y는 지식 A와 지식 B를 보유한다고 하자. 또 지식 A에서 지식 B를 연상하는 이유가 지식 X에는 M개, 조직 Y에는 N개가 있다고 하자. 이 경우 지식 A와 지식 B는 같아도 조직 X와 조직 Y가 보유한 조직지는 다르다. 이렇게 다른 조직지가 경쟁력의 원천이고 이노베이션의 자원이기도 하다.

이 발상을 기업 컨소시엄에 적용하면 효과적이다. 예를 들어 기본이 되는 중립적 지식 네트워크는 컨소시엄으로 작성하고 연상부분은 회원기업이 독자적으로 기업내부에서 실시한다. 이렇게 하면 지식 네트워크를 만드는 총비용을 낮추면서 조직지를 기업단위로 만들 수 있다.

51.

　지식이 있는 것과 그것을 사용하는 것은 다르다. 지하철에서 내려 영화관을 찾아간다고 하자. 그랬을 때 지금 나가려는 출구의 근처 어디에 매점이 있고, 어디에서 맛있는 커피를 팔고, 어디에 화장실이 있는지 알아봤자 아무런 의미가 없다. 필요한 것은 지도 안에 지금 있는 출구에서부터 영화관까지 가는 길이 자세히 나와 있는지의 여부다.

　새롭게 개발된 세라믹이 화력발전소 효율개선에 도움이 되는지의 여부는 화력발전소 효율이라는 전체상 속에 세라믹 특성을 포함시켜야 가능하다. 지식은 목적이 되는 전체상 속에 포함되어야 이용할 수 있다.

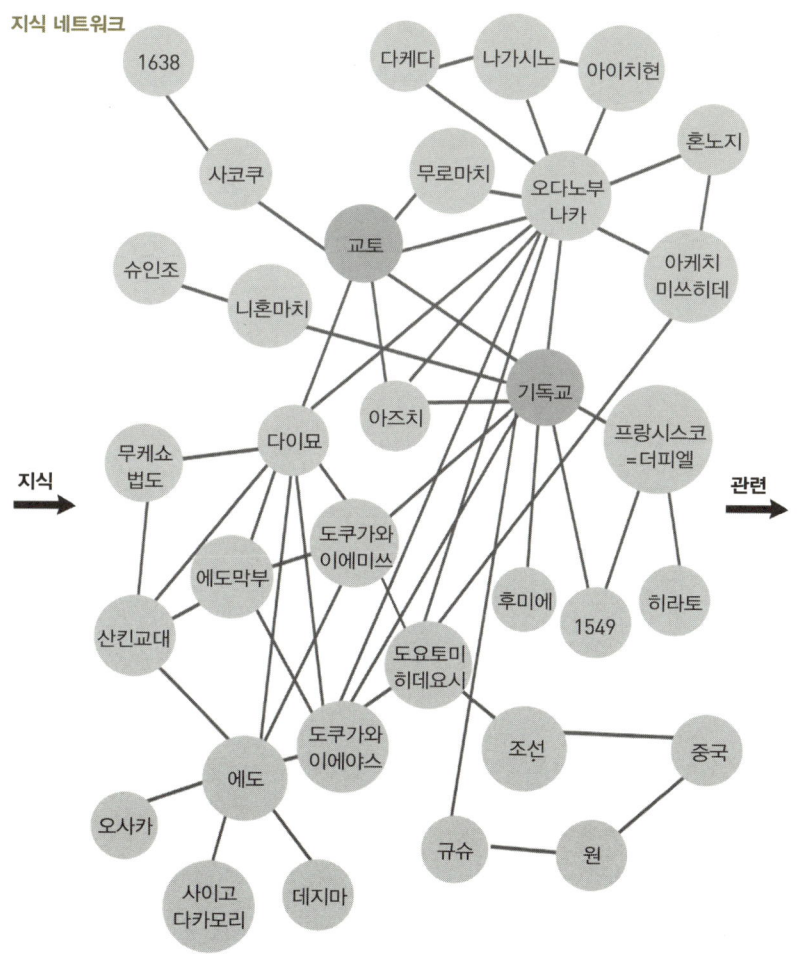

지식 네트워크

지식 ➡

관련 ➡

그림 6-6 관련: 지식이 네트워크화된 지식 구조화 시스템

단독으로 존재하는 지식은 없다. 지식은 다른 지식과 특정한 관련을 맺는데 이 관련을 표로 나타내면 지식 네트워크가 된다. 지식 네트워크의 꼭짓점은 특정 지식을, 꼭짓점 간 능선은 지식 간 관련을 나타낸다. 이것이 빨간 비즈를 중심으로 한 비즈네트다.

지식 네트워크는 꼭짓점 증가와 능선 증가로 성장한다. 단독으로 존재하는 지식이 없다는 사실은 지식 네트워크에서도 단독으로 존재하는 꼭짓점은 없다는 뜻이다. 레이스가 없으면 비즈는 떨어진다. 소영역인 지식을 네트워크로 표현하는 것은 어렵지 않지만 큰 영역을 표현하는 건 어려운 작업이다.

지식을 네트워크로 표현해서 컴퓨터로 지원하려면 지식이나 관련성도 디지털 형식으로 표현해야 하지만 이는 현실상 어려운 일이다. 예를 들면 오랜 역사를 지닌 연구실에는 졸업논문, 석사논문, 실험노트, 도면, 매뉴얼 등 막대한 양의 지식정보가 종이로 보존돼 있다. 이들을 모두 디지털화 하는 것은 현실적으로 불가능하다. 기업들 중에는 중요한 도면 일부를 스캔해서 디지털화 하는 곳도 있지만 이것은 극히 일부 도면에만 해당된다. 설사 스캔해서 디지털 형식으로 표현하더라도 설계 의도와 같은 중요 부분은 표현하지 못한다.

이런 경우 해결 방법 중의 하나는 지식 네트워크를 만들어 허브를 찾는 것이다. 종이에 그린 몇십 년 된 도면을 스캔하는 대신 도면 번호와 개요만을 지식 네트워크 꼭짓점에 넣는다. 그리고 지식 간 관련을 표시하는 능선을 그린다. 여러 능선이 들어가고 나오는 꼭짓점이 있다면 그것이 바로 허브지식이다. 이 허브지식을 중심으로 1차적으로 관련된 지식을 하나의 영역으로 구분한다. 그 뒤 영역 간 관계와 허브지식 분포를 보고 중요하다고 생각하는 지식을 종이 형식에서 디지털 형식으로 바꾼다. 이것이 중요한 지식을 선택하는 방법이다.

지식 네트워크를 만드는 목적 중 하나는 허브지식을 발견하는 것이다. 허브지식은 능선 수로 판단하는데, 능선은 이유가 과학기술인지 경제인지에 따라 그 수가 변한다. 즉 지식 네트워크의 허브지식은 전체를 보는 관점과 목적에 따라 변한다. 같은 지식 네트워크라도 관점과 목적이 변하면 허브지식이 변하므로 동종업계 기업이라도 허브지식과 중요시하는 지식이 다르다. 지극히 상식적인 말이지만 말이다.

52.
창조 :
시나리오
창조가
가능한가

하와이에서 4년마다 열리는 제3회 수소에너지 학회에 참가했을 때의 일이다. 3일 일정이었던 학회 마지막 날, 총괄섹션에서 한 노교수가 손을 들었다. 자신은 3일 동안 모든 발표를 들었는데 이번에 논의한 내용 중 90퍼센트는 지난 회의 때 이미 논의했던 내용의 반복이라는 것이다.

순간 회장 분위기는 찬물을 끼얹은 것처럼 조용해졌다. 하지만 이중투고나 이중발표처럼 악의가 있어 그런 건 아니었다. 학제적인 학회에는 여러 분야의 전문가들이 참가하는데다 참가인원도 유동적이다. 그러므로 아무리 일류 국제학회라도 어떤 것이 새롭고 어떤 것이 이미 알려진 지식인지는 판단하지 못한다. 아무도 90퍼센트가 지금까지의 반복이고 남은 10퍼센트만이 정말로 새로운 지식인지 장담하지 못한다.

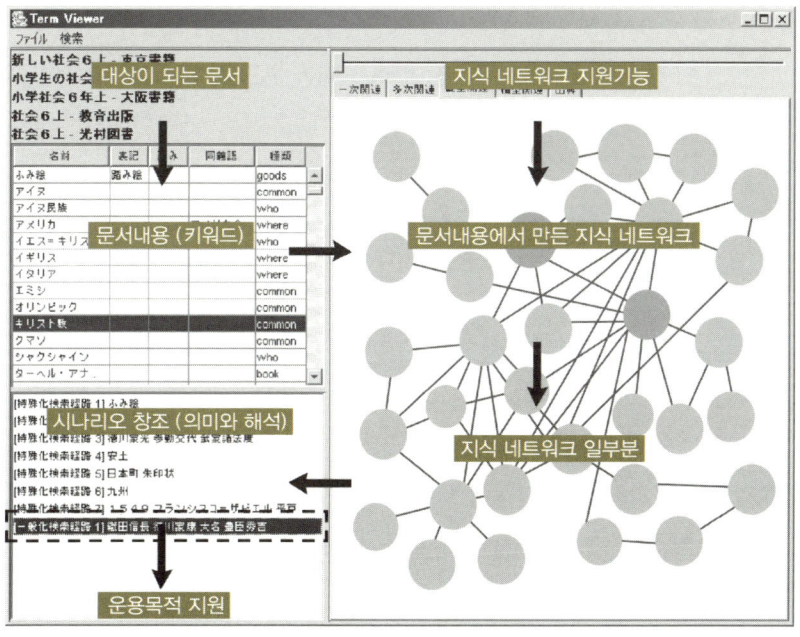

그림 6-7 창조: 검색과 분석으로 시나리오 창조가 가능한 지식 구조화 시스템

STRUCTURING

정보검색이나 분석은 반드시 어떤 목적과 관점이 있다. 앞 페이지에 있는 그림은 초등학교 6학년 교과서 내용을 분석해서 지식 네트워크로 만든 것이다. 교과서라는 키워드가 나타내는 의미와 키워드 간 관련을 이용해서 지식 네트워크를 작성했다. 만약 초등학교 6학년 교과내용을 잘 아는 사람이라면 이 지식 네트워크가 무엇을 나타내는지 금방 이해할 것이다. 또 지식 네트워크를 볼 때 어디에 중점을 둬야하는지, 왜 그래야 하는지 쉽게 이해할 것이다. 그러나 이것을 모르는 사람들은 지식 네트워크를 봐도 어떻게 봐야할지 모른다. 지식 네트워크는 목적이나 관점과 함께 사용하는 사람의 지식에 상응해서 지원해야 한다.

중립적인 지식 네트워크가 있다고 해도 보는 관점에 따라 시나리오는 변한다. 지식 네트워크의 일정부분이 지닌 의미와 해석에 따라 전혀 다른 다양한 시나리오를 생성할 수 있다. 이것은 프로그램에 따라 반자동적으로 할 수도 있고 사람이 직접 작업할 수도 있다.

지식 네트워크 자체는 정적이지만 새로운 지식이 들어오면 관련된 부분은 동적으로 변하며, 새로 들어온 지식은 지식촉매이기도 하다. 지식촉매로 인한 지식 네트워크 반응을 보며 다양한 시나리오를 만들 수 있다. 예를 들어 어떤 지식촉매에 대해 네트워크의 일정부분이 활발하게 반응하는 경우가 있는데, 이 반응을 해석해서 다양한 시나리오를 가정할 수 있다.

어떤 신지식이 발표됐다고 하자. 기업이 가진 지식 네트워크가 신지식에 대해 어떻게 반응하는지는 그 기업의 경쟁력에 달렸다. 만약 기업 네트워크가 신지식에 대해 활발히 반응할 경우 신지식은 기업에 중요한 지식이 된다.

이노베이션을 추구하는 조직은 외부에서 제공되는 신지식을 지식 촉매로 삼아 지식 네트워크의 지원을 얻어 빠르고 심도 있게 반응하는 환경을 만들어야 한다. 이노베이션은 지금까지 관련이 없었던 지식 간에 새로운 관련을 맺어주기도 한다. 지식 네트워크와 지식촉매로 새롭고 훌륭한 시나리오 작성이 가능하다.

53.
지원 : 개인별 대응이 가능한가

기업출신 교수나 기업인에게 비상근 강사를 의뢰하는 일이 늘고 있다. 다른 직업을 가진 사람들과 접하는 경험은 학생들에게 중요한 일이다. 그러나 현재 일본의 기업 출신 교수 비율은 한계가 있고 기업인만으로 대학 강의가 성립한다고 생각한다면 큰 오산이다.

많은 기업인들은 신사업이나 해외 프로젝트와 같은 경험에 근거한 재미있는 에피소드를 갖고 있다. 예를 들어 대학에서 배운 자동차 설계가 일하는데 얼마나 도움이 되고 어떤 한계가 있는지에 대한 이야기도 중요하다. 그러나 자동차 설계법만으로 창조적인 기술자는 나오지 않는다. 구체적인 설계법과 일반적 설계론, 뉴턴의 운동 법칙과 에너지 보존법칙과의 관계를 일반화하면 '경험'과 '체계'가 조화롭게 맞물려 지식은 숙성된다.

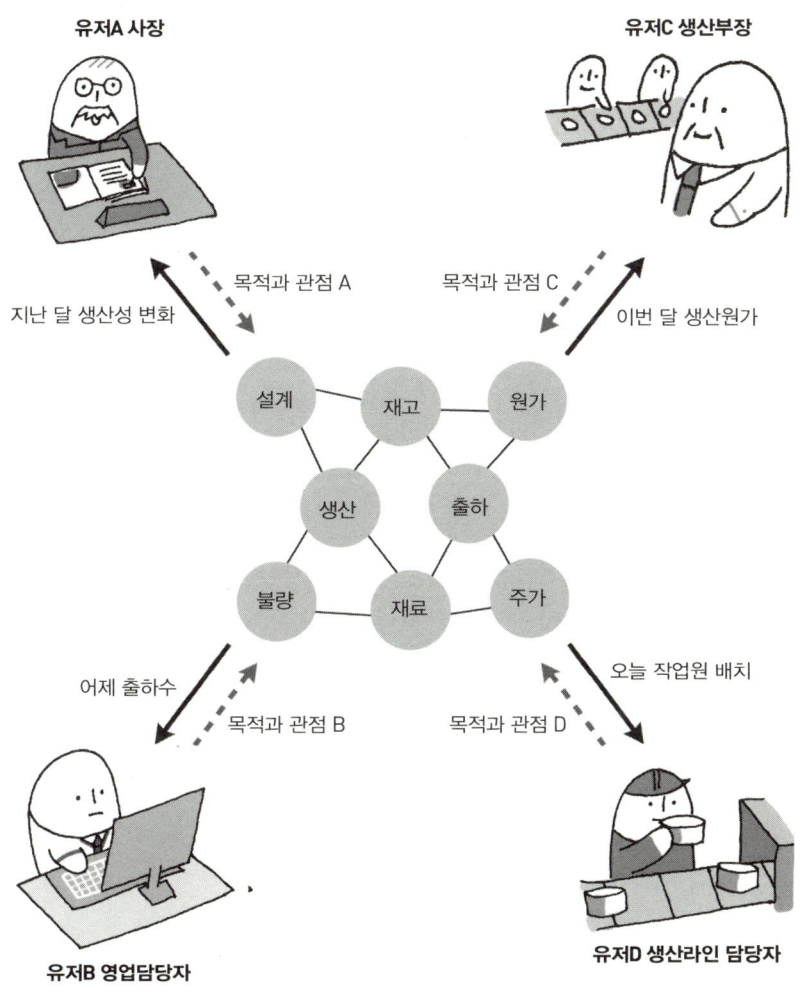

유저A 사장

유저C 생산부장

목적과 관점 A

목적과 관점 C

지난 달 생산성 변화

이번 달 생산원가

설계	재고	원가
생산		출하
불량	재료	주가

어제 출하수

오늘 작업원 배치

목적과 관점 B

목적과 관점 D

유저B 영업담당자

유저D 생산라인 담당자

그림 6-8 지원: 다른 목적과 관점을 유연하게 대처하는 지식 구조화 시스템

검색어를 입력해서 그 검색어가 포함된 문서를 찾는 것이 현재 일반적인 검색의 방법이다. 기업에서 운용하는 데이터베이스나 지식베이스도 특정내용을 찾기 위해 검색어를 기준으로 하는 경우가 많다. 같은 검색어를 입력하면 누구라도 같은 결과를 얻는다. 만약 같은 검색어를 입력했는데 그 때마다 다른 결과가 나오면 시스템 오작동으로 여긴다.

하지만 검색어는 같아도 검색어를 입력하는 목적과 관점은 사람마다 다르다. 어떤 기업에서 '생산'이란 검색어를 똑같이 입력한다고 해도 사장, 생산부장, 영업담당, 생산라인 담당에 따라 원하는 내용은 다르다. 지식 시스템을 운용하는데도 유저마다 다른 목적과 관점을 가진다. 이런 사실을 무시한 채 모든 유저에게 일률적인 내용을 제공하는 것은 본래 지식 시스템의 운용목적에 맞지 않는다. 같은 사람이라도 그 때 상황에 따라 같은 검색어에서 다른 내용을 기대하는 경우가 많다.

다른 관점과 목적으로 이용할 수 있는 지식 시스템이 필요한 것은 의심할 여지가 없는 사실이다. 그러나 조직의 공통된 요구에 대한 표준적인 대응과 개인별 유연한 대응은 비용 문제와 지식 구조화 관점에 관련이 있다. 비용 면에서 보면 최적의 지원범위와 기능을 요구하기 때문에 대부분 조직의 공통된 내용에 중점을 둔다.

지식 구조화를 활용하면 개인의 연상경로를 이용해서 개인별 요청에 대응할 수 있다. 어떤 문제에 대해 모든 사람의 독자적인 목적과 관점, 그리고 관련된 지식을 연상한다. 연상하는 과정을 연상경로라고 하는데, 연상경로를 관리하면 개인별 지원이 가능하다. 앞에서 예로 들었듯이 '생산'이란 같은 지식이라도 거기서 만들어진 연상경로는 사장과 담당자에 따라 다르다. 지식 시스템에 접속할 때 개인이 누구인지 인증하는 로그인을 하면 모든 작업은 개인의 연상경로를 중심으로 지원된다. 그러면 같은 지식 시스템이라도 그것을 사용하는 개인에게 적절한 내용을 제공할 수 있다.

개인 연상경로는 개인이 만들고 타인과 교환이나 통합하는 것도 가능하다. 예를 들어 같은 영업부서 담당자들은 정기적으로 개인이 만든 연상경로를 조직내부에 공개해서 통합하는데, 그러면 개인지식을 조식지식으로 변환시킬 수도 있다. 원래 사람은 다른 사람의 연상경로를 봐야 새로운 연상경로를 떠올리는 법이다. 즉 이것은 창조에 대한 지원으로 이어진다.

제2부

지식 구조화,

어떻게 실현하는가

제7장 지식 구조화를 지향하는 프로젝트

54.
대학 간 수업교류와 강의 계획서 공유

교육지식 구조화와 교육 서비스 이용

대학경영에 참여하면서 다시 한 번 깨달은 사실은 교육에 대한 요구는 실로 다양하다는 점이다. 교육에 대한 논쟁은 끝이 없다. 학생에게는 기초 학습을 확실히 시켜야 하며, 강의뿐 아니라 연습과 실험에도 충실해야 한다. 소수정예교육을 해야 하고, 날로 심해지는 국제 경쟁력에 대처할 전문교육에 주력해야 한다. 국제 감각을 몸에 익히기 위해 유학기회를 주어야 하며, 영어를 익히도록 해야 한다. 2개 국어를 구사하는 건 기본이다. 대인관계 또한 중요하므로 동아리활동은 필수다. 과학기술입국을 위해 수리능력을 길러야 하며, 그룹을 이끄는 리더십을 육성해야 한다. 자원봉사활동을 해야 하고, 뛰어난 기술을 계승하도록 노력해야 한다. 아무튼 끝이 없다. 이렇듯 다양한 요구를 수용해서 대학을 개성화하는 바탕으로 삼아야 한다.

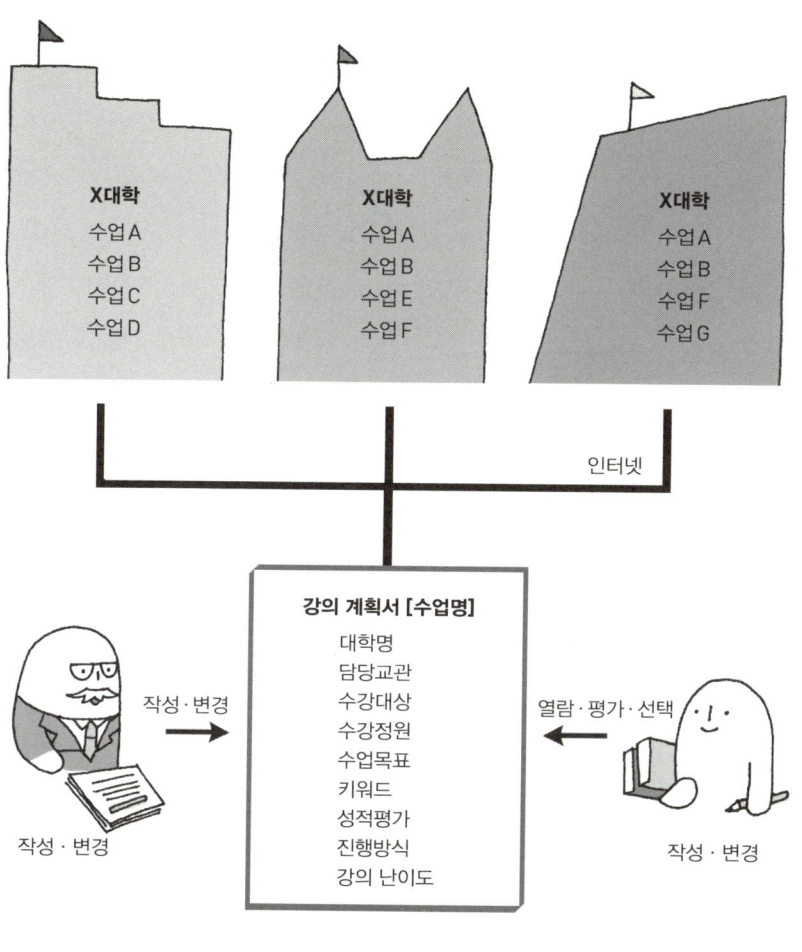

그림 7-1 대학수업 강의 계획서 공유

STRUCTURING

학문의 세분화와 사회현상의 복잡화를 반영하기 때문에 대학의 과목 수는 계속 늘어난다. 도쿄대학 공학부를 보면 2003년도를 기준으로 17과목 29개 코스로 나눠 2학년 겨울학기부터 공학부교육을 시작한다. 4학년 마지막 학기까지 공학부에서 제공하는 과목은 863개다. 학생들은 졸업 전까지 42과목에서 48과목을 취득한다.

이 중에는 강의명과 교수는 달라도 내용이 거의 같은 과목도 있고, 강의명은 비슷해도 내용은 전혀 다른 과목도 있다. 강의 이름만 봐서는 전체를 파악할 수 없다. 이런 이유 때문에 학생들 대부분은 표준 커리큘럼으로 자기가 소속한 학과에서 추천한 강의만을 수강한다.

미국 대학에서는 이보다 조금은 친절하게 커리큘럼 내용을 학생들에게 알려준다. 이른바 강의 계획서에 충실하다. 일본 대학에서 타 학과 과목을 수강하는 학생이 적은 것도 이와 관계가 있다. 타 대학에서 수강하는 학생은 더더욱 적은데, 타 학과나 타 대학이 제공하는 수업 내용을 파악할 수 없는 것도 한 가지 원인일 것이다.

강의 계획서는 수업을 선택하는 학생에게 가장 중요한 의사결정의 근거다. 강의 계획서에는 대학이름, 담당교수, 수강대상, 수강정원, 수업목표, 키워드, 수업내용, 성적평가, 진행방식, 강의 난이도가 명시되어 있어야 한다. 학생은 강의 계획서를 보며 자신의 목표에 비추어 수강 여부를 판단한다.

일본 국내만이 아닌, 해외 대학을 포함한 복수 대학 간 수업교류는 앞으로 늘어나리라 본다. 이 경우 어떤 대학에서 어떤 수업을 제공하고 있는지 판단할 수 없으면 학생도 교수도 정확한 의사결정을 내리지 못한다. 그 때문에 충실한 강의 계획서를 공유할 필요가 있다. 또한 학생의 장래계획에 최적의 수강계획을 지원하는 테일러메이드 기능이 필요하다. 이것은 일종의 수강 시뮬레이션으로, 현재 화학 시스템 공학과 2학년 학생이 장차 제조업 기술경영 진단을 전문으로 하고 싶다고 가정했을 때 어느 대학 어느 학과를 어느 순서로 수강하면 가장 좋을지 시뮬레이션으로 알아볼 수 있다.

강의 계획서를 작성할 때는 교수가 미리 정한 내용 외에 실제로 그 과목을 수강했던 학생들의 평가를 싣는 것이 좋다. 이에 대한 이견도 많으나 학생들이 평가한 수업평가가 대체로 적중한다는 사실은 지금까지 많은 연구로 증명됐다.

STRUCTURING

55.
교육 서비스
질적 향상과
원스톱
서비스

교육지식 구조화와 교육 서비스 이용

전 세계에 탈유脫硫 장치가 2360대, 탈초脫硝 장치가 490대 설치되어 있다. 그 중 탈유장치 1800대, 탈초장치 350대가 일본에서 가동 중이다. 일본이 공해 대책 면에서 선진국이라고 하면 청중들은 의외의 얼굴을 한다. IMD 스위스 기관의 발표에 따르면 일본 대학 경쟁력이 43개 나라 중 최저로 나왔다. 그러나 IMD조사는 비즈니스맨에게 자기 나라 대학을 어떻게 생각하는지 질문한 결과를 순위로 나타낸 것으로, 전혀 믿을 게 못된다. 일본인은 자학적이다. 대학 실태를 전혀 모르는 비즈니스맨의 대답이 잘못됐다는 말을 해도 반응은 미미하다. 일본이 나쁘다는 게 더 유쾌한 일인가? 정치 수준이나 경영력 부분에서 약한 부분은 분명 있다. 그러나 일본이 조용하고 근면하며 유능한 국민이 만든 굴지의 대국이란 점은 세계가 인정하는 당연한 사실이다.

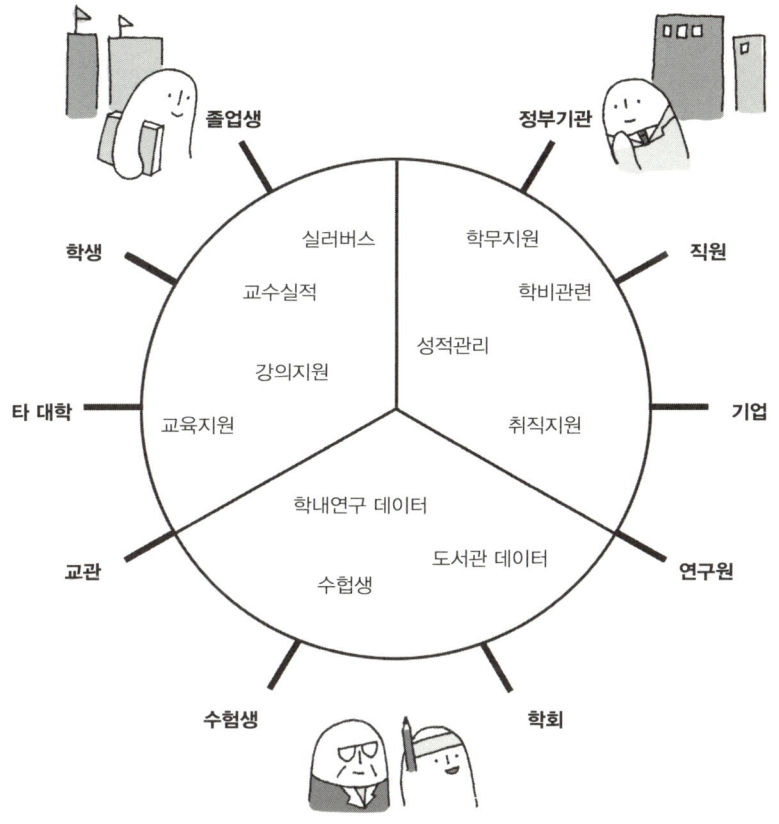

대학에서 본 원스톱 서비스

그림 7-2 대학에서 본 원스톱 서비스

대학이 제공하는 업무내용을 크게 셋으로 나누면, 학무지원업무, 교육지원업무, 연구지원업무다. 학무지원업무는 성적관리, 이수등록, 학비장학금 관련, 취직지원 등을 포함한다. 교육지원업무는 강의계획서 관련, 교관실적공개 관련, 강의지원, 공개강의 관련 등의 내용을 포함한다. 또한 연구지원업무는 학내연구 데이터 관리, 외부자금 데이터 관련, 도서관 관련 업무 등을 포함한다.

대학 규모가 커지고 업무담당부서나 담당자가 늘면 업무를 처리하는데 시간이 걸린다. 또 한 가지 업무를 한 곳에서 처리할 수 없으므로 여러 부서의 담당자들에게 연락을 하게 된다.

대학이 경쟁력을 강화하기 위한 마지막 카드는 관련 업무에 대한 원스톱 서비스다. 학교 안팎에서 들어오는 어떤 요구라도 한 곳에서 처리하는 원스톱 서비스를 실현하면 대학에서 업무를 처리하는 시간이 줄고 동시에 고객 만족도 비약적으로 향상할 것이다.

원스톱 서비스를 실현하려면 지식 구조화, 이종 데이터베이스 통합 등 여러 과제를 해결해야 한다. 대학의 지식 구조화는 학무지식, 교육지식, 연구지식 등 기존 업무분류에 따라 구조화하는 것이 현실적이다. 이들 대부분은 학술분야에 관계없이 공통적이고 표준적인 지식이다.

원스톱 서비스는 대학내부 사람과 조직만으로 실시하는 내용은 아니다. 대학과 관계있는 정부기관, 연구기관, 기업, 타 대학, 수험생을 포함해서 무엇을 원스톱으로 서비스할지 논의해야 한다. 논의한 다음 서비스 대상으로 하는 업무에 대해서 관련지식을 네트워크로 표현하고 관련 지식으로 도달하도록 해야 한다.

원스톱 서비스를 할 때는 실제로 무엇을 원하는지 상담하는 지식 어드바이저가 필요하다. 학생이나 교직원 모두 욕구는 있어도 구체적으로 그것이 서류인지 남에게 들은 정보인지 정확하게 모르는 경우가 많고, 그렇기 때문에 상담을 원하는 것이다. 그럴 때 지원하는 것이 지식 어드바이저다. 어드바이저가 사람이든 시스템이든 상관없지만 학무지원업무, 교육지원업무, 연구지원업무의 관계를 잘 이해해야만 한다. 이것은 원스톱 서비스 실현에 필수 불가결한 요소다.

KNOWLEDGE

56.
<mark>실험연구에 필요한 안전지식</mark>

안전지식 구조화와 안전관리 이용

새로운 것을 아는 건 매우 힘든 일인데, 알고 나면 대수롭지 않아도 알기 까지가 힘든 과정이다. 가장 효과적인 방법은 잘 아는 사람에게 배우는 것인데, 문제는 잘 아는 사람이 어디에 있는지 모른다는 점이다. 또 가르치는 사람이 잘 알지 못하는 경우도 있는데 이것은 정말 큰 문제다.

다른 한 가지 방법은 좋은 책을 읽는 것이다. 단 어떤 책이 좋은 책인지는 역시 잘 아는 사람에게 도움을 받는 수밖에 없다. 알고 난 이후에는 쉽게 느껴지게 마련이다.

종합대학의 장점은 가르쳐줄 수 있는 지인이 대부분 학내에 있다는 점이다. 문제는 도움을 받을 사람이 너무 많다는 데 있다.

특수고압가스취급책임자 핵연료물질규제법

노동안전위생법 고압가스보안법

마약류단속법 화학병기규제법

화학물질심사법 화약류단속법

전파법 방사선장해방지법

폐기물처리법 독극물단속법

특수화학물질 작업주임자 안전위행추진자

방재관리자

고압가스제조보안책임자 안전위행추진자

위험물취급자

방사선취급주임자 소방법

계량관리책임자

특별관리산업폐기물관리책임자 핵물질방호관리자

위생관리자 X선작업주임자

학생 교수 직원 연구원

그림 7-3 실험연구에 관한 방대한 안전지식

　대학에서는 실험연구가 일상적인 일이다. 이때 아무리 주의를 기울인다 해도 사고가 발생하기 쉽다. 사고는 경미한 실험설비 파손에서부터 인명에 관련된 대형사고까지 그 종류도 다양하다. 사고가 난 뒤에 안전의식이 없네, 안전대책이 부족하네 해도 소용없는 일이다. 그 때문에 안전 확보에 자원을 투입하는 것이다.

　안전 확보에 대한 지식을 정리하면 먼저 법규에 의거한 규제가 있다. 이는 안전대책으로 볼 때 최저 수준의 지식이다. 법률규제로는 소방법, 노동안전위생법, 핵연료물질규제법, 고압가스보안법, 마약단속법, 화학물질심사법, 화학병기규제법, 화약류단속법, 전파법, 폐기물처리법, 방사선장해방지법, 독극물단속법 등이 있다. 거기에 조직만이 가진 규제가 있으므로 실험연구와 관련된 법 규제를 일반인이 모두 파악하는 것은 불가능에 가깝다.

　이들 법률에 따라 실험연구의 상황이나 목적에 맞춰 전문 담당자를 지정한다. 예를 들어 특수화학물질작업주임자, 안전위생추진자, 방재관리자, 고압가스제조보안책임자, 특수고압가스취급책임자, 위험물취급자, 방사선취급주임자, 계량관리책임자, 핵물질방호관리자, 특별관리산업폐기물관리책임자, X선작업주임자, 위생관리자가 있다. 실험연구를 시작하기 전에 관련 법률을 소개하고 전문 담당자를 지정해서 안전이 확인된 뒤에 실험을 개시해야 한다. 또 실험 중이라도 안전에 영향을 미친다면 즉시 실험을 중지해야 한다.

실험연구라고 해도 실험할 때 취급하는 물질부터 실험방법, 목적, 모든 것이 다르다. 그러나 과학지식부터 법 규제까지 관련된 지식이 방대하기 때문에 필요할 때에 필요한 지식을 찾는 일은 매우 어렵다. 전문가라고 해도 자기 전문영역에 대해서는 잘 알지만, 안전영역에 대한 전문지식을 가진 사람은 드물다. 안전지식을 구조화해서 조직이 이용할 수 있도록 해야 한다.

지금까지 안전지식을 부분적으로 수집해서 만든 매뉴얼은 있었어도 안전지식 전체를 구조화한 사례는 없었다. 안전은 그 중요성은 크지만 미개척된 분야다.

KNOWLEDGE

57.
안전 매뉴얼의 공유

안전지식 구조화와 안전관리 이용

"아무리 가르쳐줘도 학생들이 이해를 못해." 대학 교수들이 모이면 자주 하는 말이다. 경우에 따라서는 '요즘 학생들은 학업능력이 떨어졌다'로 발전하기도 한다. 이 말을 잘 생각해보자. 교수들의 수업 방식을 보면 단지 교단에 서서 말하거나 칠판에 내용을 적는데 그친다. 과연 본인들은 학창시절에 선생님 말씀을 전부 이해했을까? 그렇지 않다. 그래서 교사는 '가르쳤다'고 하고, 학생은 '배우지 않았다'고 한다.

'알기' 위해서는 초중고교에서 하는 것처럼 설명을 듣고, 연습문제를 풀고, 틀린 곳을 지적 받고, 응용문제를 풀면서 서서히 깨쳐야 한다. 그런데 학생들이 대학에 입학하는 동시에 교사들의 가르치는 일이 단순히 말하고 끝나는 것으로 바뀌니 이것이 문제다.

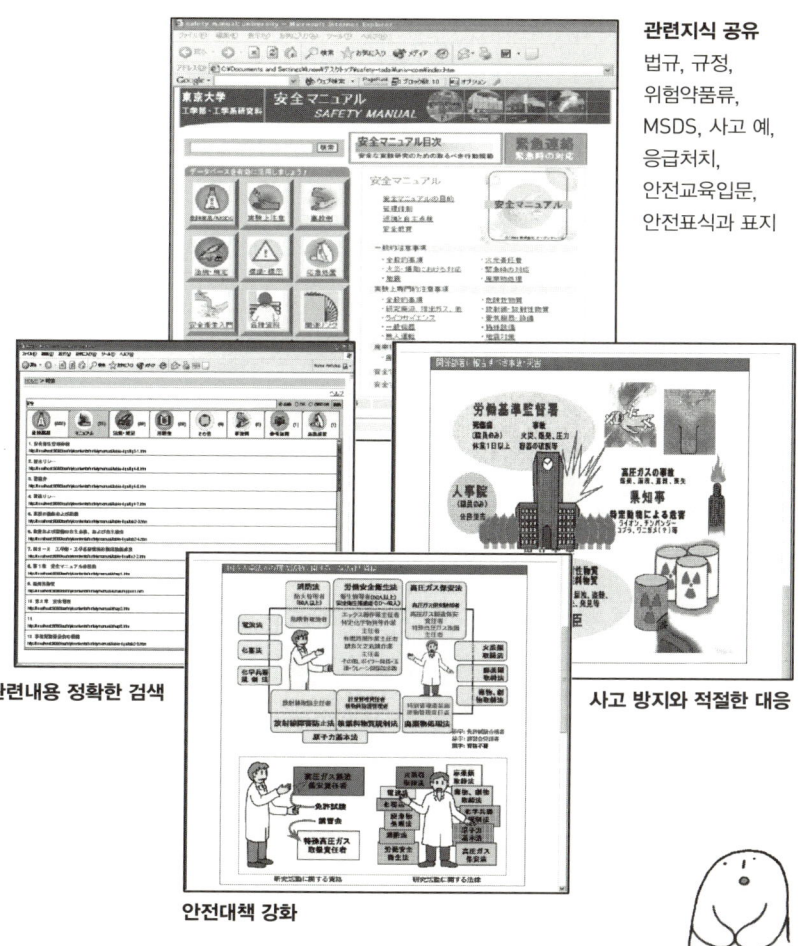

관련지식 공유
법규, 규정,
위험약품류,
MSDS, 사고 예,
응급처치,
안전교육입문,
안전표식과 표지

관련내용 정확한 검색

사고 방지와 적절한 대응

안전대책 강화

그림 7-4 도쿄대학 공학부가 인트라넷으로 운용 중인 안전 매뉴얼

STRUCTURING

실험연구를 하는 조직에서 안전대책은 가장 중요한 과제 중 하나다. 그 때문에 많은 조직에서 모든 관계자를 대상으로 안전교육을 실시한다. 안전교육에는 안전 매뉴얼, 안전지침 등이 실린 자료가 텍스트로 배부된다.

이들 텍스트에는 실험을 하는 사람들에게 필요한 최소한의 지식만 포함돼 있다. 텍스트를 만드는 비용 자체는 높은 반면, 연구자들이 자세히 읽지 않거나 내용을 변경해야 할 때는 연락방법에 문제가 있는 등 매우 비효율적이다.

이런 여러 문제를 일시에 해소하기 위해 도쿄대학 공학부에서는 안전지식 구조화를 지향하는 인트라넷판 안전 매뉴얼을 도입했다. 먼저 방대한 안전지식을 분류하고 지식 간 관련에 따라 결합시켰다. 예를 들어 법규정, 위험약품류, 응급처치, 안전교육입문, 안전표식을 표시해서 분류했다. 인트라넷 운용으로 사고 방지와 적절한 대응, 안전대책 강화, 관련내용을 신속 정확하게 검색할 수 있도록 했다. 또한 지금까지 사용했던 방대한 종이 매체 자료를 없애고 2004년부터는 모든 관계자에게 인트라넷판 안전 매뉴얼을 사용하도록 교육하고 있다.

인트라넷 안전 매뉴얼은 언제나 이용할 수 있도록 했고, 중요한 지식은 가능한 도식화했다. 도식화한 이유는 검색할 때 내용을 이해하는 시간을 줄이기 위해서다. 안전 매뉴얼에는 응급처치가 포함되는데 실제로 사고가 났을 때는 하나하나 읽을 시간이 없기 때문이다.

안전지식을 구조화할 때 포인트가 되는 것은 적절한 사고사례의 수집, 분석, 공유다. 일상적으로 실험연구를 하는 연구실이라면 어디든 사고경험은 있다고 본다. 아마도 내부에서 처리하고 보고되지 않은 사례도 많을 것이다. 그러나 사소한 해프닝으로 끝난 작은 사고가 다음에, 혹은 다른 장소에서 큰 사고로 발전할 가능성이 있음은 부정할 수 없다. 따라서 먼저 사고 사례를 관련지식으로 공유하는 것이 가장 중요하며, 사고 사례를 다양한 지식과 관련지어 메커니즘을 명확하게 해야 하는 건 말할 필요도 없다.

58.
초등학생 세대의 언어 간 관련

교과지식 구조화와 웹 검색 이용

'고미야마'라는 글씨를 본 사람은 이것을 성씨로 생각한다. 그러나 컴퓨터에 '고미야마'라고 입력하면 그것은 하나의 기호에 지나지 않는다. 핵이란 문자를 보면 핵무기를 떠올리는 사람, 원자력발전을 연상하는 사람, 세포핵을 생각하는 사람도 있다. 그러나 '핵 문제는 중요하다'라고 하면 사람들은 대부분 핵무기를 연상한다.

컴퓨터의 입장에서는 핵도 핵문제도 고미야와 같은 기호에 불과하다. 사람은 참 신기한 능력을 가진 존재다. 체스 경기에서 딥블루란 컴퓨터가 챔피언을 이겼는데, 이것은 단지 컴퓨터 용량이 커지고 그 속도가 빨라졌기 때문이다. 딥블루 소프트를 만든 이는 바로 사람이다.

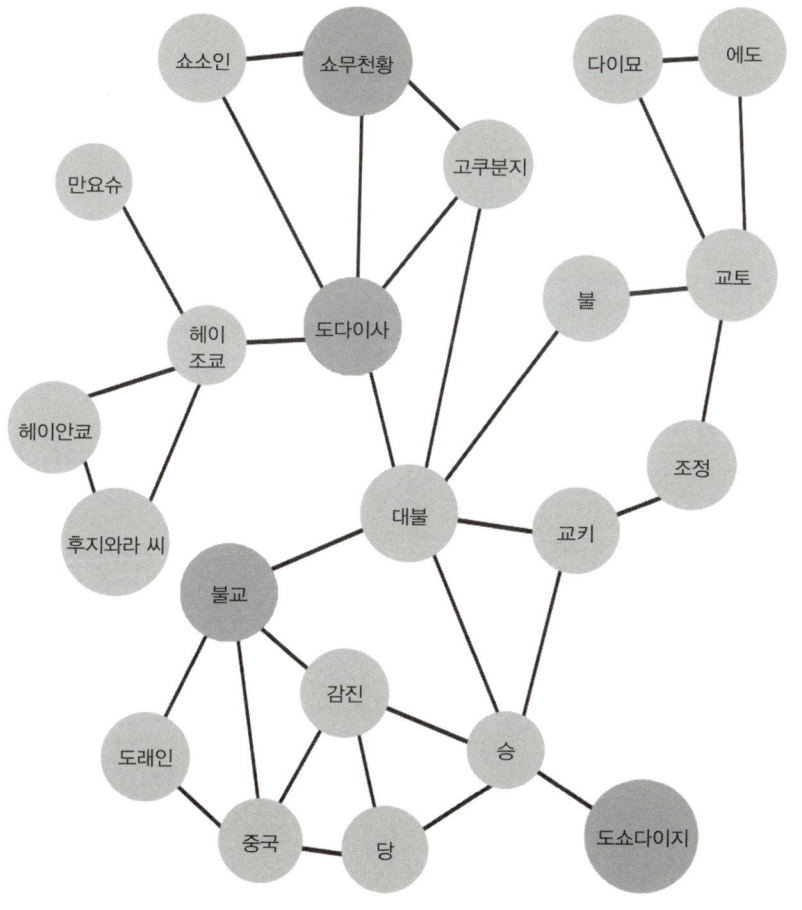

그림 7-5 초등학교 교재에 나온 도다이사를 중심으로 한 언어 간 관련

특정영역의 일을 이해하려면 먼저 그곳에서 사용하는 언어를 이해해야 한다. 아이들 세계도 마찬가지다. 누구에게나 초등학생이던 시절은 있었지만, 그렇다고 누구나 요즘의 초등학생을 이해한다고 생각하면 오산이다. 아마도 요즘의 초등학생을 제대로 이해하는 어른은 극히 드물 것이다. 초등학생을 이해하고 싶다면 초등학생이 보는 교과서를 분석해보는 것도 한 방법일 수 있다. 일본 초등학교에서 쓰는 교과서는 전 과목을 합쳐 418권이다. 한 과목당 많게는 다섯 종류의 교과서가 쓰인다.

초등학교 6학년생이 1학기에 배우는 사회교과서 여섯 권을 분석한 결과 중 일부분을 소개하겠다. 여섯 권이라는 폐쇄된 영역에서 도다이사와 관련된 단어 일부를 소개하면 쇼무천황, 헤이조쿄, 쇼소인, 감진, 도쇼다이지, 만요슈, 후지와라 씨, 헤이안 등이 있다. 이들 단어의 관계를 표현한 것이 앞 페이지 그림이다.

어떤 영역에서 자주 쓰는 말을 네트워크로 표현하면 영역 전체에 대해 추측할 수 있다. 예를 들면 도다이사를 중심으로 분석한 네트워크를 본 사람은 자신의 초등학교 시절을 회상하며 현재 초등학생의 세계를 이해한다. 더 자세히 알고 싶다면 알고 싶은 단어의 출전을 읽으면 된다. 교과서로 교육을 받은 초등학생의 지식구조는 네트워크와 비슷한 구조라고 생각한다. 지식이 많은 아이일수록 네트워크는 커지고 이해가 깊을수록 관련지어진 선이 늘어난다.

아이가 학교에서 배우는 지식을 네트워크로 표현해서 지식을 관련 짓고 나온 결과는 교육현장에서 이용 가능하다. 이용 가능한 분야로 가장 먼저 떠오르는 것은 숙제나 시험문제 출제다. 기존 네트워크에 새로운 지식을 관련지어 학습효과를 높이는데 이용할 수도 있다. 또한 이미 관련된 지식이라도 새로운 관련성을 발견하고 추가해서 지식 생성을 지원하는 일이 가능하다.

초등학생이 배우는 교과서에서 만든 지식 네트워크는 교과서에 있는 지식과 지식 간 관련을 제시한다. 만약 이 네트워크를 한 반에서 공유한다면 그 다음에는 지역 초등학교에서 공유할 수 있다. 교과서 지식을 구조화하여 그것을 전국에 있는 초등학교가 공유한다면 교과서를 보완할 강력한 교육지식기반이 된다.

KNOWLEDGE

STRUCTURING

59. 아이를 위한 웹 검색 지원 시스템

교과지식 구조화와 웹 검색 이용

「로스트 인 트랜슬레이션」이란 영화에서 R과 L을 구별하지 못하는 일본인을 웃음거리로 삼았는데, 그 덕분인지 재패니즈 잉글리쉬도 유명해졌다. 필리핀영어, 중국영어, 이탈리아영어뿐 아니라 일본영어도 있으니 좋은 일이 아닌가. 영어가 국제어라는 사실은 영국, 미국, 호주와 같은 극히 소수의 나라가 부당이익을 취한다는 것을 의미한다. 핸디캡을 줄이기 위해서는 조금이라도 인구가 많은 나라에서 사용하는 영어를 표준으로 존중해야 한다.

원래 런던의 변두리 지역 영어는 발음이 엉망으로 h를 발음하지 않기 때문에 him은 /힘/이 아니라 /임/이 된다. 텍스트도 형편없고 인도나 호주 또한 말할 수도 없이 엉망이다. r과 l정도로 기죽을 필요는 없다.

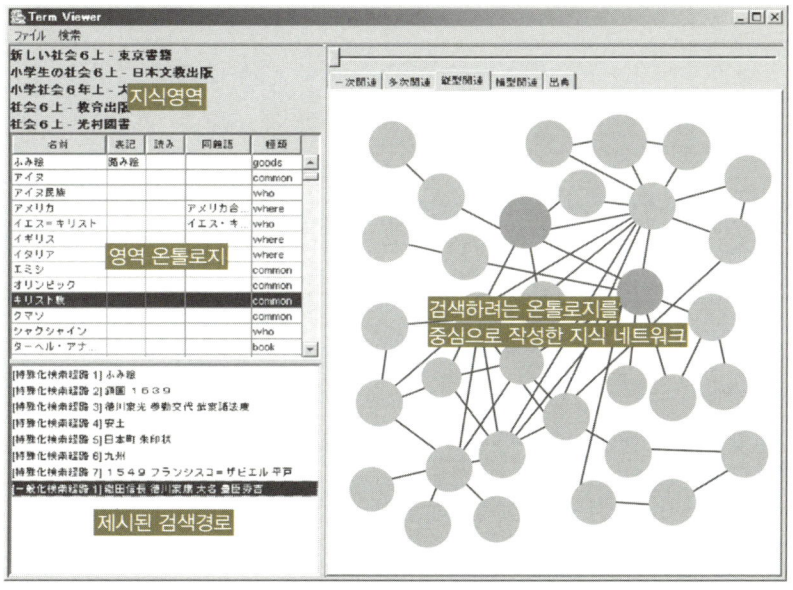

지식영역 선택

검색하고 싶은 용어 입력

본 시스템에 따라 검색경로가 제시됨

검색경로를 선택한 웹검색

검색경로상 모든 용어가 포함된 웹 사이트 검색

그림 7-6 아이를 위한 웹 검색 지원 시스템

　　교과서의 지식 구조화를 응용한 것 중 하나로 아이를 위한 웹 검색 지원 시스템이 있다. 웹상에는 방대한 정보가 있다. 전체 사이트 개수가 얼마나 되는지는 잘 몰라도 검색기능을 제공하는 기업이 사이트 100억 개를 분석했다고 선전하는 걸 보면 웹상에 있는 모든 사이트는 이보다 몇 배는 더 되리라 본다. 이 방대한 사이트 속에 소위 말하는 유해 사이트가 다수 존재한다. 유해 사이트에서 아이를 지키려면 구조화된 교과서 지식을 이용하면 된다.

　　유해 사이트로부터 아이를 지킨다는 발상을 아이가 좋은 사이트만을 찾는다는 것으로 바꿔 생각한다. 웹 사이트를 검색할 때 검색어를 입력하면 검색어가 포함된 사이트가 몇십만 건이나 나온다. 이 때 숙련자는 검색어를 입력할 때 하나가 아니라 여러 개를 연쇄적으로 입력한다. 이 모든 검색어가 들어간 사이트 수는 검색어 하나를 입력했을 때 나오는 사이트 수보다 훨씬 적다. 게다가 입력한 검색어가 모두 포함되어 있기 때문에 찾고 싶은 지식에 보다 근접한다.

　　여기서 검색어를 연쇄하기 위해 사용하는 것이 구조화된 교과서 지식이다. 예를 들어 도다이사만 검색하면 7만 3800건이 나온다. 그러나 도다이사, 대불, 쇼무천황으로 검색하면 2800건이 나오며, 여기에 고쿠분지를 추가하면 검색수는 580건으로 줄어든다. 이것도 많은 수이지만 도다이사만 검색한 것에 비교하면 백 분의 일 이하로 줄어들었다.

전문분야 사이트를 검색할 때도 검색수를 줄이기 위해 일반적으로 검색어를 연쇄한다. 그러나 전문지식이 적은 분야라면 연쇄하지 못한다. 또한 전문분야에서는 단어가 조금만 변해도 전혀 다른 의미로 변하는 경우도 있다. 그 때문에 검색어를 연쇄하는 효과를 이해하는 것과 연쇄할 검색어를 적절히 선택하는 것은 전혀 다른 수준의 이야기다.

아이를 유해 사이트에서 지키는 방법으로 아이가 검색하고 싶어 하는 검색어 몇 개를 연쇄해서 좋은 사이트만 찾는 발상은 어떨까? 보통 유해 사이트를 차단하기 위해서는 금지어를 사용한다. 금지어가 포함된 사이트는 검색결과에서 제외하는 발상이다. 그러나 금지어를 정해도 다시 변형된 표현이 출현하기 때문에 다람쥐 쳇바퀴 도는 상태와 같아 금지어로 지키기는 어렵다. 그보다도 아이 힘으로 좋은 사이트를 검색할 수 있는 능력과 환경을 제공하는 것이 현실적이지 않을까?

60.
<mark>나노재료 개발을 위한 지식 구조화</mark>

나노테크 재료 지식 구조화와 재료개발 이용

'공학박사, 교수, 화학공학회 회장, 과학기술 개발위원회 위원장······' 이는 내 이력서의 일부다. 그러나 솔직히 말해서 나는 휴대전화 문자메시지나 텔레비전 리모콘 기능에 대해 잘 모른다. 오히려 교육학자인 아내가 인터넷, DVD, 전화기의 다양한 기능을 잘 사용한다. 적어도 나보다는 잘 아는 듯하다. 그래서 혼자 집에 있을 때 전화가 오면 조금 당황스럽다. 실제로 우리 연구 그룹에서는 지식을 공유하기 위해 연구하며, 뛰어난 시스템도 개발하지만 요즘 나오는 디지털 가전은 나 같은 아저씨들을 힘들게 한다. 복잡한데다 변화가 빠르다. 난 학생들보다 2년 늦게 컴퓨터를 시작했다. 그때 워드 프로세서 소프트웨어는 이치타로(일본 워드프로그램)였다. 그러다 매킨토시가 들어와 힘들게 연습해서 익혔다. 매킨토시가 시세에 밀려 하는 수 없이 워드로 바꿨지만 이건 정말 고약한 소프트웨어다. 최근 이치타로를 사용하지만, 물론 작업을 하는 건 내가 아니라 학생이다.

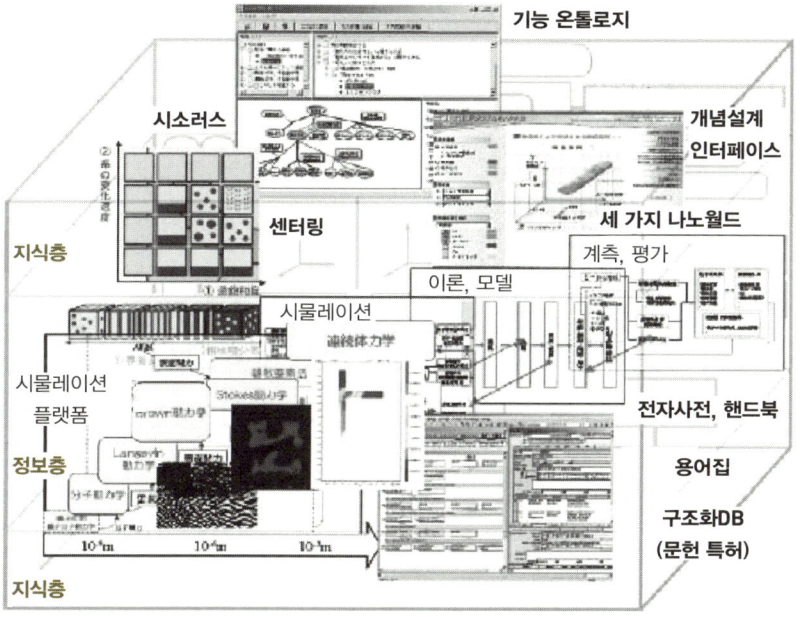

기능 온톨로지

시소러스

개념설계
인터페이스

센터링

세 가지 나노월드

지식층

계측, 평가

이론, 모델

시뮬레이션

시뮬레이션
플랫폼

전자사전, 핸드북

정보층

용어집

구조화DB
(문헌 특허)

지식층

$10^{-5}m$ $10^{-4}m$ $10^{-3}m$

그림 7-7 나노테크놀로지 재료개발과 관련지식

나노테크놀로지는 다양한 지식을 기본으로 탄생한 새로운 지식영역이다. 때문에 그 전모를 파악하는 것은 매우 어렵다. 지금은 특정영역 전문가가 각자 전문이란 창문으로 나노테크놀로지를 보는 상황이다. 이런 사람들을 지적으로 지원하는 소프트웨어를 만들고자 재료 나노테크놀로지를 지식 구조화하는 프로젝트를 진행하고 있다. 나노테크놀로지는 물질 구조를 아주 미세하게 제어해서 기능과 성능 향상을 꾀하는 재료기술이다. 또한 전통적인 재료기술은 고분자와 금속 등 재료종별로 주된 개발이 이뤄졌기 때문에 재료종을 넘은 지식 공유화가 진행되지 않았다. 그래서 이번 기회에 나노 제어와 지식 구조화로 인한 공유를 한 번에 하고자 한다.

지식의 기본구조는 프로세스, 구조, 기능, 응용이다. 프로세스는 화학반응, 응고, 정제와 같은 나노재료를 만들기 위한 일련의 처리이고, 구조는 원자에서 나노 사이즈, 나아가 눈에 보이는 크기에 이르기까지의 재료의 화학적 조성, 분자구조, 형태다. 이들 네 가지 기본지식을 이어주는 링크는 프로세스가 구조를 만들고, 구조가 기능을 지배하고, 기능과 프로세스가 응용범위를 규정하는 관계다.

기본지식은 더욱 자세히 분류된다. 프로세스는 분자에서 만든 빌드업법(붙여나가는 방법)과 고체를 파괴하는 브레이크다운법(쪼개나가는 방법)으로 나눈다. 빌드업법은 기상, 액상, 고상 프로세스로 나뉘고, 기상 프로세스는 물리적 프로세스와 화학적 프로세스, 물리적 프로세스는 증착, 스패터, 인프린팅으로 끝없이 세분화한다.

나는 이렇게 분류했지만 다른 사람이 프로세스를 기상, 액상, 고상으로 나누고, 기상을 화학과 물리로 나눈다면 계층화는 달라진다. 지식 구조화는 이렇듯 개인의 취향에 대응해야 한다. 사람이 한다면 힘들겠지만 컴퓨터로 작업하기에는 간단한 일이다. 순서를 바꾸는 일은 아무리 데이터가 많아도 순식간에 끝난다. 장기 실력이 2단밖에 안 되도 외통수를 보는 건 하네오 기사보다 빠르니까 말이다. 요점은 지식 구조화만 가능하면 컴퓨터 기록용량과 속도의 효과를 볼 수 있다는 점이다. 나노재료개발을 위한 지식 구조화 플랫폼에는 크게 세 가지 특징이 있다. 첫 번째는 요구기능을 기본기능으로 분해하고 재료종과 프로세스 후보 제시를 지원한다. 그 결과 발상을 지원하고 발명을 위한 지침을 부여한다. 두 번째는 원리, 이론, 시뮬레이션, 계측, 평가에서 나온 분야별 지식으로 마이크로에서 매크로까지의 현상을 이해하도록 지원한다. 세 번째로 관련지식 간 프로세스, 구조, 기능, 응용을 관련지어 재료종류에 관계없이 마이크로에서 매크로까지 잇는 설계 엔진을 사용해서 나노재료 설계를 지원한다.

61.
나노재료 개발을 위한 지식 플랫폼

나노테크 재료 지식 구조화와 재료개발 이용

과학자는 호기심을 바탕으로 연구를 시작한다. 노벨상으로 대표되는 과학기술 기반에 관여할 정도의 대발견과 대발명은 대부분 뛰어난 과학자의 호기심에서 나온다. 그렇다고 해서 과학자의 판단에만 맡기면 효율이 나쁘고, 무턱대고 연구비만 쏟아부으면 국가예산은 남아나지 못한다. 자립분산적인 과학자와 목적지향적인 사회를 잇는 것이 통합화를 위한 과학기술이며, 통합화 과학기술을 실현하는 열쇠가 되는 개념이 지식 구조화다.

연구 플랫폼은 전체상 속에 연구를 위치 매김하기 때문에 사회와 과학 사이의 대화를 가능하게 해준다. 또한 전문가 사이의 대화도 가능하게 한다. 전문가는 전체를 보며 자신의 연구 위치를 파악할 수 있다.

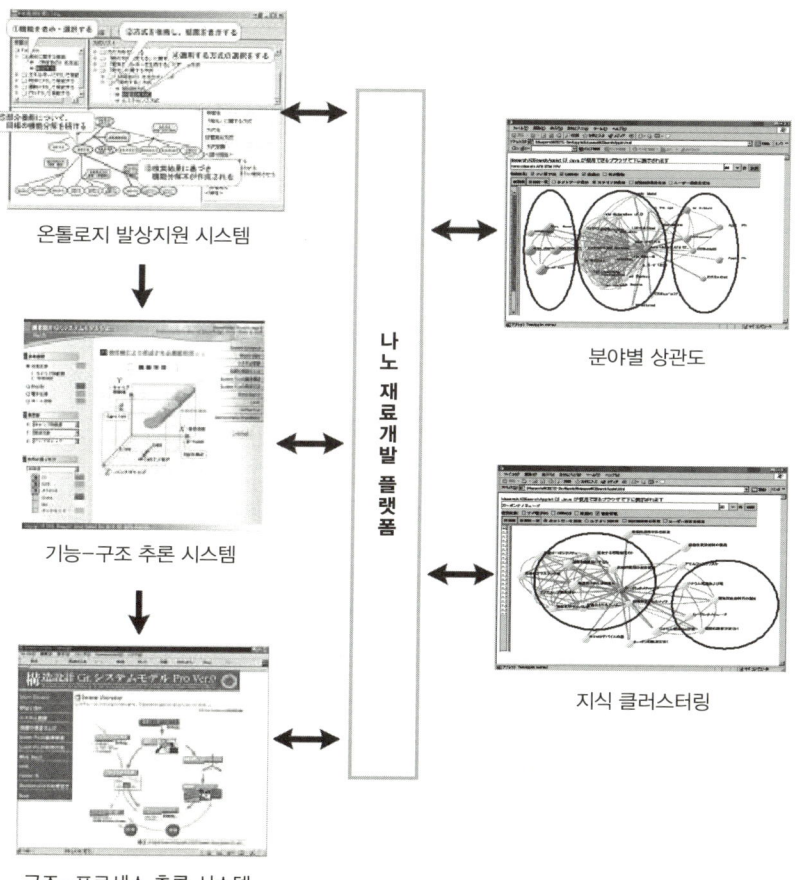

온톨로지 발상지원 시스템

기능-구조 추론 시스템

구조-프로세스 추론 시스템

나 노 재 료 개 발 플 랫 폼

분야별 상관도

지식 클러스터링

그림 7-8 나노테크놀로지 재료개발 플랫폼

나노테크놀로지에 관한 지식전체 구조는 공업반응속도론과 절대반응속도론과 같은 단순한 관계가 아니다. 화학, 재료, 물리, 물리화학, 미세가공, 디바이스, 분석과 같은 학문영역, 반도체, 자동차, 가전, 센서, 도료, 전자재료와 같은 산업영역, 미세가공, 박막프로세스, 결정성장 프로세스, 응고프로세스, 인쇄기술과 같은 기술영역, 실험연구, 이론연구, 시뮬레이션, 온톨로지 연구수법, 핵 발생, 입자성장, 표면화학반응, 자기조직화와 같은 현상 등 다양한 영역지식으로 구성된다.

이처럼 지식 종류는 다양하고 각 영역에 있는 지식은 막대하다. 그러나 힘들고 어렵다고 말한다고 해서 나아지는 것은 아무것도 없다. 원리를 살펴보면 각 지식영역마다 지식구조를 가졌음을 알 수 있다. 관점을 나타내는 빨간 비즈 지식을 중심으로 하는 비즈네트를 떠올리자. 단위는 비즈네트이며, 영역은 무수한 비즈네트로 된 트로피컬 구조다. 나노테크놀로지 지식은 수많은 비즈네트로 된 트로피컬 구조의 트로피컬 구조다.

이처럼 지식에 대한 사고방식이 구조화되면 나머지 작업은 컴퓨터가 맡는다. 그러나 문제는 누가 비즈네트를 만들고 비즈네트 트로피컬 구조를 만드느냐에 있다. 비즈네트를 만들 수 있는 건 해당영역의 전문가밖에 없다. 트로피컬 구조를 만들 수 있는 사람은 영역전문가의 지원을 받아 복수영역을 이해하는 전문가밖에 없다. 누가 만드는

가가 아니라, 누가 만들 수 있는가를 생각한다면 대답은 간단하다.

이런 생각으로 만든 것이 앞 항목에서 기술한 나노테크놀로지 지식 플랫폼이다. 참가한 사람은 지식 구조화에 뜻을 같이 하는 연구자들이며, 많은 대학과 일부 기업에서도 참가했다. 그들의 전문성을 반영해서 실현 영역 즉, 비즈네트가 있는 영역은 나노입자, 액상기상입자 프로세스, 박막 프로세스 일부, 핵 발생 등이 중심이다.

이 프로젝트는 NEDO에서 자금을 받아 진행한다. 하지만 중간평가의 결과는 높지 않고, 자금을 제공하는 측의 이해도 충분하지 않다. 이유는 선두주자와 후발자의 차이를 이해하지 못하기 때문이다. 그러나 희망은 있다. 현재, 특히 기업 쪽에서 뜻을 같이 하는 사람들이 증가하고 있다. 데이터베이스는 어느 규모와 한도를 넘으면 눈덩이가 비탈길을 굴러 내려오듯 성장한다. 머지않아 그 시기가 올 것이다.

62.
나노 테크놀로지 특허 이해

나노테크 특허 지식 구조화와 기술 로드맵 이용

학생에게 '안다'는 쾌감을 맛보게 하는 것이 교원의 가장 중요한 임무라고 생각한다. 무슨 일이든 좋으니 하나라도 '확실히 안다'는 느낌을 받는 건 인생의 귀중한 체험이다. 이는 내가 석사과정을 밟은 이유 중 하나이기도 하며, 이는 스포츠 요령을 터득했을 때 맛보는 쾌감과 같다. 젊은이가 이런 쾌감을 맛보면 지적호기심이 눈을 뜨고, 눈부시게 성장한다. 진리 앞에는 교수도 학생도 총리대신도 관계없다.

알았다는 쾌감을 몇 번이고 경험한 젊은이의 눈을 보면, 치와와의 눈빛에서 늑대의 눈빛으로 변한 것 같다. 나는 이런 일을 여러 번 경험했고 이것은 교원이기에 느낄 수 있는 쾌감이다.

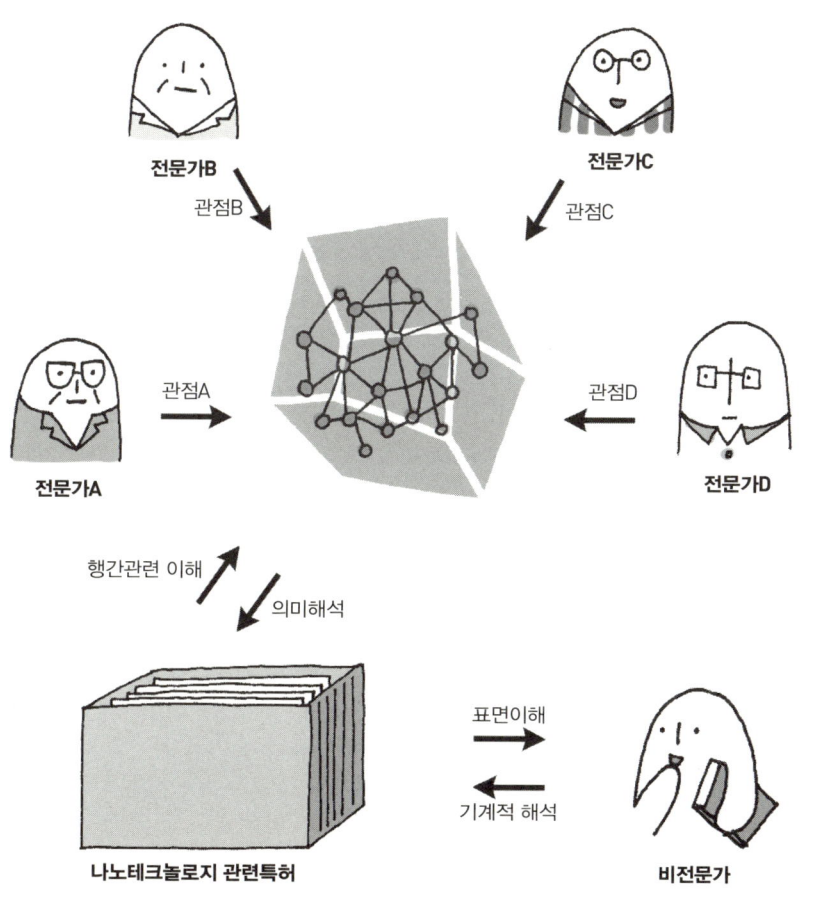

전문가B

관점B

전문가C

관점C

전문가A

관점A

관점D

전문가D

행간관련 이해

의미해석

나노테크놀로지 관련특허

표면이해

기계적 해석

비전문가

그림 7-9 나노테크놀로지 특허를 보는 다양한 관점

나노테크놀로지는 바이오테크놀로지와 함께 현재 가장 주목받고 있는 영역이다. 많은 연구기관과 기업이 나노테크놀로지에서 미래 비즈니스 모델을 모색하고 있으며, 일부는 이미 실현하기 시작했다. 앞으로 한동안 나노테크놀로지가 중요한 역할을 할 것은 의심할 여지가 없다. 그러나 나노테크놀로지 전체를 이해하는 사람은 거의 없기에 연구논문이나 특허를 검색해서 동향과 추세를 파악하는 것이 중요한 과제다.

그런데 나노테크놀로지 범위를 정하는 것에서부터 의견이 분분하다. 소위 전문가라고 말하는 사람들 사이에서도 나노테크놀로지에 대한 이미지는 상당히 다르다. 나노테크놀로지를 거대한 지식 네트워크로 표현한다면 지금은 각인각색으로 자기가 잘 알고 좋아하는 분야에 착안하는 상황으로 보인다. 객관적으로 상황을 파악하기 위한 특허분석기술 진보가 두드러진 것은 이런 배경에 기인한다.

나노테크놀로지와 관련된 특허 중 일본에서 공개된 것만 약 5000건에서 1만 건이다. 나노테크놀로지에 관계하는 전문가의 관점이 다양하듯이 특허도 다양하다. 특허를 이해하기 위해서는 먼저 특허를 설명한 용어를 이해해야 한다. 이 작업은 어느 정도 기계화가 가능하다. 예를 들어 자연언어처리기술 사용이 가능하고 기능화되면 비전문가라도 특허분석은 어느 정도 가능하다.

그러나 전문가의 진가는 특허의 행간을 이해하는데 있다. 이 특허가 무엇을 노리는지, 여기에 왜 이런 용어를 썼는지, 관련된 특허는 어떤 것이 있는지, 이 특허와 관련된 분야의 향후 3년 뒤 모습은 어떤지, 허브 특허 성립여부는 어떤지 등을 지식, 경험, 동향에서 종합적으로 판단한다. 이것을 기계로 처리하는 것은 불가능하다.

나노테크놀로지 특허를 분석하는 경우는 전문가와 비전문가의 경우로 생각할 수 있다. 어느 쪽이 더 좋다는 것이 아니라, 목적과 비용의 문제다. 단순히 세계 동향과 트렌드를 파악하고 싶다면 기계적인 처리로도 어느 정도 목적은 달성할 수 있다. 연구소 전략책정이나 정부 개발 분야 선정은 아무리 비용이 높다고 해도 전문가가 아니면 그 일을 맡길 수 없다. 앞으로 발전이 기대되는 것은 시스템이다. 뛰어난 시스템 지원을 받고 전문가가 활발히 활약하는 시대가 머지않았다.

63.
나노 테크놀로지 특허지식 구조화

나노테크 특허 지식 구조화와 기술 로드맵 이용

냉방 실외기에서 더운 바람이 나와 도시 전체의 기온을 상승시킨다. 실외기를 지하수로 냉각하면 열섬 현상 완화에 도움이 된다. 환경 친화적인 냉방 시스템으로 알려진 이 방법은 공기에서 방출된 열을 지하로 보내기 때문에 공기 대신 지하가 더워진다. 이를 도쿄 전역에 실시한다면 한여름 지표면 온도는 5도 상승할 것이다. 그렇다고 나쁜 것만은 아니다. 반대로 겨울에 난방을 할 때 실외기를 따뜻해진 지층에 가열하면 지면 온도가 내려가는데, 그래서 괜찮은가 하면 그렇지만도 않다. 여름철 지면의 온도 상승과 겨울철 온도 하강이 같지 않으면 문제가 생긴다. 게다가 여름철 지하철과 지하상가는 계속 더워진다. 따라서 누군가는 전체를 봐야한다.

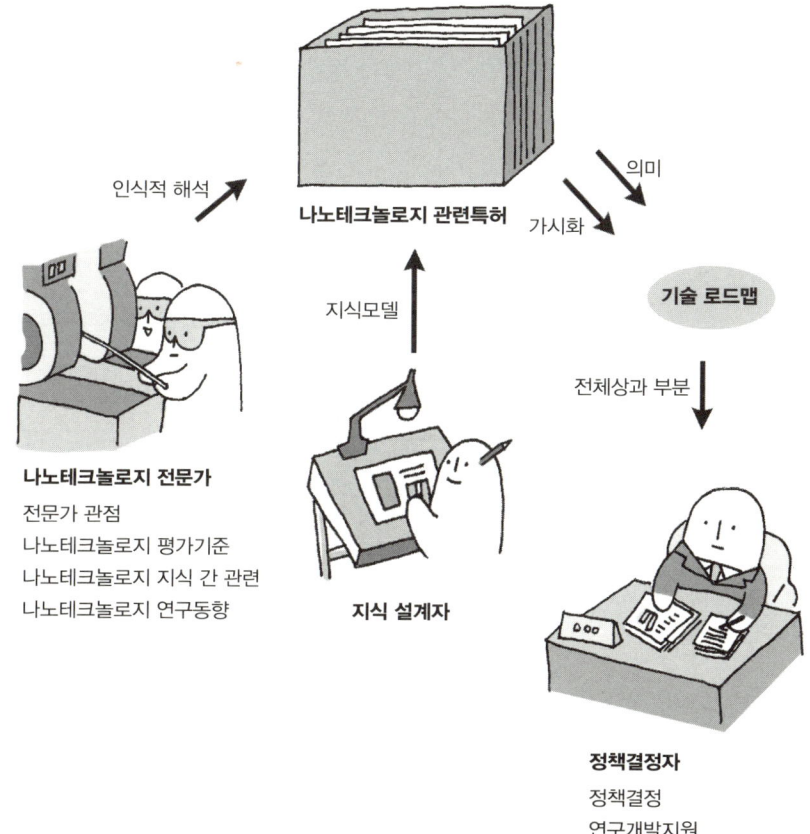

인식적 해석

나노테크놀로지 관련특허

의미

가시화

지식모델

기술 로드맵

전체상과 부분

나노테크놀로지 전문가

전문가 관점
나노테크놀로지 평가기준
나노테크놀로지 지식 간 관련
나노테크놀로지 연구동향

지식 설계자

정책결정자

정책결정
연구개발지원

그림 7-10 나노테크놀로지 특허분석결과를 기술 로드맵에 반영

나노테크놀로지 유망분야에 집중투자하고 싶어 하는 조직은 많다. 그런데 유망분야를 정확하게 판단하지 못해 난황을 겪는다. 기업대표도 관계자를 질타, 격려하는 수준에 그친다. 정부도 위원회를 열기만 할 뿐 해결할 엄두를 못 낸다. 지금 상황에서 가장 유력한 방법은 델파이법이다. 델파이법은 어떤 문제에 대해 전문가의 의견을 듣고 정리한 다음, 그 내용을 다시 전문가에게 보여 의견을 듣는 방법이다. 이 작업을 몇 번이고 반복하다 보면 전문가의 의견을 정리할 수 있다.

자주 쓰이는 이 방법은 효과도 있지만 문제점도 있다. 소수의견이 다수의견에 통합되어 결국에는 무난한 의견으로 결정 나는 경우가 많다. 기발한 발상이나 창조적인 제안은 극히 소수의견이므로 결국은 채용되지 못한다. 그러므로 델파이법 결과를 이용할 때는 이런 결점을 고려해야 한다. 난 몇 번 델파이법에 참가한 적은 있지만 내 의견이 채용된 적은 거의 없었고, 지식 구조화 제안도 완전히 무시당해 솔직히 델파이법에 대해서는 적대감을 갖고 있다.

역시 지식의 구조화는 필요하다. 나노테크놀로지의 경우 지식 설계자가 지식 모델을 설계하면 영역전문가는 자기 관점에서 본 의견을 표현한다. 특허지식을 구조화하면 전문가들의 의견도 명확해진다. 예를 들어 전문가 A와 전문가 B가 지식을 명확하게 표현해서 지식과 특허 간 관련을 지으면, 어떤 특허에 대해 그 특허가 가진 의미와 장래성을 다른 관점에서 분석할 수 있다. '전문가 A의 관점에서 본 장래성'과 '전문가 B의 관점에서 본 분류와 관점'을 동시에 표현할 수 있다. 특정 조직이 고려하는 투자계획이 있다면 그 관점에서 특허를 분석하는 것도 가능하다.

일본에서 공개된 관련특허를 특정영역전문가 관점에서 분석하면 장래성이 없어 보이는 분야에도 많은 특허가 출원된 사실을 알 수 있다. 이렇게 된 원인은 주변특허라도 좋으니 먼저 대량으로 특허를 확보하고 보자는 생각 때문이었을 것이다. 특허지식 구조화는 기술 로드맵에도 전개할 수 있다. 로드맵이 있으면 기술 전체상과 부분상이 함께 보이기 때문에 정책결정자가 의사결정을 하기 쉽고, 자원 집중 투자 논의에도 활용할 수 있다. 기업이라면 자사를 포함해서 관련회사 실정을 파악할 수 있기 때문에 기술전략을 세우기 쉽고, 경쟁상대도 파악하기 쉽다.

64.
성공과 실패를 가르는 지식 구조화

실패지식 구조화와 생산 활동 이용

ISO 9000이라는 환경국제인증규격이 있다. ISO 9000에 합격했다는 것은 그 기업 제품이 적절한 환경관리를 통해 생산되었다는 것을 말해준다. 이는 유럽이 주도해서 만든 제도로 많은 일본 기업이 취득했지만 그 내용은 이미 예전부터 해오던 것이기에 비싼 인증료만 지불했다는 불만의 소리가 높다.

그러나 지금까지 우수한 기술자는 매뉴얼이 아닌 장인기질을 바탕으로 일해왔다. 그래서 정말 제대로 했는지 증명하기는 힘들었기 때문에 어쩔 수 없는 일이다. 그러나 프로세스를 통해 사람의 이동이 용이하게 됐다는 예기치 않은 장점도 있다. 예전에는 사람이 이동하면 어떻게 해야 좋을지 몰랐지만 이제는 서류를 정리하는 것으로 지식 전달이 가능해졌다.

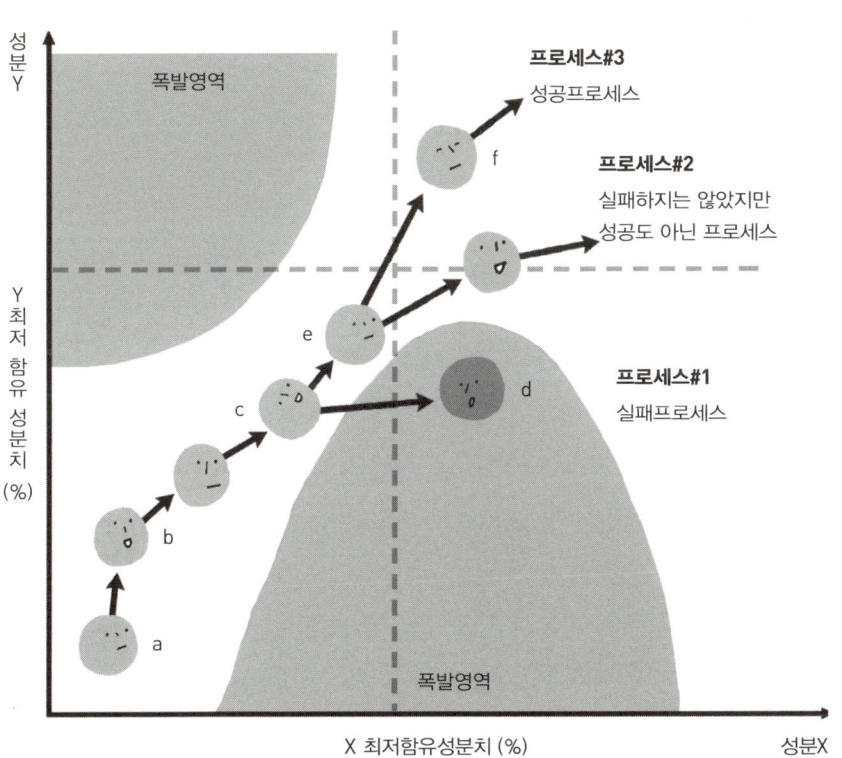

성분Y

폭발영역

프로세스#3
성공프로세스

프로세스#2
실패하지는 않았지만
성공도 아닌 프로세스

Y 최저 함유 성분치 (%)

f

e

c

b

a

d

프로세스#1
실패프로세스

폭발영역

X 최저함유성분치 (%)   성분X

그림 7–11 **실패한 프로세스와 성공하지 않은 프로세스**

실패할 때도 있고 성공할 때도 있다. 하지만 가장 많은 경우는 실패도 아니고 성공도 아닌 상황일 것이다. 앞 페이지에 있는 그래프를 보며 생각해보자. 어떤 용액 성분 X와 Y를 첨가해 함유량을 늘리며 혼합하는 화학 프로세스가 있다고 가정해보자. 이 혼합물에는 폭발영역이 있어서 이 영역 안에 들어가는 비율로 섞으면 폭발할 위험이 있다. 그러나 폭발영역 밖이면 안전하다. 문제는 섞는 방법 즉, 성분 X와 Y의 함유량을 늘리는 과정을 어떻게 제어하는가에 있다.

출발점은 a로 한다. a에서 서서히 성분 X와 성분 Y의 함유량을 늘려 c지점까지 도달한다. 여기까지는 폭발영역에 들어가지 않기 때문에 안전한 프로세스다. 그러나 c점부터는 제어가 어렵다. 성분 X 첨가량에 비해 성분 Y가 적은 경우 프로세스는 d점으로 이어져 폭발영역에 들어간다. 이것은 명확한 실패 프로세스다. 성분 X와 성분 Y의 비율이 적절하면 c점에서 e점으로 가는데, 이러면 안전하다. 그 다음 성분 Y의 함유량의 많고 적음에 따라 f점이나 g점에 도달한다. f점은 안전하며 성공한 프로세스다. 그러나 g점은 현시점에서 볼 때 실패는 아니지만 그렇다고 성공이라고 보기도 힘들다. 왜냐하면 성분 Y의 최저 함유 성분치와 별다른 차이 없이 근접하기 때문에 성분 Y의 양이 약간이라도 줄어들면 즉시 폭발영역으로 들어갈 가능성이 있기 때문이다.

성공과 실패의 기준을 정하는 건 어렵다. 우리는 수치를 기준으로 어떤 두 개 값 사이에 있으면 성공이라던가, 어떤 수치 이상이면 성공이라는 기준을 자주 쓴다. 이 발상은 성공이면 '1' 실패면 '0'이라는 발상으로, 쉽게 말하자면 단순히 '좋다' '싫다'만의 세계다. 그러나 실제로는 약간 좋음, 약간 싫음, 그다지 좋지 않음, 좋지도 않지만 그렇다고 싫지도 않음, 그럭저럭 좋음, 좋음, 아주 좋음, 미치도록 좋음, 소름이 돋을 정도로 싫음 등 사물을 표현하는 방법은 다양하다. 또한 그 표현을 듣는 사람도 기준을 넘었으니까 성공이긴 해도 실상은 실패와 같다던가, 실패하기는 했지만 성공보다 귀중한 경험을 했다는 식으로 다양하게 생각한다.

　실패냐 성공이냐를 명확하게 판단할 사물이 있다면 관련 지식을 획득해서 관계자가 공유할 수 있는 형태로 표현하고 보존하는 것이 가능하다. 그러나 성공과 실패의 경계에 있거나 기준이 애매한 경우에는 성공과 실패라는 이분법적 사고로 생각해서는 결론 내기 힘들다. 이럴 때 효과적인 방법이 지식 구조화다.

65.
실패
프로세스의
지식 구조화

실패지식 구조화와 생산 활동 이용

갈릴레오가 피사의 사탑에서 큰 돌과 작은 돌을 떨어뜨려 동시에 낙하하는 모습을 보고 중력의 법칙을 발견했다는 얘기가 있다. 그러나 안개비와 소나기를 비교하면 아무리 봐도 소나기가 빨리 떨어진다. 큰 물방울은 작은 물방울에 비해 빨리 떨어지는데, 공기 저항 때문에 입자가 작을수록 영향을 많이 받기 때문이다. 돌도 저항을 받는다. 그렇다면 갈릴레오가 실험에 쓴 큰 돌과 작은 돌은 저항에 영향을 받지 않을 만큼 크다는 소리다. 계산해봤을 때 10센티 정도의 돌이면 큰 돌이 먼저 떨어진다. 그러므로 갈릴레오 실험이 거짓이거나, 차이가 크지 않다고 판단했던가 둘 중 하나다. 수치화하지 않으면 답이 나오지 않는 경우도 많다.

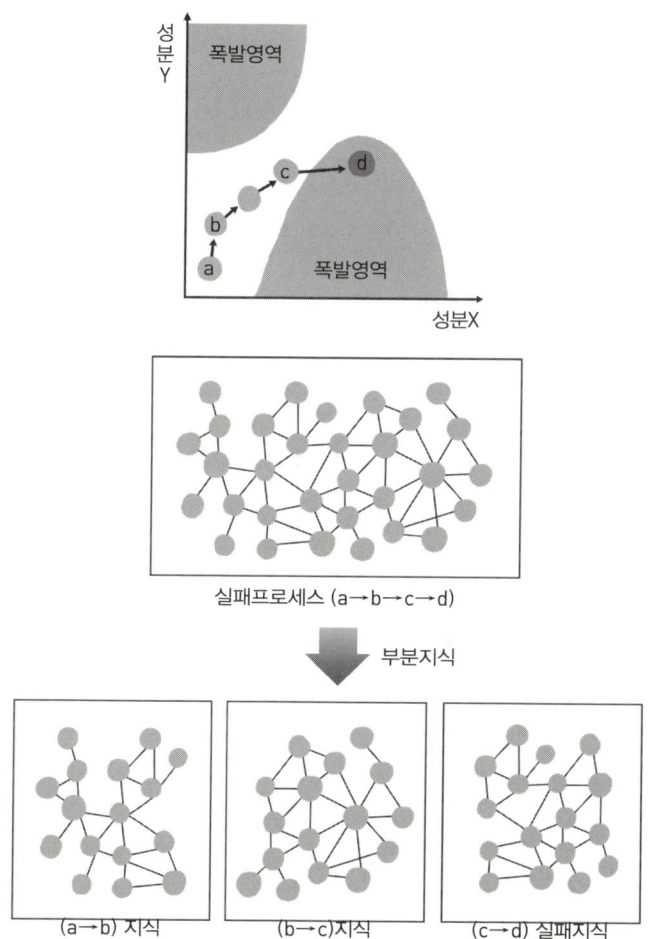

실패프로세스 (a→b→c→d)

부분지식

(a→b) 지식   (b→c)지식   (c→d) 실패지식

그림 7-12 실패 프로세스와 실패지식

실패 프로세스, 성공 프로세스, 성공도 실패도 아닌 프로세스, 모두 지식 구조화가 가능하다. 지금까지 실패한 프로세스를 분석하는 일은 적었지만 하타무라 요타로가 실패학을 제안한 이래 이것이 논의 선상에 올랐다. 이번에는 실패 프로세스 지식 구조화에 대해 생각해보자.

앞 페이지의 프로세스는 c점에서 d점에 들어가면 폭발영역으로 들어가기 때문에 명확하게 실패한 프로세스다. 또 a점에서 d점까지를 연속적으로 봐도 결과가 폭발영역에 들어가므로 확실하게 실패 프로세스다. 그러므로 a점에서 d점으로 이어지는 루트는 실패 프로세스다. 그러나 a점에서 b점, b점에서 c점까지 루트는 실패가 아니다. 실패에 대한 책임은 c점에서 d점에 있다. a에서 b, b에서 c로 분리하면 부분지식으로 이용이 가능하다. 성공한 프로세스는 다른 프로세스를 위한 지식기반으로 재이용할 수 있지만 실패 프로세스는 분석이 필요하다. 실패와 마찬가지로 성공도 분석하고 부분지식으로 나누면 보다 고도의 지식 구조화가 실현가능하다. 성공도 실패도 아닌 프로세스도 이런 관점으로 활용하면 된다.

최근 지식을 재이용한다는 표현을 접하는 기회가 늘었다. 지식을 구조화하면 재이용이 쉽다. 구조화한 것을 지식 네트워크로 표현하면 가능성은 한층 높아진다. 네트워크에서 어떤 부분을 재이용하는지는 그때마다 변하는데 어떤 경우에는 네트워크상에 있는 특정한 점만을 재이용하기도 하고, 또 다른 경우에는 특정 꼭짓점과 연결된 모든 꼭짓점, 능선을 재이용하기도 한다. 재이용 범위는 지식 설계자가 지식을 모델화할 때에 중요시하는 항목이기도 하다. 범위가 변하면 지식축적방법, 표현방법, 보존방법, 검색방법, 열람방법 등 모든 것이 영향을 받는다.

재이용하지 않는 지식은 지식이 아니다. 또한 재이용할 때마다 부가가치가 붙지 않는 지식 시스템은 지식 시스템이 아니라고 해도 과언이 아니다. 어떻게 하면 재이용할 때마다 가치를 늘릴 수 있을까? 이것은 지식관리 시스템의 과제이기도 하다. 이 문제를 지식 구조화로 생각하면 이것은 지식촉매에 의한 활성화 개념이다. 지식을 재이용하는 데는 반드시 어떤 이유가 있고, 이 이유를 일종의 지식촉매로 생각한다. 네트워크로 표현하는 지식이 지식촉매로 인해 어떻게 활성화되는지 파악해보면 촉매 자체는 변하지 않는다. 지식촉매도 마찬가지이지만 지식촉매에 따라 기존 지식이 얼마나 넓고 깊게 반응하는지 파악하면 새로운 지식을 얻을 수 있다.

66.
불명확한 기술지식 구조화

산업지식 구조화와 경제활동 이용

3대 신문 중 한 곳에 수소시대가 도래했다는 기사가 실렸다. 늘 그래 왔듯 수소는 전기와 같은 2차 에너지일 뿐 에너지자원이 아니라는 뻔한 기사였는데 대부분 틀린 내용이었다. 신문사 과학부장인 대학 동창에게 전화를 걸어 '신문기자가 그렇게 지식이 없다니 문제다, 공부를 더 해야 한다'고 여느 때와 다름없는 어조로 불평을 토로했다. 그랬더니 조용한 성격인 친구가 예상외로 격렬히 반론을 폈다.

대형 신문사 과학부라고 해도 겨우 2~30명이 모든 업무를 처리하며, 나노테크놀로지, 바이오테크놀로지, IT에서 뤄부포호, 마야문명까지 커버해야 한다고 했다. 그러면서 대학 교수들이 함부로 그런 말을 하는 것은 옳지 않다고 말했다. 분명 대학에도 그 책임이 있기 때문이다.

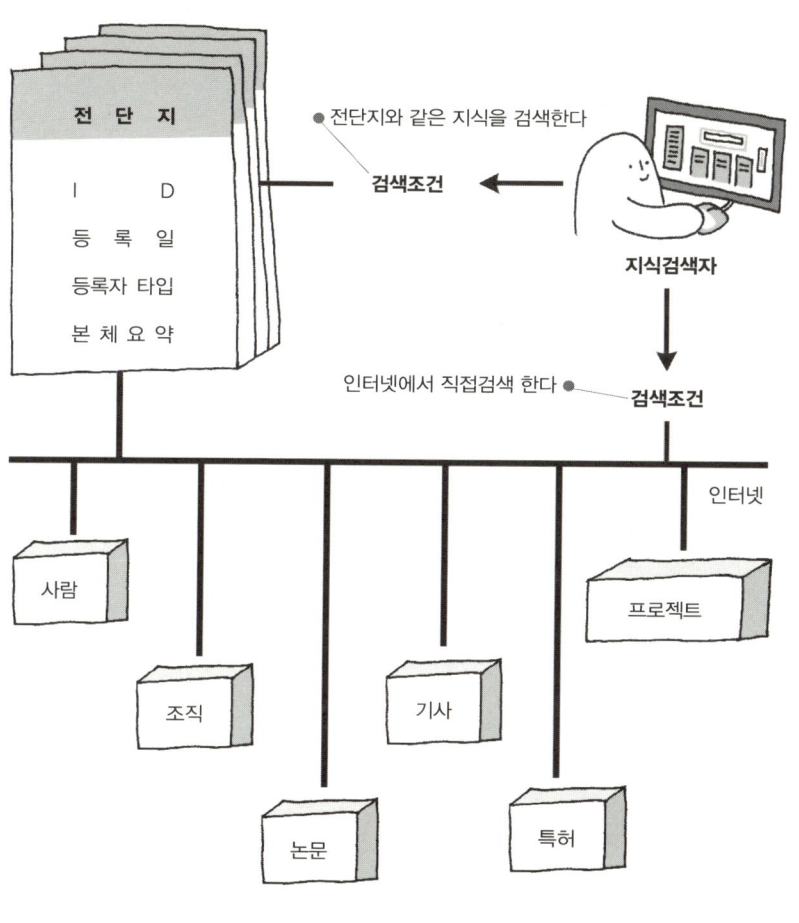

그림 7-13 방대한 기술지식 구조화와 전단지 지식

몇백 년 동안 가업을 이어온 노점포가 있다. 그곳에는 그동안 내려온 지식이 있다. 지식을 소중히 여긴 기업이기에 지속해서 가업을 이어 온 것이며, 그렇지 않은 기업은 사라진다. 지식을 중시하는 기업이 발전하듯이 지식을 중시하는 국가 역시 발전한다. 이 사실은 역사를 봐도 확실하며 21세기에는 이런 경향이 점점 강해질 것이다.

기업, 넓게는 산업계가 가진 지식은 다양한 형태로 존재한다. 예를 들면 사람, 조직, 논문, 기사, 특허, 프로젝트를 들 수 있다. 효율적인 공부법이 아는 사람에게 배우는 것이듯, 특정 지식을 아는 사람에 대한 정보를 갖고 있는 것이 가장 중요한 지식이다. 어떤 사람은 무엇을 하고, 무엇이 가능하고, 누구와 친한지를 아는 건 중요한 지식이다. 특히 인적 네트워크에 많이 의존하는 사회에서는 보다 중요하며, 신문이나 잡지에 실린 기사도 사용 방법에 따라 중요한 지식원이 된다.

저출산과 고령화의 영향으로 숙련된 기술자가 줄어 차세대에 지식을 전승하려는 욕구가 강해졌고, 특히 제조업은 심각한 상황으로 기술자 평균연령이 점점 높아지는 기업이 늘고 있다. 지식 구조화를 이용해서 이 문제에 대응할 방법을 생각해보자.

산업계 기술지식의 양은 너무 방대해서 전통적인 방법으로 지식 베이스나 지식관리 시스템에 실현시키는 것은 현실적이 아니다. 그 대신 전단지와 같은 색인을 첨가해서 이들을 관련짓는다. 전단지에는 메타 지식만 기재하는데 만약 이 전단지에 흥미가 있는 사람은 전단지에 나온 지식원을 검색해서 세부내용과 분석결과를 참고할 것이다.

　산업계의 기술지식을 구조화할 때는 세부영역으로 분류하는 것보다 먼저 공통되고 중립적인 지식 네트워크를 만드는 것이 좋다. 자동차회사는 처음부터 엔진 설계를 지식 구조화하는 것보다 어디든 공통으로 쓰는 지식을 구조화하는 것이 좋다. 예를 들어 자동차공학 지식을 구조화한다면 자사나 업무 특성을 생각해서 보다 세부적인 지식 구조화를 꾀하고, 자동차공학 지식 구조화는 자동차 업계가 공동으로 하면 좋다. 그런 뒤에 각 자동차회사가 자사만의 지식을 추가한다. 지식 추가는 네트워크로 하는 직접적인 추가가 아니라 네트워크 해석이나 관련 해석에 맞춰 추가한다. 공동으로 중립적인 지식 네트워크를 만들어 네트워크 해석방법을 독자적으로 개발하는 발상이다.

KNOWLEDGE

67.
지식
구조화를
위한
전문가 활용

산업지식 구조화와 경제활동 이용

'묻는 건 잠깐의 수치요, 모르는 건 영원한 수치다'라는 속담이 있다. 그러나 이 말이 통했을 때는 지식이 적었던 때다. 모르는 것이 수치라면 난 너무나 수치스러워 살지 못할 것이다. 그러나 요즘 학생들은 우리 때와 달리 묻는 것을 수치라고 생각하지 않는다. 미국 학생들은 수업 내내 질문만 할 정도로 매우 시끄럽다. 이들은 수업료를 지불한 만큼 얻지 못하면 손해라고 생각하는 것 같다. 반면 일본 학생들은 부모에게 어리광부리는 식의 질문을 많이 한다.

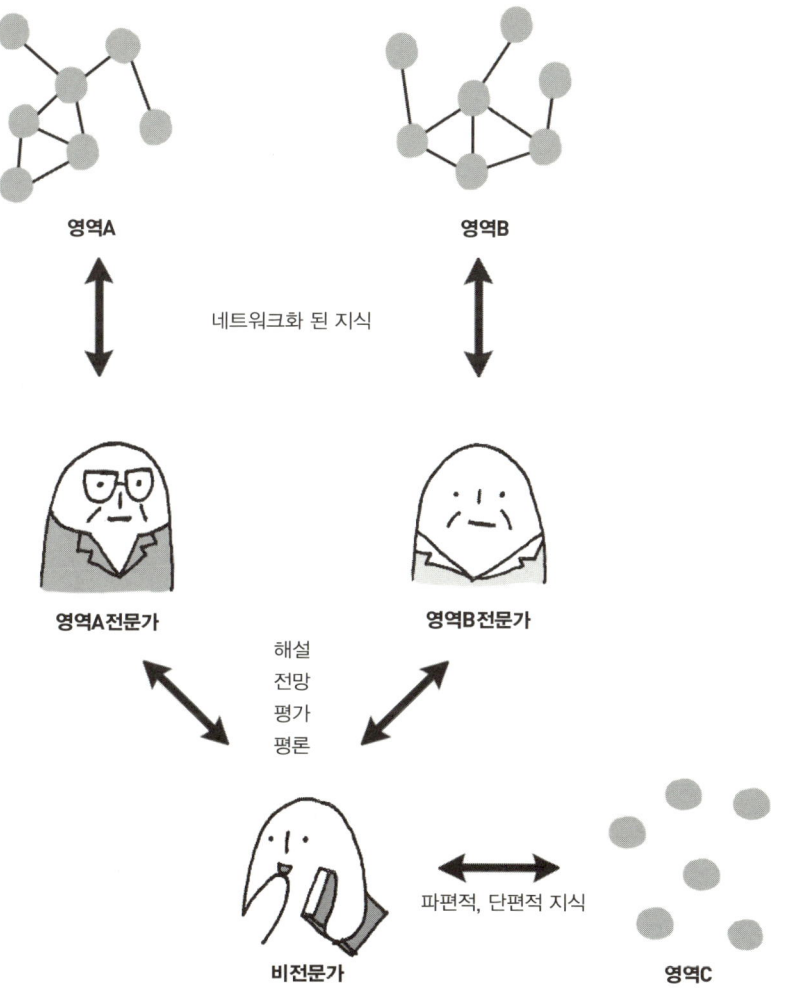

영역A

영역B

네트워크화 된 지식

영역A전문가

영역B전문가

해설
전망
평가
평론

비전문가

파편적, 단편적 지식

영역C

그림 7-14 전문가의 지식 네트워크 작성과 활용

전문가와 비전문가의 차이는 무엇일까? 어떤 영역이든 전문가와 비전문가는 구별할 수 있다. 판정 기준은 경험연수, 학위, 자격, 직업, 실적 같은 외적조건일 수도 있다. 그러나 시대가 변하면서 과거에는 전문가였던 사람이 이제는 전문가로 통용되지 못하는 경우도 드문 일은 아니다.

전문가와 비전문가를 구별하는 내적조건은 지식을 관련짓는 능력에 있다고 본다. 전문가는 지식을 논리적으로 관련짓는다. 그들은 과학기술적이고 경제적인 근거를 가지고 있으므로 자기 견해에 대한 확신이 있다. 논리적으로 관련짓기 때문에 이야기 전개가 넓고 깊다. 전문가 지식을 그림으로 표현하면 한 가지 사상을 나타내는 꼭짓점과 다른 꼭짓점을 연결하는 능선이 많은 네트워크가 된다. 전문가 지식은 한 가지 사상이 한 가지 지식인 경우도 있고, 복수 사상과 그들을 연결하는 복수 능선이 한 가지 지식인 경우도 있다. 그러므로 사실은 모든 사람이 어떤 면에서 보면 전문가인 셈이다.

비전문가는 파편적이며 단편적인 지식은 가졌어도 전문가처럼 관련을 짓지 못한다. 예를 들어 매일같이 밥을 먹어도 쌀 전문가가 아닌 사람은 맛있다, 맛없다 식의 표현밖에 못한다. 쌀에 대한 지식이 있는 사람이라도 신문과 잡지에서 읽은 기사나 다른 사람한테 들은 얘기를 단편적으로 기억하는 것뿐이다.

전문가가 모이면 전문가들 사이에서도 의견이 나뉘며, 같은 문제에 대한 결론도 모두 다르다. 그러나 이들은 모두 명확한 논리를 가졌다. 결론이 다른 것은 어딘가에서 지식 간 연계가 다르기 때문이다. 이것은 매우 재미있는 현상으로 전문가들의 다른 견해를 지식 네트워크로 분석하면 문제의 본질을 파악할 수 있다.

예를 들어 어떤 특정기술에 대한 투자 여부가 문제라고 하자. 할지, 안 할지 둘 중 하나를 선택해야 한다. 전문가가 무엇을 생각하고 무엇과 무엇을 관련짓는지, 그 근거는 무엇인지 표현하도록 한다. 전문가 A는 특정기술에서 시장 환경을, 시장 환경에서 히트 상품을, 히트 상품에서 판매구조를 생각한다. 전문가 B는 특정기술에서 관련특허를, 관련특허에서 경쟁상대 동향을, 경쟁상대 동향에서 불량채권을, 불량채권에서 금리와 환율을 생각한다. 이런 연계를 계속하면 결론이 같을 수도 다를 수도 있다. 그러므로 전문가 A와 전문가 B의 의견을 비교하면 흥미로운 추론과 발견을 할 수 있다.

제8장 지식을 다루는 일본 대기업의 사례

68.
정보 시스템
구성
3P 전략

주식회사 히타치 제작소

작년에 '움직여라! 일본'이란 프로젝트를 주재했을 때의 일이다. 내각부로부터 과학기술 전문가 입장에서 정체한 일본 경제에 대해 한 마디 해달라는 의뢰가 있었다. 과거에 발표된 보고서도 조사했고 미국과 비교론도 펼쳤다. 그러나 가장 의미 있었던 것은 프로젝트에 참가한 도쿄대학 교수 80명이 서로를 이해했고 새로운 산업화에 맞춰 연구를 통합했다는 점이다.

어떤 교수는 나노테크로 화학칩을 만들었고, 어떤 교수는 생체적합성이 좋은 고분자를 개발했다. 또 어떤 교수는 카르테를 전자화했다. 나는 이것들을 힌트로 삼아 신산업으로 건강진단 시스템을 창안했다. 즉 대학의 요소연구와 기존 지식을 신산업에 맞게 구조화한 것이다. 출판한 책에 DVD를 함께 넣은 것도 새로운 시도였다. 지식 구조화는 '지식의 연계, 사람, 표현'이란 세 가지 요소로 이뤄진다는 생각은 이 프로젝트를 하면서 확신으로 바뀌었다.

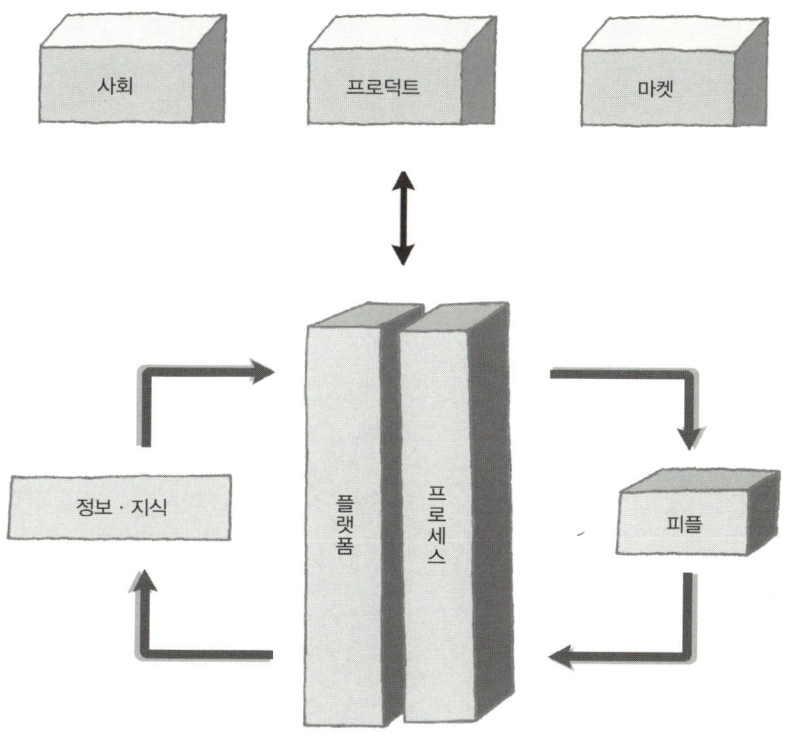

정보 시스템 구성 '3P'

－플랫폼(Platform) : 포털 사이트로 사내 인트라넷 운용

－프로세스(Process) : 표준작업 프로세스 정의

－피플(People) : 전사원

그림 8-1 히타치 제작소 정보 시스템 구성 3P

　기업 정보 시스템을 구축하려면 막대한 예산과 기간이 필요하다. 따라서 일단 정보 시스템을 구축하면 문제점이 보여도 개량하는 일이 간단하지 않다. 그 때문에 기업은 정보 시스템을 구축하기 전에 먼저 목표와 방침을 명확하게 정의하는 것이 중요하다. 목표를 설정할 때는 지향하는 이상적인 상황이나 이를 이용한다는 생각을 갖고 표현하는 방법을 구체화한다.

　정보 시스템을 개발할 때는 시스템 이용자와 시스템 개발자가 상담하면서 개발을 진행하는 경우가 많다. 이것은 건물을 지을 때 입주자와 건설주가 상담하며 건물을 짓는 것과 같다. 지금까지 시스템 개발 방식은 대부분 위와 같은 2자 상담방식이었다. 그러나 최근에는 건물을 지을 때 먼저 건축가가 설계하고 입주자가 승인하면 전문 건설업자가 건설하는 순서를 밟는다. 정보 시스템도 이와 마찬가지로 시스템 이용자와 시스템 개발자 사이에 시스템 설계자가 필요하다. 시스템 설계자는 시스템 개념설계에서 사양설계까지 담당한다. 시스템 개발은 개념과 사양에 근거해서 본격적으로 이뤄진다.

　시스템 이용자와 개발자가 직접 상담 하면서 개발할 때 생기는 문제점은 상호이해의 부족 때문이다. 예를 들어 시스템 이용자와 시스템 개발자가 같은 단어를 써도 같은 의미인지는 명확하지 않다. 양측 모두 '구조화'라고 해도 각자 다르게 이해할 소지가 있다. 반대로 '플랫폼'과 '지식 시스템'이 같은 뜻인 경우도 흔하다. 시스템 설계자는 통역사처럼 쌍방의 용어를 해석하는 역할도 해야 한다.

히타치 제작소가 운용하는 정보시스템의 경우 특별히 정보 설계자가 시스템을 설계하지는 않는다. 대신 정보 시스템 운용목표와 방침을 명확하게 정의해서 이에 따라 개발한다. 그 방침은 3P(플랫폼, 프로세스, 피플) 시스템 구성이다. 이 시스템은 사회, 프로덕트, 마켓에서 얻은 정보나 필요한 지식을 모두 플랫폼 위에서 구현한다. 피플은 플랫폼을 통해 지식을 등록하고 열람하는데, 이것은 정의된 자기 업무 프로세스와 관계가 있다. 여기서 플랫폼 기능은 사내 인트라넷이며 인트라넷의 정의는 표준작업 프로세스다. 피플은 플랫폼에서 관련 지식을 열람하기도 한다.

69.
<mark>밸런스·
스코어카드
도입</mark>

주식회사 히타치 제작소

최근 40년 간 정보전달 방법은 급속도로 변화했다. 요즘 등사기와 철필을 아는 사람은 적을 것이다. 과거 '글로 쓴' 자료는 매우 귀중했고, 그러다 복사기가 나왔다. 처음에는 투명한 용지에 글씨를 쓰고 복사용지와 겹친 채 기계를 통과해서 정착액을 바르는 습식 복사 방식이었다. 물론 한 장씩 복사해야 했다. 그 뒤에 나온 것이 현재 쓰는 것과 기본적인 구조가 같은 건식 복사기다. 건식 복사기의 등장으로 생활 방식이 크게 변했다. 연구실에서는 복사기를 사용하는 데 드는 비용이 많아졌기 때문에 한 사람당 쓰는 복사지 매수를 정해놓고 그 이상 넘어가면 개인이 부담하기로 했다. 이제는 저렴한 가격으로 대량복사가 가능해졌다. 그 결과 어떤 일이 일어났는가? 도서관에서 책을 읽는 대신 복사를 해서 다른 곳에서 읽는다. 언제든 읽을 수 있다는 안도감에 미루다 결국은 읽지 않는다. 내 책상에도 언제나 읽을 수 있도록 논문이 산더미처럼 쌓여있지만 산더미처럼 쌓인 논문을 읽는 건 언제나 '다음'이다.

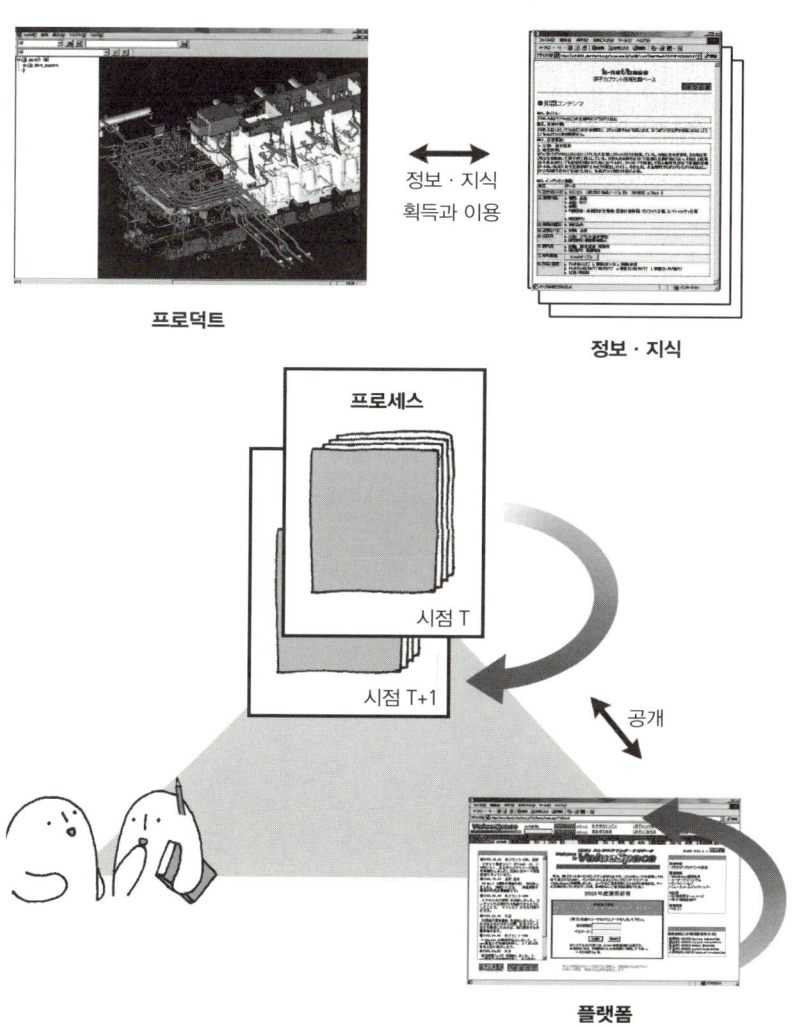

프로덕트

정보 · 지식
획득과 이용

정보 · 지식

프로세스

시점 T

시점 T+1

공개

플랫폼

그림 8-2 히타치 제작소 Value Space시스템 개관

기업 예산규모가 커지고 관계자 수가 많아지면 경영활동 실정을 실시간으로 파악하는 것조차 어렵다. 하지만 시장 환경 변화와 국제정세 변화 등 외부요인 변화에 따른 내부요인 조정은 과학적인 절차와 방법에 기준해서 적절하게 대응해야 한다. 이를 해결할 방법 가운데 하나로 최근에는 업무실적 평가기준으로 밸런스 · 스코어카드를 경영활동에 도입하는 기업이 늘고 있다.

종래 업무실적 평가기준은 사원의 업무실적을 재무관점에서 평가했다. 한편 밸런스 · 스코어카드는 외부관점과 내부관점을 조화해서 사원의 업무실적을 평가한다. 외부관점은 재무관점과 고객관점이 그 기준이며, 내부관점은 사내 비즈니스 프로세스 관점과 학습 성장 관점이 그 기준이다. 밸런스는 외부관점과 내부관점을 각 프로세스의 전략과 특성에 맞춰 조화를 이뤘다. 밸런스 · 스코어카드는 업무실적 평가기준과 기업의 조직단위별 목표를 비교 관리하는 경영수법이다.

밸런스 · 스코어카드 도입으로 기대하는 효과 중 하나는 조직단위 전략과 개인 액션 간 명확한 관계를 정의한다는 점이다. 여기서 중요한 키워드는 전략목표, 주요 성공요인, 업무실적평가지표, 목표치, 액션이며 여기서 액션은 사원의 행동을 직접 제어하는 항목이다.

히타치 제작소는 밸런스 · 스코어카드를 기본으로 3P(플랫폼, 프로세스, 피플) 시스템을 구성한다. 모든 사원은 자기가 어떤 액션을 취해야 하는지 알고 있고, 이들 액션은 특정업무에 대한 프로세스로 정의한다. 일반적으로 프로세스 하나는 복수 액션으로 구성되고, 계획한 액션은 실행해서 결과를 남긴다. 따라서 시간 변화에 따라 액션 평가는 변한다. 이들 액션은 모두 프로세스로 피드백되고 그 결과는 프로세스에 영향을 미친다. 조직전체가 하는 프로세스는 플랫폼에 공개되는데, 사원은 자기가 액세스 가능한 범위 내에서 다른 프로세스와 자기가 취할 액션관계를 이해한다. 플랫폼에는 액션을 지원하기 위해 필요한 정보와 지식이 축적돼있기 때문에 열람이 가능하다. 정보나 지식은 프로덕트와 관련해서 획득한 내용도 있고 예전부터 조직이 보유한 내용도 있다. 히타치 제작소는 플랫폼 위에 정보와 지식을 관리하고 이와 관련한 일을 하는 사원이 열람해서 액션에 이용할 수 있도록 지원한다.

70.
히타치 제작소 지식 시스템 특징

주식회사 히타치 제작소

조직은 어쩔 수 없이 경직화되며, 상하관계가 존재하기 마련이다. 조직을 만들 당시에는 필요에 따라 부서를 만들었기 때문에 어느 정도 제대로 움직이지만 변화하는 사회에 언제나 유연하게 대응하기는 힘들다. 상하관계인 조직을 얼마나 좌우로 연계시키는가 하는 것이 조직운영의 지혜다.

얼마 전 국가위원회에서 일본 과학기술정책이 왜 실효를 거두지 못하는지에 대해 논의했다. 어느 위원이 '성공한 외국의 경우를 보면 의료기술 하나를 정해도 이를 위해 세금우대정책과 규제완화를 동시에 한다'는 발언을 했다. 뛰어난 의견이었다. 위원장이었던 난 "일본에서는 종합과학기술회의와 경제재정자문회의, 종합규제개혁회의를 연계해야한다는 말이군요"라고 했다. 그 위원은 거기까지는 언급하지 않겠다고 말을 아꼈지만, 난 진심으로 그렇게 생각했다. 어떤 정책이든 전체상을 파악하지 않고 결정하면 예기치 못한 일이 발생해서 성공을 방해한다.

지식관리 시스템 실현도

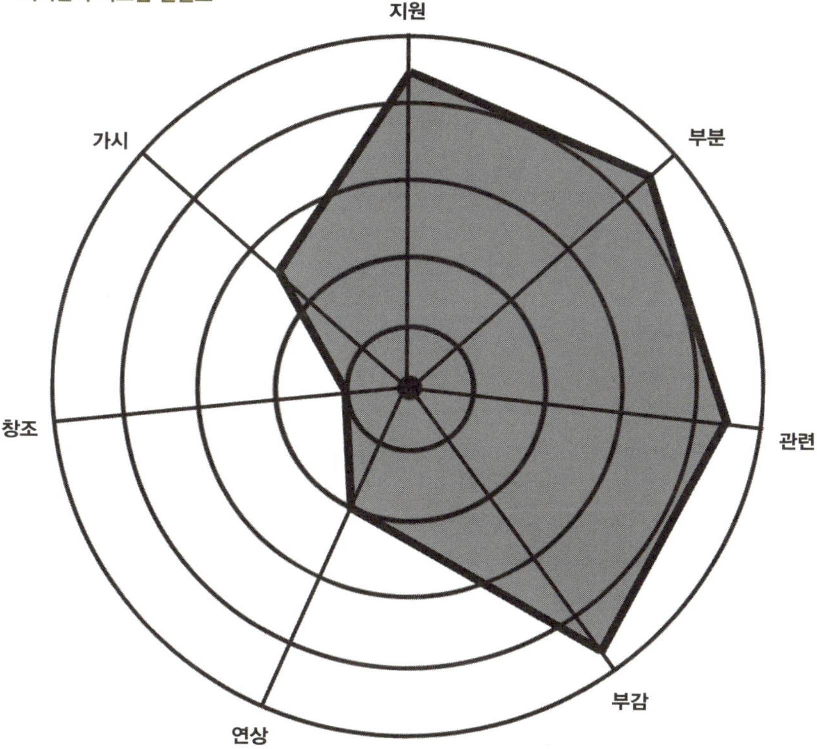

지원

부분

관련

부감

연상

창조

가시

프로덕트 특징
원자력발전소는 안전을
최우선하는 기간산업의
대표적인 시설물이다.

지식관리 시스템 특징
프로덕트 수명이 60년으로
길기 때문에 정보·지식의
장기보존과 재이용을 중시한다.

그림 8-3 히타치 제작소 지식 시스템 특징

히타치 제작소처럼 다양한 프로덕트를 다루고 관련 조직과 사원이 방대한 경우는 운용하는 지식 시스템 특징을 간단히 평가하는 것이 불가능하다. 여기서는 원자력사업부를 대상으로 원자력발전소 설계, 건설, 시운전하는 비즈니스 프로세스에 한정해서 기술하겠다.

원자력발전에 대해 전 세계에서 다양한 의견이 있지만 이것이 국가 기간산업의 대표적인 시설물임에는 이견이 없다. 원자력발전소는 그 수명이 60년으로 길기 때문에 관련 정보 및 지식의 장기보존과 재이용 문제가 발생한다. 예를 들어 60년 전 설계도를 보고 그 당시 설계 의도를 파악하기는 힘들다. 현재 컴퓨터로는 50년 전에 만들었던 자료를 읽지 못하고, 부품회사 간 데이터 교환을 하지 못하는 등 여러 가지 문제가 발생하기 때문이다.

원자력발전소의 최우선 과제는 무엇보다 안전이다. 만약 여기서 사고가 나면 지구규모의 문제가 되기 때문에 원자력발전소 설계는 설계자의 창조보다 검증된 안전대책을 명확하게 반영해야 한다. 이 특징을 바탕으로 원자력발전소의 지식 시스템에서는 창조라는 기능을 의도적으로 배제한다. 그러나 가시, 부분, 관련, 부감 기능은 강화해서 설계자나 관계자가 관련 정보와 지식을 공유하면서 액션을 취하도록 한다.

앞으로 강화하려는 기능은 지원과 연상이다. 지원은 개개인에 대한 배려다. 지금은 프로세스 단위이기 때문에 개인 액션까지는 지원이 불가능했지만 앞으로는 개인의 지적활동을 보다 충분히 지원하기 위한 기능 확장을 고려하고 있다.

원자력발전소 정도의 프로덕트가 되면 관련 정보와 지식 전체를 파악할 수 있는 사람이 단지 극소수다. 그 때문에 관계자들은 대부분 자기영역만 생각하고 한정된 범위 안에서만 액션을 취한다. 이런 상황은 반복적이며 정형화된 프로세스에서는 적절하지만 전례가 없는 프로세스나 새로운 프로세스에서는 대응하기 힘들다. 그래서 주목받는 것이 연상기능이다. 만약 파이프라인의 연상기능을 사용하면 지식시스템에서 밸브를 비롯해 파이프라인, 설계구성과 보전, 운전상황, 부식과 마모, 부품조달, 안전관리, 작업일 등의 관련 기술정보를 계속 제시한다. 이들 기술정보에 경제정보가 포함된 경우는 간단히 지식 네트워크를 만들어서 네트워크상에 기술정보와 경제정보를 포함할 수 있다.

KNOWLEDGE

71.
기술관리
활동

미쓰비시 공업 주식회사

독일에는 방랑직원이란 제도가 있다. 대학을 갓 졸업한 목수 수습생이 기술과 정신을 연마하기 위해 수년 동안 각지를 돌아다닌다. 이들은 해당 지방 조합의 허락을 맡고 건축사무소나 공장을 돌며 아르바이트를 한다. 이 제도가 지금까지 이어진다니 참으로 감동적이다.

제도는 다르지만 일본에서 역시 절을 짓거나 궁을 보수하는 장인기술을 높이 사는 전통은 뒤지지 않으며, 후계자를 육성하기 위한 조합을 만들기도 한다. 많은 기업이 기술력이 뛰어난 이유는 이런 풍토가 있기 때문일 것이다. 하지만 경영력은 떨어진다. 기술력과 경영력은 다르므로 기술력이 높다고 무조건 이익이 나는 건 아니다. 카를로스 곤이 성공한 이유가 바로 일본 전통을 이해한 경영자가 기술력을 수익으로 연결한 것임은 의심할 여지가 없다.

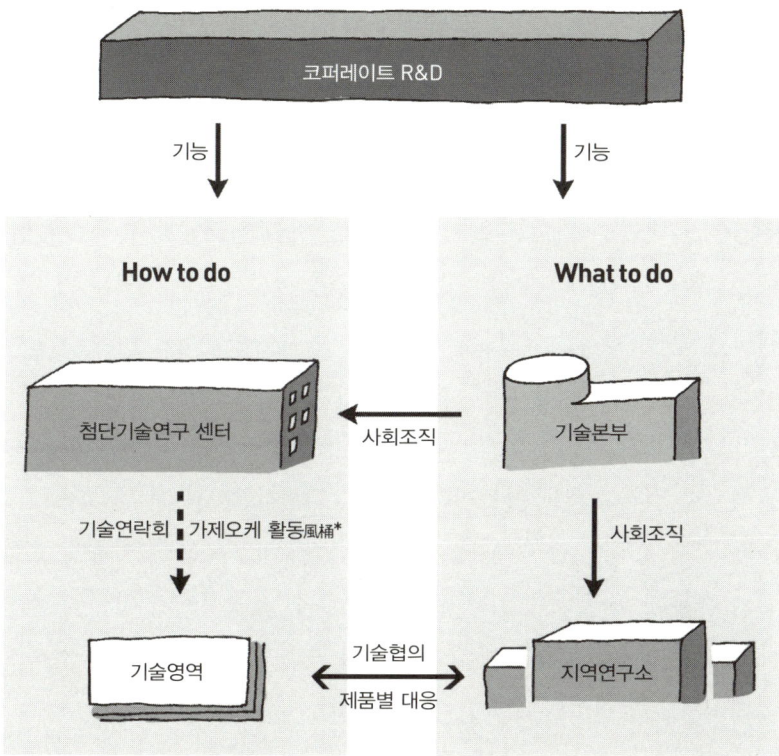

*가제오케 활동風桶: 바람이 불면 통장수가 돈을 번다는 유래서 나온 말. 바람이 불면 먼지가 눈에 들어가 장님이 되고, 장님이 된 사람들은 현악기인 샤미센을 켜서 먹고 살기 때문에 샤미센이 많이 필요하다. 샤미센은 고양이 가죽을 써서 만들기 때문에 고양이를 많이 잡고, 그 때문에 집집마다 쥐가 늘어나 나무통을 갉아 먹어 결국은 통장수가 돈을 번다는 얘기로 어떤 일을 계기로 뜻하지 않는 결과를 초래한다는 뜻_옮긴이)

그림 8-4 미쓰비시 중공업 기술관리 활동

역사가 길고 취급하는 상품과 사원이 많은 기업에는 방대한 지식이 존재한다. 하지만 지식이 존재해도 특정한 목적이 생기기 전까지는 인식하지 못하는데, 그 결과 기업에는 쓰이지 않고 잠들어 있는 방대한 양의 지식이 쌓인다. 만약 기업이 가진 모든 지식을 적절히 사용할 방법이 있다면 그 기업은 반드시 변한다. 지식 때문에 변하지 않을 수 없는 것이다. 조직외부에서 지식획득만을 우선시하는 기업도 있지만 역사가 긴 독창적인 상품을 개발 가능한 기술력이 있는 기업은 먼저 기업내부의 지식을 명확하게 획득해야 한다.

미쓰비시 중공업은 일본을 대표하는 제조 기업으로 역사가 길고 창조적으로 첨단기술을 사용한 상품을 많이 취급한다. 전 세계에 사업소가 있고 사원과 관련회사도 많다. 첨단기술을 이용한 제품에 주력하기 때문에 어떤 기술을(What) 어떻게(How) 개발할지가 기업의 존속에 필요한 과제다. 이 두 가지 관점에서 기업 연구개발 방침을 정하고 조직적으로 추진한다.

어떤 기술을 대상으로 할지에 대해서는 기술본부를 운영하여 해결하며, 또한 사회조직 형태로 지역연구소를 여러 곳 운영하고 있다. 지역연구소는 기본적으로 그 지역에 있는 사업소가 취급하는 상품의 특성을 연구개발한다.

기술개발 측면에서는 첨단기술연구 센터를 중심으로 기술연락회라는 가상조직을 여러 개 운영한다. 기술연락회는 기술영역을 중심으로 구성되는데, 예를 들면 기계기술이나 화학프로세스 기술 등을 중심으로 구성되는 것이며, 기술영역 안에 있는 기술과제를 중심으로 논의한다.

　지역연구소가 대상으로 하는 상품과 기술연락회가 대상으로 하는 기술영역을 매트릭스 위에 표현해서 상호관련성을 명확하게 표현한다. 매트릭스가 있으면 특정 상품과 관련 있는 지역연구소와 기술연락회를 알 수 있다. 또 관련 지역연구소와 기술연락회에서 특정상품 연구개발에 참가하는 사원의 구성을 알 수 있다. 이 매트릭스를 톱다운으로 계층을 분류하여 상세히 전개하면 기업 내 기술 로드맵이 완성된다. 기술 로드맵이 있으면 현재 기업내부 상황(AS-IS)을 파악할 수 있다. 지피지기면 백전백승이다. 거대한 공룡이 된 대기업은 먼저 자기가 가진 지식을 정확히 인식해야 한다. 기술 매트릭스를 계층 분류하는 것은 지식을 인식하는 방법이다.

72.
<mark>기술
이노베이션
사이클</mark>

미쓰비시 공업 주식회사

미국의 거대 화학회사 듀폰의 CEO 찰스 홀리데이가 아시아 담당임원이던 시절, 빨리 은퇴하고 싶다는 말을 입버릇처럼 달고 살았다. 이렇게 피곤한 일은 싫다는 것이 이유였다. 안심하고 살 수 있을 만큼의 돈만 모으면 바로 은퇴한다고 하길래, 은퇴하고 무엇을 할 거냐고 물었다. 그랬더니 플로리다에 집을 사고 낚시와 트롤링, 골프를 하겠다는 것이다. 그래서 그런 일만 계속 하면 지겹지 않겠냐고 했더니 그럴지도 모른다고 했다. 지겨우면 어떻게 할 거냐는 물음에 한참을 생각하더니 대학에 가서 공부나 하겠다는 대답을 했다.

그로부터 15년이 지난 지금, 그는 아직도 듀폰에서 CEO로 일하고 있다.

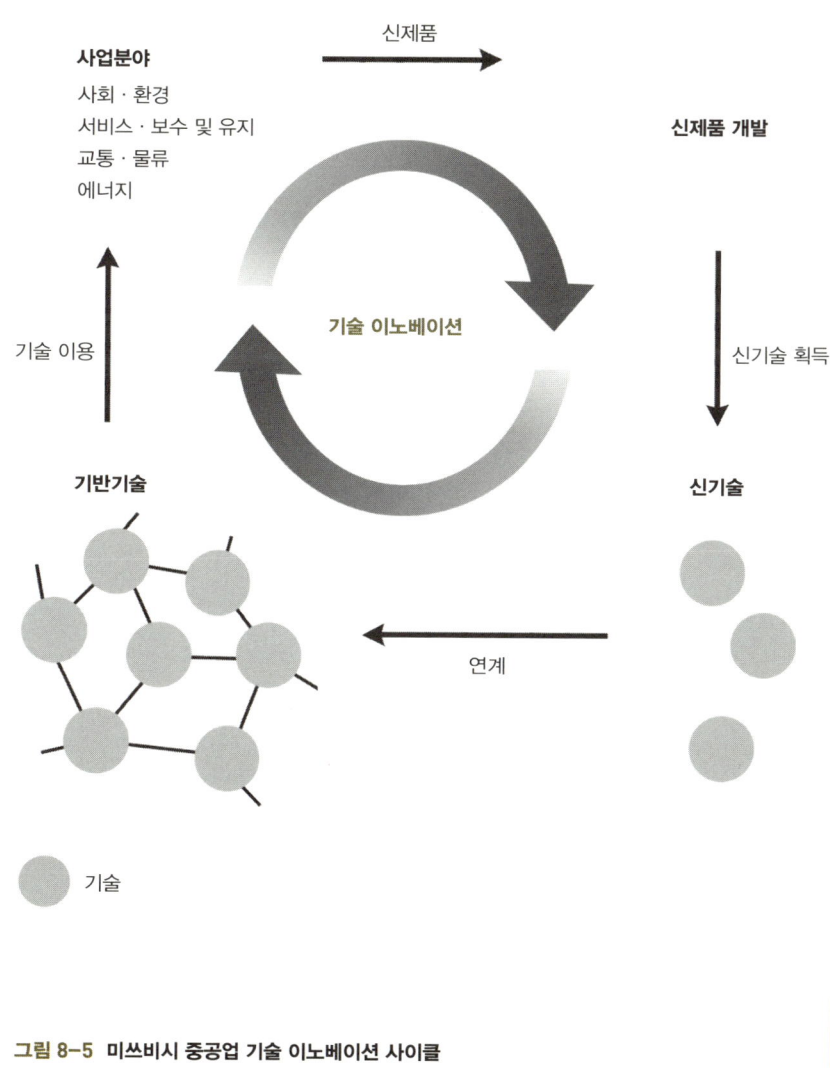

사업분야
사회 · 환경
서비스 · 보수 및 유지
교통 · 물류
에너지

신제품

신제품 개발

기술 이용

기술 이노베이션

신기술 획득

기반기술

신기술

연계

기술

그림 8-5 미쓰비시 중공업 기술 이노베이션 사이클

시대의 최첨단 기술을 이용해서 상품을 개발해 온 기업이라 해도 앞으로 계속 최첨단 기술과 상품을 개발할 수 있다고 말하기는 힘들다. 새로운 기술을 개발하는 기업은 전 세계에 수없이 많고, 어느 날 갑자기 어딘가에서 신기술 개발에 성공했다고 발표하는 것도 놀라운 일은 아니다. 역사가 길고, 취급하는 상품 종류가 많은 기업에는 특히 강한 기술 분야가 있다. 그 때문에 강한 기술을 바탕으로 새로운 기술을 개발하는 개량적 개발이 많고, 기업의 미래상으로 새로운 기술 분야에서 새로운 상품을 개발하는 이노베이션 개발도 자주 있다.

기업이 지속적으로 성장하려면 개량적 개발만으로는 한계가 있다. 그 때문에 기술 이노베이션은 기업 미래를 위해 매우 중대한 과제다. 이노베이션을 지원하는 환경은 지식 시스템에서 지원 가능하다. 이것은 신기술과 기존기술을 관련짓는 일이다. 기업이 신제품을 개발하면 대부분의 기업은 기획서, 사양서, 설계도면, 작업 매뉴얼, 프로토타입, 관련의사록 등을 대외비밀로 보존한다. 그리고 한정된 사람만 그 내용을 열람한다. 그 결과 신기술이나 신지식 활용이 한정되어 기존 기술이나 지식과는 아무런 연관성을 갖지 못하고 독립해서 보존된다. 이러면 조직 기술, 조직 지식으로 이용할 수 없다.

신제품을 개발하면 개발과정에서 얻은 기술과 지식을 기존 기술과 지식에 관련짓는다. 단 관련지을 때는 과학적이며 경제적인 이유를 명확히 해야 한다. 경우에 따라서 이유를 명확하게 표시하지 못할 때도 있지만 그것은 앞으로 개발대상이 될 분야이거나 아직은 해석하지 못하는 내용이다. 전체적으로 볼 때 기존 지식에 새로운 지식을 관련 지으면 지식은 증가한다. 그러나 지식이 더욱 증가하려면 모든 지식을 네트워크 구조로 표현해야 한다. 지식 네트워크에 새로운 지식을 추가하면 네트워크상에 연결된 방대한 지식에 영향을 미치면서 지식 네트워크는 성장한다.

기술 이노베이션을 지원하려면 외부에서 들어온 새로운 지식에 내부 지식 네트워크가 어떻게 반응하는지 파악해야 한다. 예를 들어 특정 지식을 내부 지식 네트워크와 관련지어 지식 네트워크가 반응하는 폭과 깊이를 정량으로 판단한다. 여기서 신지식은 지식 네트워크 반응을 평가하기 위해 사용했기 때문에 지식매체로 정의한다. 지식매체는 신문, 잡지, 논문, 정책, 전략, 동향 등 다양한 형태가 될 수 있다.

73.
미쓰비시
중공업
지식 시스템
특징

미쓰비시 공업 주식회사

21세기 COE(Center Of Excellence)라는 문부성 과학 프로그램이 있다. 일본 대학 몇몇 곳에서도 COE를 인정했고, 현재 도쿄대학에는 28개의 COE가 있다. 나는 COE를 담당하고 있는 부학장이므로 그 내용을 이해하고 있어야 한다. 그러나 뉴트리노, 뇌과학, 메가시티에서 soft low까지 열거하면 전체상을 부감하는 건 도저히 불가능하며 내용까지 이해하는 건 그 중 2~3개뿐이다. 그래서 지적흥미를 가진 사람이라면 이해할 수 있도록 내용마다 8페이지씩 정리한 책을 만드는 기획을 하고 있다. 책 내용을 CD로도 만들어서 컴퓨터 화면을 클릭하면 각 내용에 해당하는 홈페이지로 이동하도록 한다. 홈페이지는 더욱 세밀한 부분으로 이어져 전문적으로 다가가려는 사람은 원저자 논문까지 볼 수 있다. 즉 책은 모든 사람이 이해할 수 있는 수준으로 만들고, 읽는 사람의 전문과 흥미에 맞춰 세부 수준까지 도달하도록 만들어야 한다. 이것은 지식 구조화에 대한 내 생각 중 하나다.

지식관리 시스템 실현도

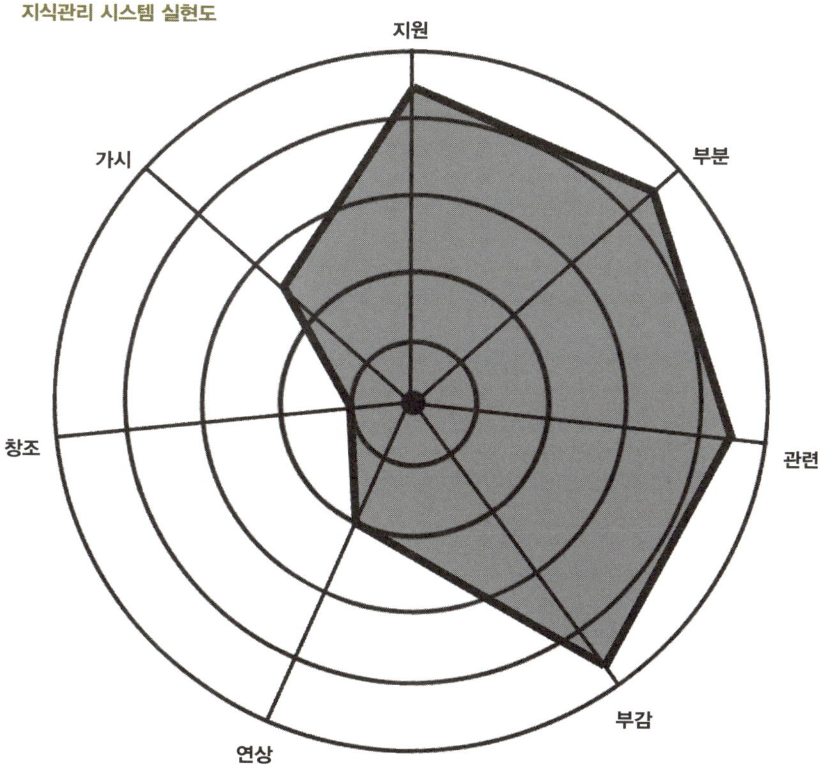

지원

부분

관련

부감

연상

창조

가시

프로덕트 특징

종합기계회사로 선박,
철강건설, 원동기, 원자력,
기계, 항공우주 범용기,
산업기기, 인쇄기계, 공작기계 등이
중대한 프로덕트다.

지식관리 시스템 특징

고유기술에 대한
지식 축적·공유와 동시에
신상품 개발에서 얻은 신기술을
기존 기술과 관련지어
기술 이노베이션을 지원한다.

그림 8-6 미쓰비시 중공업 지식 시스템 특징

미쓰비시 중공업이 운용하는 지식 시스템을 기술 이노베이션 관점에서 살펴보면 가시, 부분, 관련, 부감은 그 기능을 하고 있다. 그러나 지원, 창조, 연상은 만족할만한 기능을 하지 못하고 있음이 사실이다. 이 현상은 제조업에서 가장 많이 보이는 패턴이다. 어떤 의미에서 보면 가시, 부분, 관련, 부감은 시스템 인티그레이트(SI) 실력이다. 전 세계 메이저 시스템 개발기업이 개발한 시스템을 사용하는 유저 기업을 보면 대부분 같은 상황으로 이들 기능을 운용하고 있다

하지만 사내 지식을 활성화시켜 기술 이노베이션을 촉진하고자 하는 유저 기업에는 지원, 창조, 연상기능이 필요하다. 지원은 지원하는 객체 단위에 따라 시스템 운용 방식이 변한다. 예를 들어 같은 재고관리 시스템이라도 시스템 이용자에 따라 운용방식과 열람하는 지식이 바뀐다. 창조는 지식매체를 이용해서 지식 네트워크 반응을 시험한 결과로 새로운 전략을 만들지를 결정하는 과제다. 연상은 다른 지역에서 생산한 다른 제품에 공통 지식을 인식할 수 있는지를 알아보는 과제다.

지원과 연상은 지식 시스템 운용방식에 따라서 달성가능한 부분이 있다. 창조는 기업전략과 관련지어 생각해야 한다. 예를 들어 나노테크놀로지에 대한 지식을 네트워크로 표현했다고 하자. 지식 네트워크 작성과 운용에도 난제가 많기 때문에 개발이 쉽지 않다. 그러나 나노테크놀로지 지식으로 이뤄진 지식 네트워크에서 자사 전략을 만드

는 과정은 더욱 어렵다.

전략을 만들기 위해서는 다양한 시나리오를 만들어야 하는데 시나리오는 지식 네트워크에 대해 다양한 해석과 대응을 한다. 일반적으로 지식 네트워크상에서 둘로 분리되는 지식은 거의 없다. 대신 지식을 둘로 연결하는 능선은 여러 개 존재한다. 이 능선을 어떻게 해석하는지에 따라 다양한 시나리오가 가능하며, 이 시나리오와 기업이 지향하는 목표나 보유자원 등을 비교하면서 전략을 만든다. 이들은 일정부분 지식 시스템에서 실현가능하다.

창조를 실현하기 위해 전문가의 사고를 구조화해서 기업 기술개발전략(TO-BE)과 관련짓는 방법이 있다. 나노테크 분야를 예로 들면 특정기술 전문가의 사고를 구조화해서 나노테크 관련특허 현상과 비교하는 것이다. 그 결과 현상과 목표가 뚜렷하게 나타나기 때문에 기업전략이 선명해진다.

74.
농약개발 전략

스미토모 화학 주식회사

학생들에게 "교수님은 학창시절 무엇을 하셨어요? 왜 환경 연구를 시작하셨나요?" 등등 많은 질문을 받는다. 난 "자네들과 별반 다르지 않네. 서클 활동도 했고, 여자친구를 사귀기 위해 필사적으로 애써봤고, 친구들과 여행도 다녀봤어. 미래를 생각하면 불안하기도 했고 기대감도 있었지. 그리고 공부도 약간은 했어"라고 말한다. 그러면 학생들은 어느 정도 안심한다.

학창시절, 한 교수님한테 "자네들은 꿈이 없어"라는 말을 들은 적이 있다. 그 교수님은 비행기가 좋아서 공학자가 됐다고 말씀하셨다. 난 물론 그런 꿈은 없었지만, 그 말이 사실인가 하는 생각도 들었다. 단지 시대의 흐름이 아니었을까? 그렇다면 난 학창시절 첨단기술이었던 컬러텔레비전을 보고 감명 받아서 공학자가 됐을까? 그건 아니라고 본다. 난 학생들에게 말한다. "꿈과 사명감을 가진 사람은 좋다. 하지만 그런 것이 없다고 걱정할 필요는 없다."

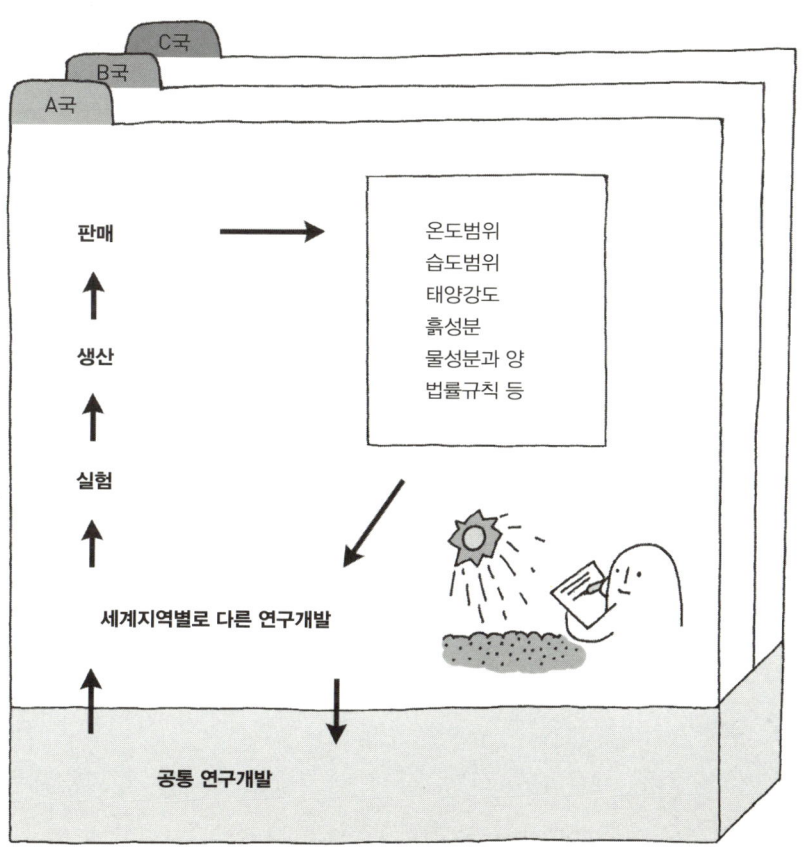

그림 8-7 스미토모 화학 농약개발 전략

농약은 농업생산을 할 때 쓰는 화학약품이다. 농업생산을 하려면 먼저 토지가 필요한데, 토지는 장소마다 그 특징이 다르다. 토지의 특징을 나타내는 기준으로 온도범위, 습도범위, 태양강도, 흙성분, 물 성분과 양이 있다. 그러므로 토지에 따라 사용하는 농약 성분도 달라져야 한다. 또한 토지는 나라나 지방에 따라 다른 법률규제를 받는데, 토지 특징과 법률규제가 다르기 때문에 농약 실험, 생산, 판매에 이르는 기업 활동도 일반적으로 그 농약을 사용하는 나라에서 이뤄진다. 그 결과 같은 농약이라도 판매하는 나라마다 실험과 생산거점을 유지해야 한다.

스미토모 화학은 농약용살충제, 농약용제초제, 농약용살균제, 식물성장조정제, 생물농약, 화학비료 등을 생산, 판매한다. 이들 제품을 개발하기 위해서는 다양한 분야를 연구해야 하는데 보통 여덟 가지 코어기술을 선택해서 집중적으로 연구한다. 여덟 가지 코어기술은 정밀고분자가공, 고분자기능설계, 기능성염료, 바이오, 결정구성제어, 키랄화, 소성이다. 코어기술에 집중해서 시너지 효과를 얻고 결과적으로 연구개발 효율을 향상시키는 것이 목표다.

이들 여덟 가지 코어기술을 지원하기 위한 기반기술은 유기합성, 무기합성, 고분자합성, 분석물성, 안전성평가, 게놈과학, 프로세스 개발, 재료설비기술이다. 코어기술과 기반기술은 새로운 농약 개발과 기존농약 개량을 지지한다.

최근에는 농약개발과 관련된 다양한 기술과 법규제 외에 사회현상에 대한 사회적 인식도 중요한 영향을 미친다. 이제는 농약오염, 농약잔류, 환경호르몬에서 무농약농업까지 일반인도 농약과 관련된 일을 자신의 문제로 인식하기 시작했다. 환경문제를 논할 때 과도한 농약사용은 비판을 받지만, 실제로 농약에 대한 범위는 명확하지 않다. 단순히 방제하기 위한 살생제를 농약이라고 부르는 경우도 있고, 생물제어제를 통틀어 농약이라 부르는 경우도 있다.

농약개발의 큰 흐름은 필드 실험을 중심으로 한 개발에서 컴퓨터로 대량 처리하는 데이터베이스와 농약 거동예측을 시뮬레이션하는 것으로 점점 변해간다. 그 결과 농약개발을 하는데 있어 전통적으로 중요시 여겼던 학문분야 외에 최근에는 정보기술 활용이 농약개발 효율 향상에 큰 영향을 미친다. 컴퓨터 상에서 가상실험, 가상생산, 가상이용 하는 예측기술 발전은 농약개발 전략을 바꾸고 있다.

75.
연구개발의
거점 결정
문제

스미토모 화학 주식회사

학생운동과 베트남 전쟁이 한창이던 60년대에
는 산학연계를 나쁜 것으로 치부했다. 30년 전부
터는 인식의 변화로 산학연계를 권장하기 시작
했다. 많은 국립대학에 산학연계 조직과 건물을
세우기 시작했지만 지금까지도 산학연계 필요성
이 제창되고 있는 이유는 이것이 제대로 활용되
지 못했기 때문이다. 학제연구, 학문융합과 같은
말이 나온 지도 오래 됐다. 이 역시 제대로 되지
않기 때문에 그렇다. 그러나 소리만 높인다고 제
대로 되는 건 아니다. 제대로 하려면 조건을 정비
해야 한다. 현재 교육기본법을 개정해서 애국심
과 도덕심을 기술하려는 움직임이 있는데, 법률
로 정하면 애국심이 눈을 뜨고 도덕심에 꽃이 핀
다고 생각하는 걸까?

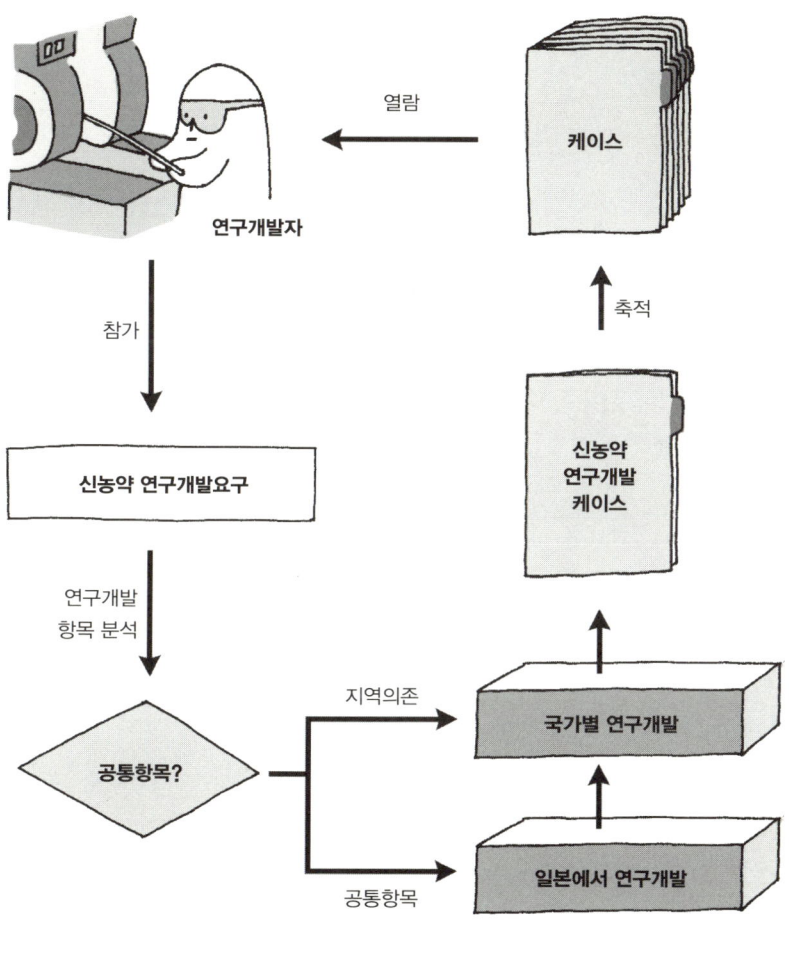

그림 8-8 스미토모화학 연구개발 거점 결정 문제

컴퓨터를 이용한 농약개발 정보기술로 개발효율이 향상되는 경우에도 그 중심에는 연구자가 있다. 아직은 컴퓨터가 완전한 예측을 내리지 못하기 때문에 일반적으로 연구자가 다양한 요인을 참고하여 결론을 낸다.

중요한 문제는 농약개발 중심에 있는 연구자 간의 커뮤니케이션 지원 방법이다. 연구자는 커뮤니케이션을 통해 지식을 공유하고 자기가 가진 의문에 대한 답을 얻는다. 이런 커뮤니케이션이 가능한 '장소'를 만드는 것이 농약개발조직의 중요한 과제다. 장소는 어느 건물 세미나실이든 학술대회든, 사이버공간이든 상관없다. 하지만 개발조직이 전 세계로 분산된 농약개발조직에서는 사이버공간을 더욱 중요시 여긴다.

사이버공간에 인위적인 장소를 만드는 경우도 있지만 그보다는 메일과 같은 통신수단을 이용해서 연구자들이 자유롭게 커뮤니케이션하는 분위기가 중요하다. 일반적으로 실험이 필요한 연구는 자유발상과 재현을 통해 반복 확인해야 하는 속성이 있다. 재현은 혼자서도 가능하지만 자유발상은 다른 사람과 의견을 교환해야만 가능한 것이다. 그러므로 특히 농약개발의 초기단계에는 연구자들의 커뮤니케이션을 지원하는 일이 중요하다.

스미토모 화학은 새로운 농약개발에 대한 요구가 있으면 먼저 연구개발항목부터 분석한다. 그런 다음 공통항목과 국가별 항목을 구분해서 연구개발하고, 연구개발 결과는 모든 지식 베이스에 축적한다. 연구자는 지식 베이스에 있는 개발 케이스를 참고하여 농약을 개발한다.

어떤 경우라도 공통항목과 국가별 항목을 간단히 구분할 수는 없는데, 심지어는 전략적인 개발구분을 바꾸는 경우도 있다. 이 같은 경우에는 연구자들이 커뮤니케이션으로 개발항목을 구분하는 것이 더욱 현실감 있다.

농약개발에 관련한 연구자와 관계자가 전 세계에 분산돼 있는 경우 활발한 커뮤니케이션을 지원하는 방법으로 지식 포켓이라는 개념이 있다. 이것은 완벽하게 정리된 지식이 아닌, 파편적인 지식에 가깝다. 예를 들면 신문 뉴스를 보고 떠오른 발상을 지식 포켓에 담는 방식으로, 결과적으로 지식 포켓 속에는 언제나 다양한 파편적 지식이 담겨 있게 되며 연구자는 이들을 보고 스스로 해답을 얻거나 자기 연구에 이용한다. 지식 포켓은 기능면에서도 사내 인트라넷 게시판처럼 간단히 실현할 수 있다.

76.
스미토모 화학 지식 시스템 특징

스미토모 화학 주식회사

야마자키 도모코 선수가 올림픽 평형에서 금메달을 딴 후, "제 인생에서 가장 행복한 순간이에요"라고 말했다. 열네 살 소녀가 이렇게 대답하는 걸 본 사람이면 아마 누구든 흐뭇한 미소를 지었을 것이다. 누구나 인생을 살면서 몇 번 쯤은 정말로 기쁜 일을 겪는다. 내게도 지금껏 살아오면서 정말로 기뻤던 적이 있다. 바로 대학교 4학년 때 미식축구로 메이지를 이겼던 일이다. 그때만 해도 미식축구는 지금처럼 메이저 스포츠가 아니었기에 나 정도의 운동실력만 갖고도 2학년부터 정식선수로 뛸 수 있었다. 2, 3학년 때는 2부 리그에서 연전연승했다. 이 여세를 몰아 3학년 때는 교체경기에 투입돼서 이겼고, 4학년이 되자 당당히 1부 리그에서 뛰었다. 그런데 1부 리그에서는 연전연패였다. 지금도 기억에 생생한 5번째 시합, 강호 메이지전. 빗속의 고마자와 제2구기장에서 치러졌던 경기의 결과는 12대 6으로 우리 팀의 승리였다. 어떻게 이겼는지는 지금도 모르겠다. 대학시절 대부분의 기억이 희미해져 가지만 그 날 경기만은 아직도 생생하다.

지식관리 시스템 실현도

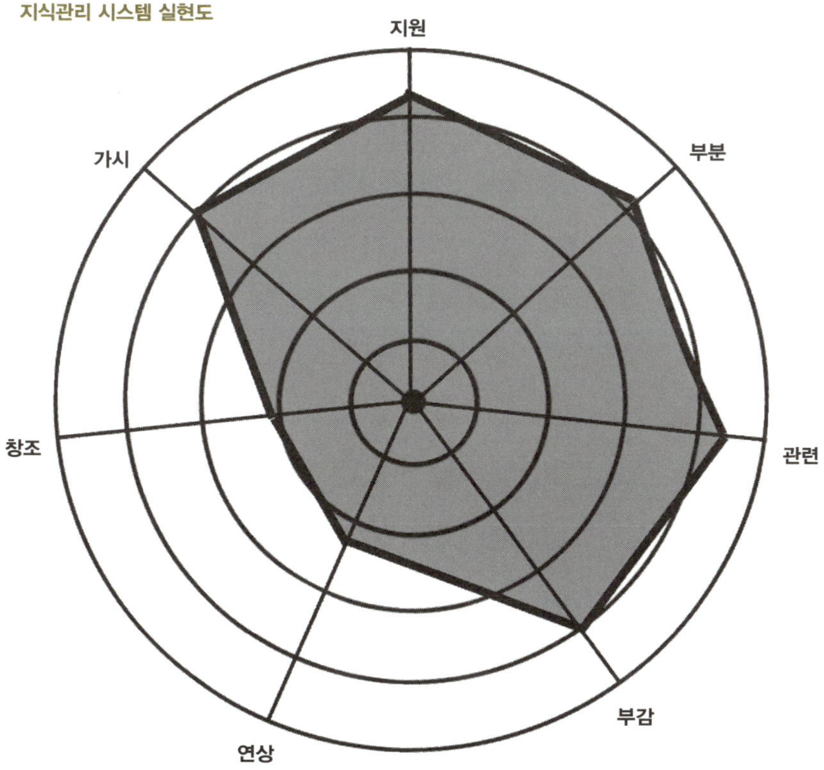

지원
부분
가시
관련
창조
부감
연상

프로덕트 특징

농약은 그것을 사용하는 환경과 수단이 틀리고, 나라마다 안정성 기준이나 규제가 다르다.

그림 8-9 스미토모 화학 지식 시스템 특징

지식관리 시스템 특징

같은 문제로 보이는 경우도 농약을 사용하는 나라마다 관련 지식이 다른 경우도 있다. 따라서 같은 문제에 대해서 관련이 있을 법한 복수 지식을 제시할 수 있는 시스템이 바람직하다.

제품의 개발을 위해 전 세계에 개발거점을 설치하고 운용하고 있는 기업도 많다. 개발거점이 있는 한 곳에 집중하는 방법과 다양한 장소로 분산하는 방법은 제품 특징에 따라 그 장단점이 다르다. 또한 경제적인 이유로 두 가지 방법 중 하나를 선택하기도 한다. 스미토모 화학은 농약개발의 중심개발 거점은 일본에서 운용하면서, 전 세계 주요 지역에 개발거점을 두고 운용하고 있다. 이들 개발거점은 인트라넷으로 다양한 지식을 공유하며, 또 연구자와 관계자들은 메일로 연구개발을 위한 지식을 공유하거나 의문점을 상담하기도 한다.

농약을 개발하는 기업으로서 스미토모 화학 지식 시스템을 살펴보면 가시, 부분, 관련, 부감은 기능을 한다. 즉 시스템은 복수 모듈 집합으로 구성되며, 시스템 움직임은 유저도 이해하고 있다. 농약개발에 대한 지식이나 개발결과는 하나의 사례로 지식 베이스에 축척하고 조직에 있는 연구자가 공유한다. 또한 시스템을 통해 농약개발 전모를 파악할 수 있다. 지식 시스템 지원은 개발하는 농약이 그 중심이 되지만 앞으로는 연구자와 관계자들을 개인차원에서 지원해야 한다.

농약은 사용하는 나라와 지역에 따라 관련법규나 규제가 달라진다. 그 때문에 농약 연구개발의 문제점은 같아도 해결하는 지식이 다른 경우도 있다. 이런 특징 때문에 지식 시스템도 창조와 연상기능이 필요하지만, 아직 실현되지는 않았다. 농약의 개발경위나 결과를 사례로 축적해서 열람하고 참고하는 것은 일반적으로 지식 베이스를 이용하는 방법이다. 하지만 창조기능이 있다면 기존 사례에서 새로운 시나리오를 자동적으로 생성할 수 있고, 그렇게 되면 기존 사례를 동적으로 활용하는 것이 가능하다.

농약개발에는 다양한 학문분야의 지식, 농약을 사용하는 나라나 지역의 법률규제가 많은 영향을 미친다. 그러므로 일정영역의 지식만으로는 농약을 개발하지 못한다. 연상은 다른 영역에서 방대한 지식이 혼재한 경우 특정 지식과 관련 있는 다른 지식으로 나아가는 기능이다. 연상기능이 있으면 시스템이 특정 문제의 관련 지식을 제안할 수 있기 때문에 연구자의 연구개발 효율이 높다.

77.
영업력 향상을 위한 영업지식 공유

일본전기주식회사 NEC

시스템이란 말은 여러 분야에서 사용되지만 좀처럼 이해하기 힘든 것이 사실이다. 스포츠 방송에서 야구 해설자가 말하길 요즘은 마무리 투수가 좋은 팀이 강하다고 한다. 분명 다이마진 사사키와 같은 마무리 투수는 스타덤에 올랐다. 그러나 선발 투수가 2회도 버티지 못하고 KO된다면 마무리 투수가 설 자리는 없다. 양키즈의 강점은 선발 투수 5명이 뛰어난 점이라고 들었다. 그러나 선발투수도 요즘에는 6, 7회 밖에 던지지 않기 때문에 셋업맨이 잘 하지 않으면 마무리가 있어도 소용없다. 선발과 셋업맨이 잘 하면 드디어 다이마진이 나설 차례다. 그러나 공을 치지 못하면 선발, 셋업맨, 마무리 투수가 아무리 잘 해도 소용없고, 타선이 강하면 투수가 웬만큼만 던져도 이긴다. 바꿔 말하면 팀이란 종합력을 갖춘 시스템 기능이다.

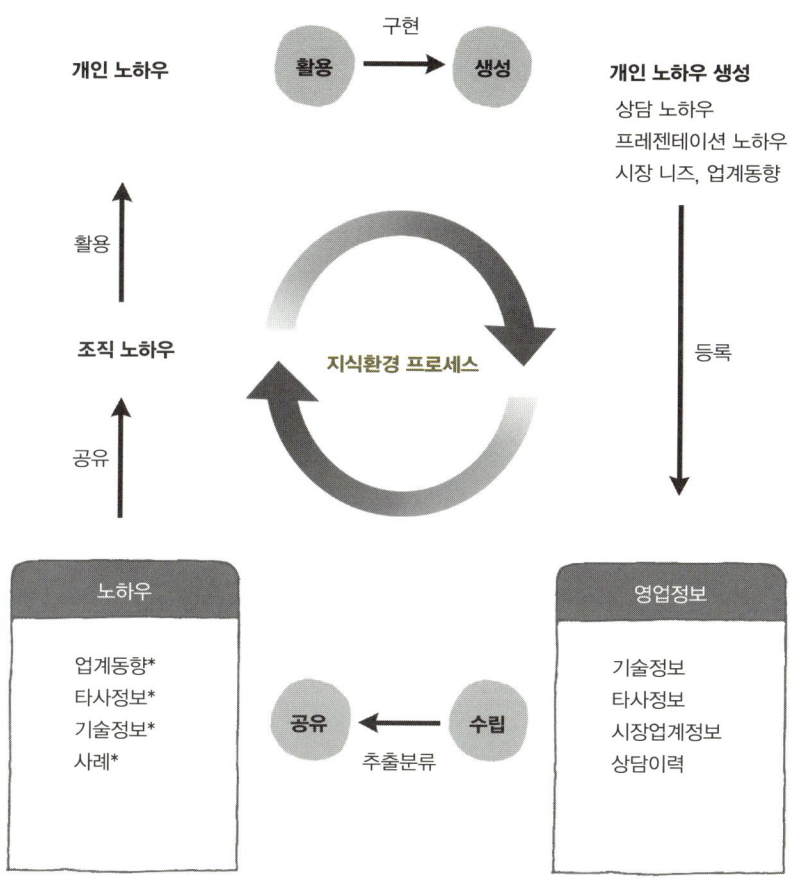

개인 노하우

구현

활용 → 생성

개인 노하우 생성
　상담 노하우
　프레젠테이션 노하우
　시장 니즈, 업계동향

활용

조직 노하우

공유

등록

지식환경 프로세스

노하우

　업계동향*
　타사정보*
　기술정보*
　사례*

공유 ← 수립

추출분류

영업정보

　기술정보
　타사정보
　시장업계정보
　상담이력

그림 8-10 NEC의 영업력향상을 위한 영업지식 공유

어떤 기업이든 영업활동이 중요하다. 아무리 좋은 제품을 개발해도 영업에 실패하면 기업 경영은 위기를 맞는다. 그 때문에 기업은 영업력을 향상하기 위해 다양한 방법을 개발한다. 영업은 사람이 하는 활동으로 시스템에 의한 자동화는 불가능하다. 따라서 영업력 향상을 위해 특정 방법을 개발하는 것은 사람의 활동을 지원하는 내용이 대부분이다.

영업력이 있는 사람은 일반적으로 정보 활용능력이 높다. 얼핏 보면 관계가 없어 보이는 정보라도 그 안에서 의미 있는 정보를 찾아내 자신의 영업에 활용한다. 예를 들어 신문을 읽어도 정치면부터 사회면까지 다양한 기사에서 자신의 영업 활동에 영향이 있을 법한 기사를 바로 찾아낸다. 이것이 가능한 이유는 신문기사 간 관련성을 생각하기 때문이다. 다양한 정보의 관련성을 이해하면 자신에게 의미 있는 정보를 구분할 수 있다.

개인 경험이 중요한 영업에서 개인 경험과 지식을 조직 지식으로 변환하지 못하면 언제까지고 개인에게 의존하는 영업에서 벗어나지 못한다. 개인이 가진 영업지식을 조직 지식으로 변환하려면 지식 등록과 추출을 실현해야 한다. 일본전기주식회사NEC의 경우는 영업지식을 공유하기 위해 지식순환 프로세스를 정의하고 각 프로세스를 지원하는 시스템을 운용한다. 이 시스템으로 영업지식 공유와 영업력 향상을 꾀하며, 영업을 하는 개인은 영업활동을 통해 상담 노하우, 프레젠테이션 노하우, 시장 니즈, 관련업계 동향 등 다양한 노하우를 얻는다. 공부를 해서 얻을 수 있는 내용도 있지만 경험과 실무를 통해서만 가능한 내용도 있다. 이런 내용을 잘 알고 있을수록 유능한 영업담당이 된다. 그러나 개인이 가진 영업지식은 조직 영업력과는 관계가 없다. 그래서 개인이 가진 지식을 등록해야만 하는데 그 내용에는 기술정보, 타사정보, 시장업계정보, 상담이력, 영업매뉴얼 등이 있다.

개인이 등록한 내용에 다른 사람이 추가로 다른 내용을 등록하게 되면 내용이 보다 알차지며, 이 내용을 조직내부에서 공유하면 개인 지식이 조직 지식으로 변환한다. 이런 지식순환 프로세스가 있다고 해서 개인 지식이 조직 지식으로 바로 변환되지는 않지만, 이런 노력도 하지 않는다면 조직 지식은 창조되지 못한다. 그러므로 기업은 조직 지식을 창조하기 위해 시스템이나 방법 개발에 경영자원을 사용한다.

KNOWLEDGE

78.
지식관리 성장단계 모델

일본전기주식회사 NEC

경영 컨설팅은 수지가 맞지 않는 장사라고 들었다. 야구 코치는 선수들의 문제점을 지적하고 가르치기 때문에 경기가 잘 풀리면 모두들 코치에게 감사해 한다. 하지만 경영은 구체적인 해결책을 제시하는 것이 힘들다. 회사 실태를 구체적으로 알지 못하면 불가능하기 때문이다. 모든 사원이 목표를 공유할 수 있는지, 정보가 정확히 전달되는지를 체크하는 체크 패턴을 가지고 있어도 이것을 가지고 어떤 식으로 해결해야 하는지는 그때그때 다르다. 컨설턴트는 해결책을 이끌어내는 방법을 가진 사람이라 해도 좋다. 하지만 해결책을 실행하도록 결단을 내리는 것은 컨설턴트가 아닌 회사다. 경영개혁이 성공해서 업무 실적이 회복되면 경영자는 본인이 개혁했다고 생각하는 경우가 많다.

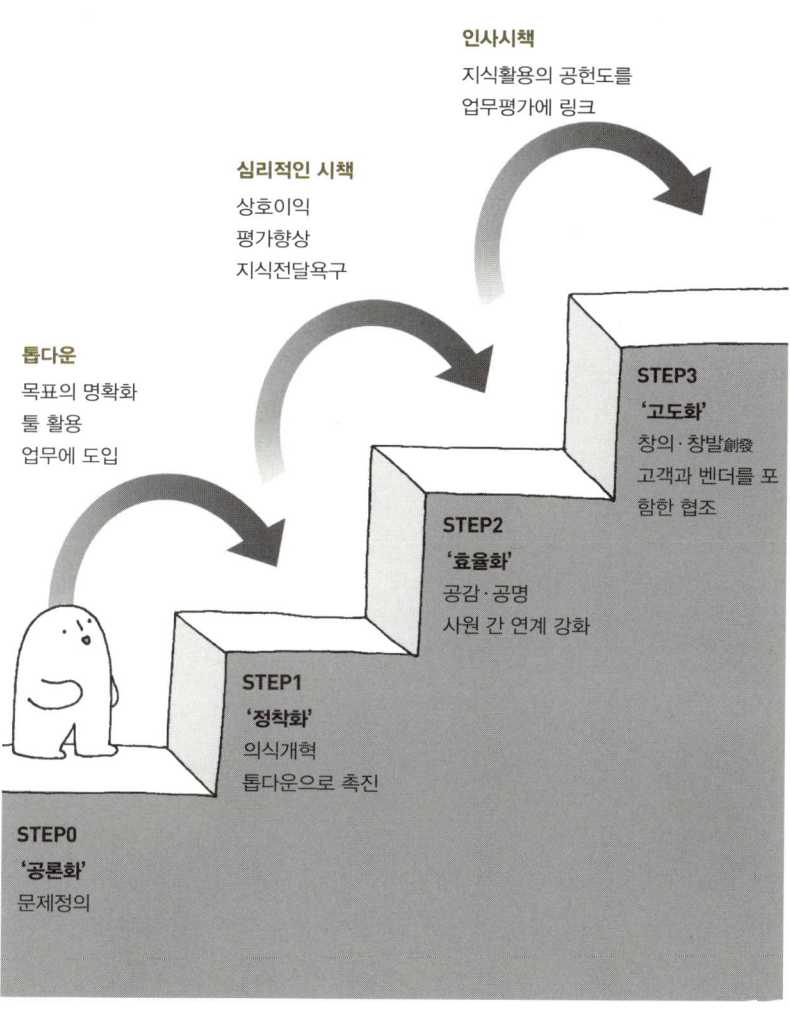

인사시책
지식활용의 공헌도를
업무평가에 링크

심리적인 시책
상호이익
평가향상
지식전달욕구

톱다운
목표의 명확화
툴 활용
업무에 도입

STEP3
'고도화'
창의·창발創發
고객과 벤더를 포
함한 협조

STEP2
'효율화'
공감·공명
사원 간 연계 강화

STEP1
'정착화'
의식개혁
톱다운으로 촉진

STEP0
'공론화'
문제정의

그림 8-11 **NEC 지식관리 성장단계 모델**

  개인이 가진 지식을 조직 지식으로 변환할 때는 먼저 목표를 정해야 한다. 이미지든 구체적인 숫자든 상관없다. 그러나 모든 조직원이 납득하고 반드시 실현하고 싶어 하는 내용이 아니면 사람들의 협력을 얻기 힘들다. 기업의 지식관리 추진 담당자와 다른 사원들 사이에 인식의 벽이 있으면 조직 지식은 창출하기 어려운 것이다. 이때 실현되기를 바라는 항목을 정리하는 희망항목 열거법을 사용하면 목표를 정하기 쉽다.

  목표를 정하면 시나리오를 만든다. 시나리오를 만들 때에는 예상 문제점과 개선책, 담당자, 추진일정, 필요예산, 달성목표 등을 명확하게 한다. 또한 목표 상태와 현실 제약조건을 조화시키는 것이 중요하다.

  NEC는 지식관리 성장단계를 4단계로 구분하고 각 단계마다 달성할 목표를 구체적으로 나타냈다. 제1단계에서는 지금 문제점과 해야할 일을 명확히 제시하고, 그것을 공유하는데, 목표를 명확하게 한 뒤에 목표를 달성하기 위해 필요한 툴과 업무 도입에 신경을 쓰는 것이다.

  제2단계에서는 사원들의 의식개혁을 통해 시스템 정착을 꾀한다. 지식 시스템을 이용하면 상호이익이 있다는 점을 인식시켜 개인이 가진 지식을 조직내부에서 공유하도록 지식전달 욕구를 자극한다. 제3단계에서는 시스템 효율을 높이기 위해 다양한 방법을 도입한다.

이 단계로 들어서면 지식 시스템은 안정적으로 이용된다. 사원은 자기가 가진 개인지식과 영업활동에서 얻은 새로운 지식을 등록하여 그것을 조직이 공유하도록 한다. 제4단계에서는 고객과 협력업체를 포함한 협동으로 지식 시스템의 부가가치를 높인다.

일반적으로 기업이 지식 시스템을 운용할 때 처음에는 톱다운 방식을 써서 강압적으로 추진하는 경우가 많다. 또한 의식개혁과 같은 추상적인 슬로건으로 사원들의 참여를 요구하는 경우도 많다. 그러나 이런 방식보다는 목표로 하는 이미지를 조직이 공유하는 것이 좋다. 조금은 추상적이고, 현실적이지 않은 것이라 해도 조직 전원이 이미지를 공유한다면 언젠가는 지식 공유도 가능하다. 아무리 개인 지식을 조직이 공유하도록 해봤자 저마다 생각하는 이미지가 다르면 실현되지 못한다. 지식 시스템을 구성하는 것은 소프트웨어나 하드웨어가 아닌 개인 지식과 모두가 공유하는 이미지다. 조직은 지식을 공유할 수 있는 장소를 제공해줄 뿐이다.

79.
NEC
지식 시스템
특징

일본전기주식회사 NEC

박사과정 학생들은 대부분 3~4년 안에 수료하기 때문에 박사과정 3년째면 모든 일을 정리할 시기다. 지금도 기억에 남는 한 학생은 박사과정을 밟은 지 3년째 되던 해 9월이 되어서야 자신의 연구에 치명적인 실수가 있음을 발견했다. 석사과정 시절부터 4년에 걸쳐 측정한 데이터에 문제가 생긴 것이다. 온도를 측정할 때 바늘처럼 생긴 열전대라는 온도계를 사용하는데, 과거에 사용하던 온도계는 표준온도를 확인할 필요가 있었다. 때문에 얼음물의 절대영도와 비교해서 온도를 측정했다. 그러나 반도체기술의 진보로 표준온도가 포함된 열전대가 발매되었는데, 그 때가 마침 바뀌기 시작하던 때였다. 그런데 그는 언제부터 신식 열전대로 바꿨는지를 기록하지 않았던 것이다. 심각하게 고민하던 그는 결국 모든 데이터를 고치기로 결심하고는 4개월에 걸친 작업을 마치고 3월에 무사히 학위를 취득했다. 시행착오를 거치며 4년간 모은 데이터를 고치는데 걸린 시간이 4개월이으니 바로 이것이 주전과 후보의 차이가 아닐까.

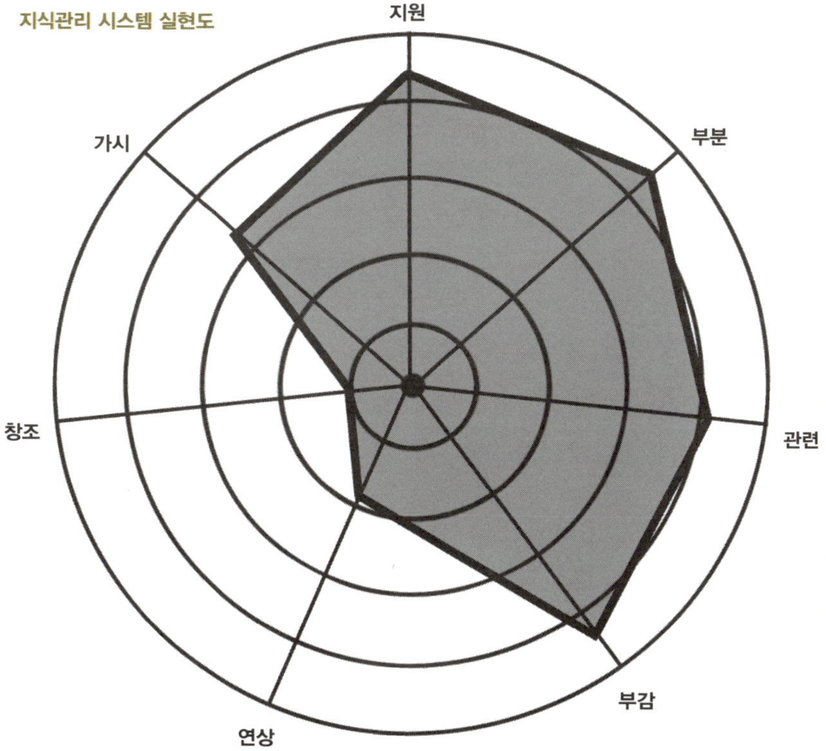

지식관리 시스템 실현도

지원

부분

관련

부감

연상

창조

가시

프로덕트 특징

정보기기와 소프트웨어 등
최신기술의 연구개발을
수반하는 프로덕트가 많다.

지식관리 시스템 특징

최신기술에서 고객정보까지
회사 안에서 정보를 공유하고
부가가치를 높이는 것이
중요하다.

그림 8-12 NEC 지식 시스템 특징

영업을 지원하기 위해 개인이 가진 영업지식을 조직이 공유하고 활용하는 것은 매우 중요하다. 단순히 소프트웨어와 하드웨어를 판매하는 것이 아니라, 복잡한 대규모 시스템을 제안하고 시스템 전체를 판매하는 경우에는 영업 범위와 필요한 지식도 광범위하다. 또한 영업에 관련된 사람도 많기 때문에 누가 어떤 지식을 가졌는지 확인할 수도 없다. 그 때문에 영업을 지원하기 위해 지식 시스템을 운용하는 것은 기업경영의 중요한 항목이다.

NEC가 운용하는 영업지원시스템을 지식 구조화 관점에서 보면 가시, 부분, 관련, 부감은 기능을 하지만 지원, 창조, 연상은 그다지 기능을 하지 않는다.

사원은 영업지원 시스템 구성과 업무방식을 유저로 이해하며, 시스템은 복수 모듈 집합이다. 시스템에 등록된 지식은 상호링크되기 때문에 전체적으로 보면 지식 네트워크 기능을 하며, 영업상황 전모를 볼 수 있다. 그러나 영업을 담당하는 개개인에게 다른 지식을 제공하거나 등록된 지식에서 새로운 시나리오를 창조하는 기능은 없다. 그리고 어떤 지식을 검색해도 관련 지식이 제시되지 않는다.

제안영업은 일종의 창조활동이다. 어떤 문제의식도 없는 고객에게 이런 시스템이 있으면 이런 일이 실현가능하다는 개념을 팔고 그 개념에 찬성한 손님에게는 개념을 실물화하는 구체적인 제안을 한다. 이때는 간단한 기능만 가진 간이 제품이나 크고 작은 모형을 만들기도 한다. 이것을 보고 고객이 만족하면 본격적으로 시스템을 개발해서 판매하는데 이 사이클은 건축 분야든 정보 분야든 동일하다.

개념을 팔 때는 환경친화적, 에너지 절약, 예산 절약, 효과 향상, 판매 증가 등 고객이 중요하게 생각하는 점을 우선시한다. 개념을 팔기 위해 시나리오를 만들거나 관련 지식을 찾을 때에는 지식 시스템 창조와 연상이 특히 중요한 역할을 한다. 또한 영업 사원 개개인의 발상을 존중하려면 개개인을 구분해서 지원해야 한다.

80.
상품개발 및
연구개발
개념과 원칙

가오 주식회사

"우리 대학은 바이오테크놀로지, 나노테크놀
로지, 정보, 환경에 중점을 둡니다." 이런 말은
아무 의미가 없다. 이과계열이 있는 대학에서 이
런 문제에 중점을 두지 않는 대학은 거의 없기 때
문이다. 하지만 나노테크놀로지 화학에 주력한
다고 하면 조금은 의미가 있는데, 나노테크놀로
지의 '탄소 화학'이라는 개념처럼 더욱 구체화해
야만 한다. 마찬가지로 '교육에 중점을 둔다'는
말은 무의미하다. 예를 들면 '나노테크놀로지의
탄소화학 국제거점과 외부조직 협력으로 인턴쉽
제도를 활용해서 첨단기술을 가진 리더를 육성
하고자 한다'는 식으로 말해야 하는 것이다. 개념
을 구체화하면 중복을 피할 수 있고 대학 간 분담
이 가능하다.

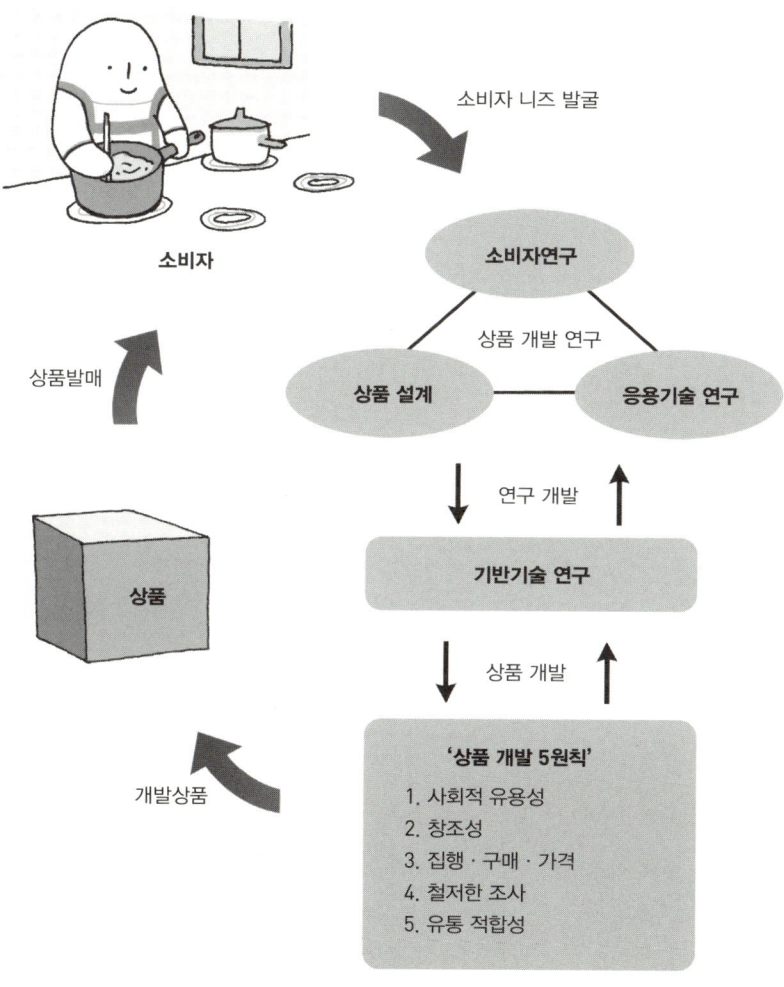

소비자 니즈 발굴

소비자

상품발매

상품

개발상품

소비자연구

상품 개발 연구

상품 설계 — 응용기술 연구

연구 개발

기반기술 연구

상품 개발

'상품 개발 5원칙'
1. 사회적 유용성
2. 창조성
3. 집행 · 구매 · 가격
4. 철저한 조사
5. 유통 적합성

그림 8-13 가오 상품개발 및 연구개발 개념과 원칙

좋은 물건을 만들어야 잘 팔리는 걸까, 아니면 잘 팔려야 좋은 물건일까? 닭과 달걀의 문제처럼 어떤 것이 정답이라고 해도 이상하지 않은 문제다. 그러나 분명한 건 물건을 만들지 않으면 시작도 없다는 것이다. 물건을 만들 때는 무엇을 왜 만들어야 하는지 근본적인 문제에 직면한다. 단순히 재미있어 보여서 물건을 만들기도 하지만 일반 기업은 이런 이유로 물건을 만들지 않는다. 기업이 만들고 판매하는 것을 상품이라 하고 상품을 사는 사람을 소비자라고 한다. 기업은 계속해서 상품을 만들고 소비자는 그 상품을 산다. 기업은 판매해서 얻은 수입으로 다음 상품을 개발해서 판매한다. 보기에는 단순한 사이클이지만 이 사이클을 유지하려면 상품개발과 연구개발이란 두 가지 커다란 기능이 필요하다.

상품개발과 연구개발은 동전의 양면과 같다. 상품개발은 중장기적인 계획보다는 눈앞에 보이는 매출에 영향을 받기 쉽고, 또한 소비자의 제안과 불만도 즉시 반영해야 한다. 그래서 상품은 그 시대를 상징하는 것이다. 한편 연구개발도 상품개발에 빠질 수 없는 기업 활동이지만 비교적 긴 안목을 필요로 하는 것이다. 이런 이유로 중장기적 로드맵과 같은 전략을 세워 추진해야 한다.

동전의 양면처럼 보이는 상품개발과 연구개발을 연결해주는 것이 소비자의 니즈다. 예전에는 회사가 가진 기술을 우선해서 만들면 뭐든지 팔렸던 시대도 있었다. 그러나 지금은 회사의 기술을 우선해서 개발한 상품이 히트하는 경우는 거의 없다. 오히려 최근 히트한 상품을 보면 소비자가 원하는 상품이 대부분이다. 따라서 소비자의 심리와 불만을 빨리 파악하여 상품개발에 반영해야 한다.

이런 이유 때문에 기업 상품개발에 중요한 요소로 소비자의 목소리를 빨리 반영하는 능력이 꼽힌다. 소비재를 생산하는 가오가 소비자 연구를 상품개발, 연구개발과 동일한 수준으로 다루는 점은 매우 흥미롭다. 소비자 연구는 단순히 소비자의 동태를 분석하고 그 특징을 상품개발에 반영하는 것보다 훨씬 적극적인 기업 활동이다.

가오는 상품개발연구를 소비자 연구, 상품설계, 응용기술연구로 구성하고, 상품개발 원칙을 정해 상품개발 지침으로 삼는다. 다섯 가지 원칙 중 사회적 유용성을 첫 번째 원칙으로 삼는데, 이는 소비자를 우선시하는 상품개발 방침과도 일치하는 것이다.

81.
소비자 상담과 기업 활동 사이클

가오 주식회사

미래 인재육성에 관한 심포지엄에 참석한 패널이 토론의 중요성에 대해 지적했다. 얘기는 더욱 발전해서 사람 사이의 교류가 줄어든 것이 근본적인 문제라고 했고, 결국 과거 고등학교 제도를 부활시켜야 한다는 말로 끝났다. 이는 고령자들이 하는 토론에서 자주 등장하는 과거가 좋았다는 식의 패턴이다. 과연 그럴까?

토론이 중요하고 사람 사이의 교류가 중요한 것은 본질이다. 그러나 폭발적으로 증가하는 지식 구조화를 방치하고 과거로 돌아간다면 이것은 퇴보다. 과거가 좋았다는 얘기들 대부분은 본질의 일부만 말한다. 사람과 지식은 모두 중요한 문제다.

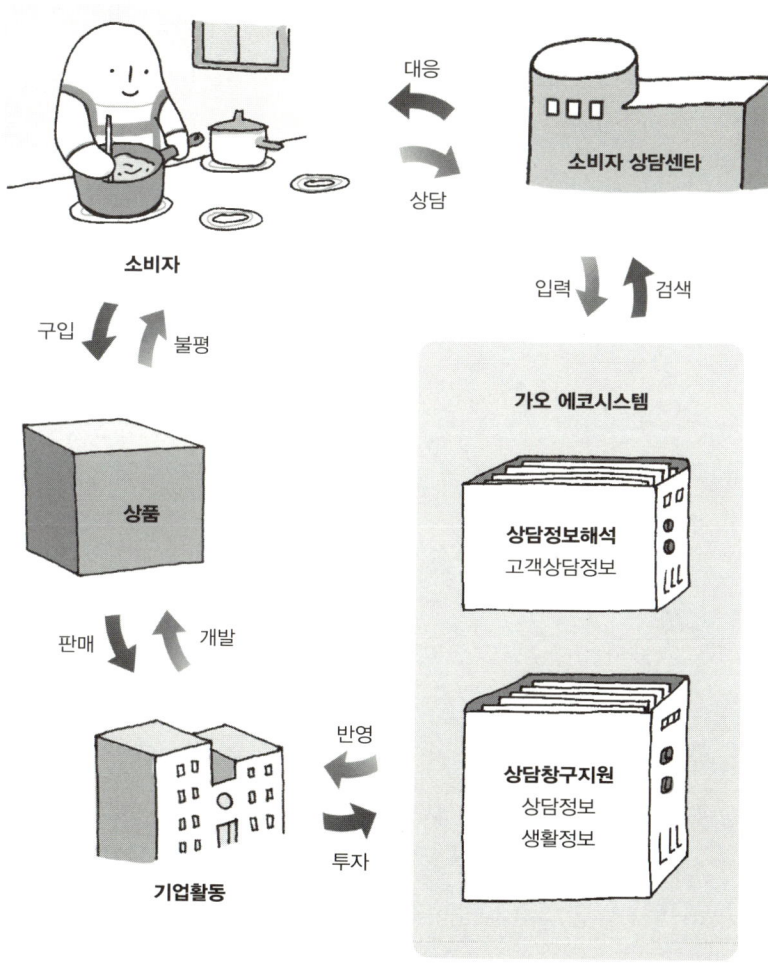

대응

상담

소비자 상담센타

소비자

입력　검색

구입　불평

가오 에코시스템

상품

상담정보해석
고객상담정보

판매　개발

상담창구지원
상담정보
생활정보

반영

투자

기업활동

그림 8–14　가오 소비자 상담과 기업 활동 사이클

소비자 동태를 분석한 결과에서 새로운 상품 힌트를 얻는 일이 많다. 그 때문에 데이터 마이닝 기법을 자주 사용한다. 예를 들어 아기 기저귀를 사는 젊은 아빠는 자기가 보는 잡지도 함께 구입하는 경우가 많고 디지털 카메라를 사는 사람은 프린터도 함께 구입하는 경우가 많다.

소비자 동태를 분석하는 것 외에 소비자를 상품개발에 직접 참가시키는 경우도 자주 있다. 가전제품 상품개발 단계에 주부들이 참여하여 불편한 점을 체크하고, 주니어용 의류 회사는 디자인 단계에서 중학생들의 의견을 적극적으로 수렴하여 상품개발 시 참고한다. 장애인을 위한 상품은 개발 단계부터 장애인이 참여하도록 하여 실제로 이용할 때 편리하도록 한다. 이처럼 해당 제품을 사용하는 소비자가 상품개발에 적극적으로 참여하면 소비자의 요구조건을 상품에 빨리 반영할 수 있다.

이미 판매한 상품은 그 상품을 사용한 소비자의 의견을 기준으로 개량해야 한다. 이런 이유로 기업은 소비자센터와 콜센터, 소비자 상담창구를 갖추고 소비자와 접촉한다. 기업과 상품에 따라 차이는 있지만 소비자센터에는 일반소비재에 대한 불만, 불평, 요구, 어드바이스가 연간 몇만 건에서 몇십만 건이나 들어온다. 기업은 이들의 의견을 활용해서 개량된 상품을 개발한다.

소비자로부터 의견을 듣고 그것을 활용하기 위해서는 해결해야 할 과제가 있다. 먼저 소비자의 불만 내용이 처음인지 여러 번 반복된 것인지를 분석한다. 그 다음 불만을 분류해서 축적하고, 축적한 내용에서 공통된 문제점과 해결을 위한 지혜를 얻는다. 상품을 새롭게 개량한 다음에는 기존에 있던 불만이 얼마나 개선됐는지 검토한다. 이 사이클은 방대한 데이터를 대상으로 하기 때문에 시스템에 따라 지원 내용이 다르다.

가오는 소비자 상담센터를 운용하며 소비자와 접촉한다. 소비자의 불만을 고객 상담정보로 데이터베이스에 축적하고, 상담정보를 해석해서 그 내용을 상품개발에 반영한다. 또한 상담창구에서 소비자와 직접 접촉하는 담당자를 지원하기 위해 상품정보와 생활정보에 대한 데이터베이스를 언제나 새로운 내용으로 갱신한다. 가오는 이 시스템을 가오 에코시스템으로 부르며 기업 활동의 중심으로 삼고 있다.

82.
가오
지식 시스템
특징

가오 주식회사

어느 일요일, 집에서 텔레비전을 보고 있는데 최근 3년 동안 입장객이 3배나 증가한 시영 동물원을 소개했다. 그 비결은 동물을 보는 방법에 있었다. 수조관 안에는 터널이 있어 사람들은 그곳을 통해 걸을 수 있고, 터널을 상하로 가로지른 투명한 원통에서 바다표범이 위아래로 헤엄치기 때문에 어른아이 할 것 없이 모두 좋아한다. 펭귄이 눈길을 따라 뒤뚱거리며 수영장으로 들어가는 모습을 보면 웃음이 절로 난다. 철책이 없어서 사람들은 펭귄을 좀 더 가까이 볼 수 있고, 수영장 안에는 터널이 있어 사람들은 헤엄치는 펭귄을 볼 수도 있다. 눈길에서는 힘겹게 걷는 펭귄이 물 속에서는 먹이를 향해 멋진 고속수영을 하는 모습에 사람들은 탄성을 지른다. 바다표범의 왕성한 호기심과, 눈길만 있으면 물로 향하는 펭귄의 습성을 효과적으로 보여준 이 방법은 현장 사육담당자의 아이디어라고 한다. 대학도 그 대학이 가진 지식을 어떻게 보여주느냐에 따라 평가가 달라질 것이다. 이것이 최근 나의 고민이다.

지식관리 시스템 실현도

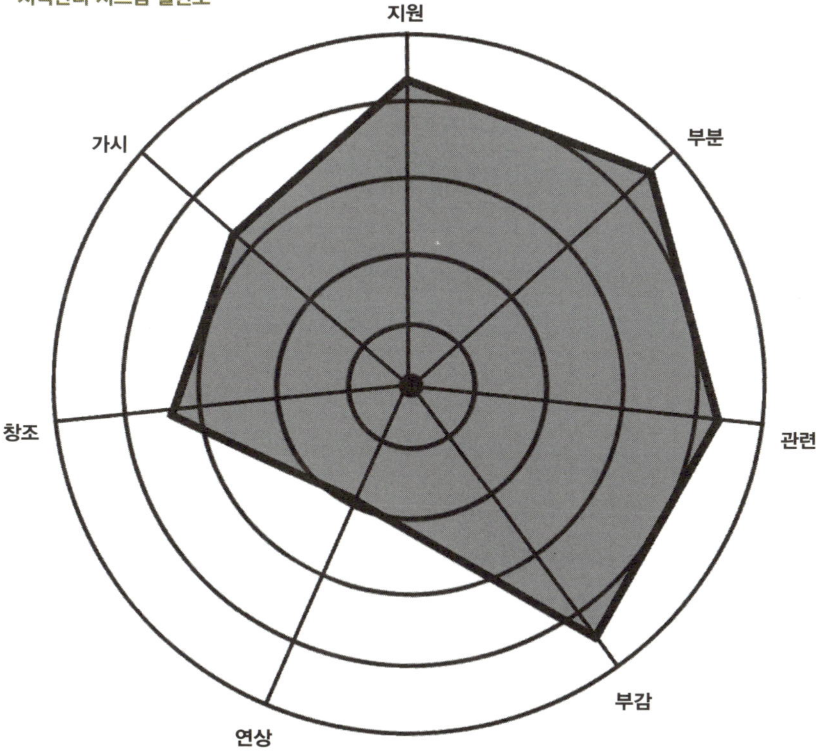

- 지원
- 부분
- 관련
- 부감
- 연상
- 창조
- 가시

프로덕트 특징

일반 소비자를 타깃으로 한
상품 종류는 수없이 많고, 소비자가
직접 의견을 내는 것도 연간
10만 건을 넘는다. 이것을 단기간에
상품에 반영하는 것이 중요하다.

지식관리 시스템 특징

전화나 팩스로 들어오는
소비자 의견과 고충을 관련자에
게 빨리 알려서 상품을 개량하
는 것이 중요하다.

그림 8-15 가오 지식 시스템 특징

STRUCTURING

일반소비재를 판매하는 기업에는 매일 소비자 불만이나 의견이 들어온다. 이를 모으면 연간 몇만 건에서 몇십만 건에 달하는 방대한 양이 되는데, 이를 처리하는 방법에 따라 기업의 제품개발이 바뀐다. 소비자는 자신이 제안한 내용과 불만을 기업이 어떻게 처리하는지에 주목한다. 기업의 처리 방법에 따라 소비자는 암묵적인 판매원이 되기도, 비평가가 되기도 한다.

소비자의 불만사항은 편지, 팩스, 전화, 메일, 게시판 등 다양한 형태로 들어오는데, 이렇듯 방대한 정보를 신속히 처리해서 소비자에게 적절한 대답을 해야 하며, 상품 개량에 신속하게 반영해야 한다. 가오에서는 이들 사이클을 지원하기 위해 에코시스템을 운용하는데, 이 시스템을 지식 구조화 관점에서 보면 가시, 부분, 관련, 부감 기능은 만족스런 역할을 한다.

시스템 움직임은 이해하기 쉬운데, 이 시스템은 몇 개의 모듈 집합으로 구성된다. 소비자의 상담내용은 관계자에게 신속하게 전달해서 상품 개량에 반영하도록 한다. 그래서 가능한 관련 내용을 네트워크로 연계한다.

에코시스템은 소비자와 직접 접촉하는 담당자를 지원 대상으로 상정한다. 하지만 담당자는 완벽하게 시스템에서 지원받지 못하고 타인의 경험이나 지식에 의지하는 부분이 많다. 따라서 소비자와 직접 접촉하는 담당자 개개인이 의식하는 기능은 충분하지 않다.

또한 창조와 연상은 먼저 기능하지 않고 앞으로의 실현을 목표로 하는데, 일반 소비재 상품개발의 창조는 개발개념 작성부터 기능설계에 이르기까지 중요한 역할을 한다. 이 역할은 전통적으로 사람이 하는 지적작업으로 알려져 있지만 소비자가 보낸 의견을 구조화하면 시스템에서도 일정부분은 기대할 수 있다.

연상은 다른 지식에서 또 다른 지식으로 다가가는 기능으로, 상품 수가 많을수록 중요한 기능이다. 상품별로 분류해서 축적한 소비자 의견이라 해도, 연상으로 의외의 부분에서 관련성을 발견하는 경우가 있다. 또 전혀 상관없어 보이는 의견에서도 특정한 관련성을 발견할 수 있는데, 그 결과 모든 상품과 소비자가 보내는 모든 의견의 관련성이 더욱 넓어진다.

KNOWLEDGE

83.
프로젝트 관리 작업 단위

닛키 주식회사

오랜 시간 지식 구조화에 대해 생각해오면서 한때는 구조주의 철학의 구조와 내가 생각하는 구조화가 같은 것인지 알고 싶었다. 효율을 중시하는 공학자 입장에서 만약 이 둘이 같은 것이라면 철학의 깊이 있는 사색을 통해 배우는 것이 효율적이라고 생각했기 때문이다. 10권이 넘는 책을 독파하고 나서야 직접적인 관계는 없다고 결론을 내렸지만 정말로 그런지 마지막에 가서는 확신이 서지 않았다. 왜 구조주의 학자들은 구조가 무엇인지에 대해 아마추어가 쉽게 이해할 수 있도록 책 앞머리에 속 시원히 쓰지 않는 것일까? 내 경험을 바탕으로 추측해보면 아마도 그들은 아마추어가 아닌 동료 학자들을 의식하고 썼기에 그랬을 것이다. 동료들에게 무시당할까 봐 많은 내용을 쓰려고 하는 것 같다.

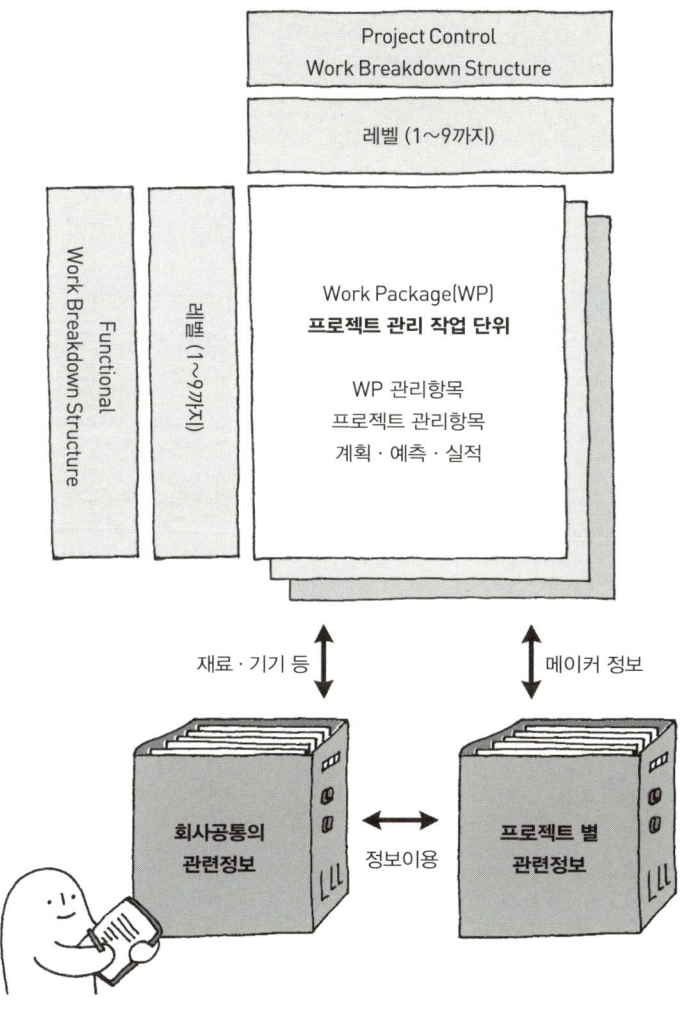

그림 8-16 닛키 프로젝트 관리 작업 단위

엔지니어링 회사가 다루는 상품은 대규모 브랜드나 발전소를 설계 건설하는 업무를 중심으로 건설완료에서 상용운전, 시운전, 주문처에 자금 조달 방법을 소개해주는 것까지 실로 광범위하다. 이들 업무를 한데 모아 프로젝트 단위로 수행하는데, 엔지니어링 회사 하나가 동시에 복수 프로젝트를 복수 지역에서 전개한다. 그러나 프로젝트 성격과 전개지역이 다양하기 때문에 프로젝트 전모를 파악하고 수행상황을 실시간으로 분석해서 최적의 해답을 얻는 프로젝트 관리가 중요하다.

프로젝트 관리는 프로젝트 규모에 의존한다. 세계적인 수준을 자랑하는 엔지니어링 회사에는 수천 명이 수년 간 종사하는 규모의 프로젝트가 많다. 규모가 이 정도면 관련기업도 전 세계에 있기 때문에 프로젝트 전모를 파악하고 계획에 맞춰 관리하는 일은 매우 어렵다. 프로젝트를 효율적으로 관리하려면 관리할 작업을 정하는 방법이 문제가 되는데 관리할 대상이 너무 넓거나 좁아도 효율은 떨어진다. 또 지난 프로젝트와 동일한 표준을 적용하거나 프로젝트마다 전혀 다른 기준을 적용해도 효율은 떨어진다. 어떤 엔지니어링 회사에서나 작업 단위와 관리기준 문제가 중요한데, 이 문제를 어떻게 대처하는가에 따라 경영효율이 많이 변한다.

닛키는 프로젝트 관리 작업 단위를 프로젝트 관리 레벨과 프로젝트 기능 레벨로 구분한다. 그리고 두 레벨을 각각 1에서 9로 구분한다.

각 레벨에 따라 프로젝트를 관리하는 작업 단위가 정해지며 작업 단위는 관리항목 외에도 계획, 예측, 실적과 같은 시간축을 도입한다. 프로젝트 하나는 입안단계부터 납품단계까지 수년씩 걸리는 장기작업이다. 또 납입한 뒤에도 시운전과 운용운전, 설비보전활동과 설비 증가, 설비폐기까지 포함하면 브랜드 입장에서 본 라이프 사이클은 매우 길다. 따라서 프로젝트 하나에 관련한 업무가 수십 년에 걸쳐 이뤄져도 이상한 일이 아니다.

프로젝트를 관리하는 작업 단위를 정의하고 시간축을 도입하면 프로젝트 관리를 표준화할 수 있고, 표준화하면 관리능력을 일정수준 이상으로 유지할 수 있다. 모든 프로젝트의 관리능력이 일정수준으로 유지되면 수준을 향상시키기 위한 노력이 필요하다. 이것은 작업 단위의 문제가 아니라 기업문화의 문제라고 생각한다.

84.

관련정보
분류
기준

닛키 주식회사

'기본이 같다'라는 말은 노련한 사람이 자주 하는 말이다. 한 해 두 해 경험을 쌓으면서 이 말에 공감하는 일이 많아졌다. 여기에 중요한 힌트가 있다고 본다. 즉 정보는 늘었지만 기본지식은 그렇게 늘지 않았다는 점이다. 20세기에 탄생한 새로운 지식은, 극단적으로 보면 D양자역학과 게놈뿐이라 말할 수 있고, 나머지는 거기에서 파생된 것들이다. 낱개로 흩어진 지식 관계가 명확해졌기 때문에 어떤 의미로 보면 단순화됐다고도 볼 수 있다. 생물분류학, 식물학, 효소학, 의학까지 게놈과 관련이 있는 건 확실하다. 고고학도 분석수단이 간소해졌고 결국 늘어난 건 데이터다. 그러므로 지식 구조화가 유력한 수단이다.

정보 분류

그림 8-17 닛키 관련정보 분류기준

KNOWLEDGE

프로젝트 하나에는 경우에 따라서 수천 명의 작업자, 수천 개의 장치나 기기, 전 세계 수천 곳의 부품 조달회사, 설계회사, 관리회사와 수십 곳의 관리감독기관, 수년의 수행기간과 같은 다양한 요인이 다양한 형태로 관련된다. 프로젝트 관리조직과 관련 요인 모두는 서로 각자의 정보를 발신하고 수신한다. 예를 들어 장치조달회사와 프로젝트 관리조직 사이에는 장치 사양서, 설계도, 납품일정표, 운전 매뉴얼, 보전 매뉴얼, 스페어 파트, 보증서 등 다양한 정보가 다양한 형태로 왕래한다.

따라서 프로젝트를 정보라는 측면에서 보면 관련정보의 집합체로 이해할 수 있다. 즉 프로젝트라는 그릇에 관련된 모든 정보가 집약됐을 때를 프로젝트가 완료된 시점이라고 보면 된다. XY그래프를 생각해서 X축을 프로젝트 수행시간, Y축을 누적정보량이라고 가정해보자. 시간이 지나면 프로젝트가 가진 누적정보량은 당연히 늘어난다. 여기서 한 가지 가설을 세울 수 있다. 프로젝트 초기단계에는 누적정보량이 그다지 늘지 않지만 어느 시점에 이르면 비약적으로 증가하고, 그러다 어느 시점부터는 그다지 증가하지 않는다. 이것을 선으로 그리면 S곡선이 된다.

프로젝트 진행시 정보량 증가가 정말로 S곡선이 되는지는 명확하지 않다. 그러나 프로젝트를 수행해보면 관련정보의 양은 확실히 증가함을 알 수 있는데, 특히 프로젝트 규모가 커질수록 관련정보의 양도 비약적으로 증가하며, 정보의 종류 또한 증가한다. 정보 분류 방법은 모든 기업에 있어서 중요한 문제다. 닛키는 프로젝트를 관리하기 위해 정보를 레벨 1에서 4로 분류한다. 예를 들어 레벨 1에서는 일반 업무와 관련한 정보를 분류하고, 레벨 2에서는 프로젝트 수행과 관리에 필요한 모든 작업을 브레이크다운해서 분류한다. 레벨 3에서는 노하우, 고객정보, 지역정보를 분류하며, 레벨 4에서는 장치나 기기에 관한 정보를 분류한다.

정보의 양이 많아지면 정보를 분류해서 관리하는 것이 자연스러운 흐름이며, 이것은 학문영역이 세분화되는 모습과 일치한다. 정보를 분류하기 위해서는 명확한 기준이 필요하지만 기준이 되는 항목은 회사 방침과 시대 변화, 프로젝트의 특징에 따라 변하기 쉽다. 그래서 정보를 정확하게 분류해서 특정 분류에 넣는 일은 쉽지 않다.

85.
<mark>닛키</mark>
<mark>지식 시스템</mark>
<mark>특징</mark>

닛키 주식회사

계산결과와 실험결과를 동시에 보여주면 사람들은 어느 쪽을 믿을까? 대부분은 실험결과를 믿을 것이다. 실험결과는 진짜 일어난 일이므로 그것을 믿는 건 자연스러운 현상이다. 그러나 최근에는 그렇지 않은 경우가 늘고 있다. 이유는 복잡한 첨단기술과 컴퓨터의 성능 향상에 있다. 나노테크와 바이오테크와 같은 첨단기술 분야는 실험으로 측정하기 어려운 반면 컴퓨터를 사용한 계산은 계산정밀도가 매우 높아졌다.

어느 학회에서 생긴 일이다. CD용 플라스틱 기반 성형에 대한 논의가 있었다. 고분자 용액을 틀에 붓고 냉각시켜 굳혀야 하는데, 이때에는 온도분포를 포함해서 정밀하게 제어해야 한다. 그렇지 않으면 추출할 때 휘어지기 쉽기 때문이다. 당시 발표내용은 온도분포 측정치와 계산치에 대한 비교 논의였고, 발표자는 계산치가 틀린 이유를 설명했다. 그런데 회장에서 계산법이 정확한 것인지를 묻는 질문이 나왔다. 이것을 발단으로 어느 쪽을 믿어야 하는지에 대해 열띤 논의가 펼쳐졌다.

지식관리 시스템 실현도

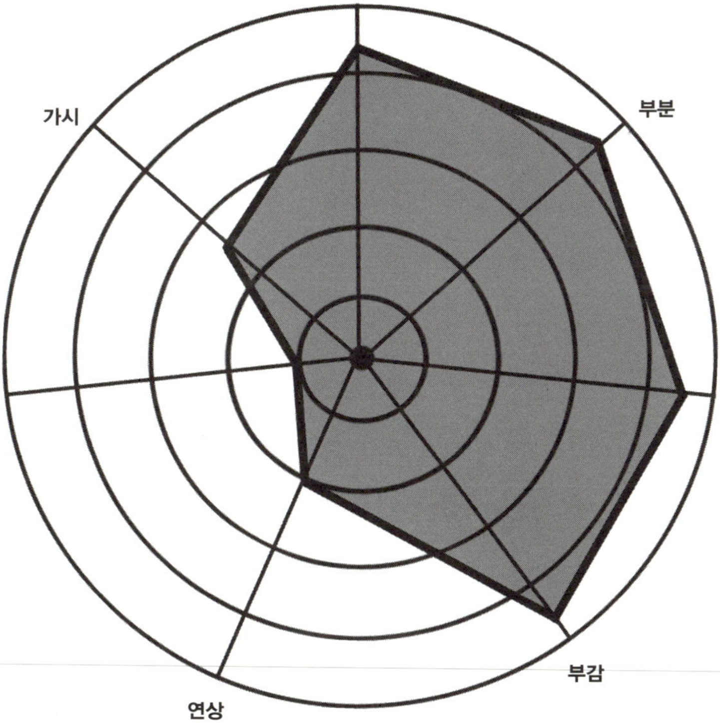

```
        지원
   가시       부분

창조              관련

   연상       부감
```

프로덕트 특징

엔지니어링, 조달, 건설, 보전과
관련 있는 일련의 업무.
모든 업무는 프로젝트
단위로 많아진다.

지식관리 시스템 특징

업무는 프로젝트 중심으로
조직은 매트릭스 구조로 되기
때문에 정보·지식을
횡간중간으로 관리하는
것이 어렵다.

그림 8-18 닛키 지식 시스템 특징

엔지니어링 회사가 진행하는 프로젝트는 세계 각 지역에서 동시에 수십 개 실행되며, 프로젝트 하나는 몇 년씩 계속된다. 또한 하나의 프로젝트에 관여하는 사람도 많은 경우는 수천 명에 달한다. 프로젝트 조달처는 전 세계에 있고, 조달하는 설비와 기기, 부품수는 수만 종류에 달한다. 이들을 관리하기 위해서는 방대한 데이터베이스와 관리체제가 필요한데, 상황이 이렇기 때문에 엔지니어링 회사는 일찍부터 컴퓨터로 업무지원이 가능한 시스템을 개발했다. 특히 프로젝트를 관리하는 작업 단위와 정보 분류는 중요한 과제로 여겨 개발되었다. 그 결과 엔지니어링 회사인 닛키의 지식 시스템은 가시, 부분, 관련, 부감 기능에 대해서는 상당 부분 개발되었다.

닛키 지식 시스템은 이용자가 그 움직임을 이해하고 있으며, 전체 시스템은 복수 부분 시스템 모듈로 구성된다. 관련내용은 네트워크화되어 있으므로 특정내용에서 관련내용을 검색하기 쉽다. 또한 프로젝트 전체상을 파악하는 기능도 개발되었기 때문에 계획대비 실적 비교가 간단하다. 한편 아직 실현되지 않은 기능으로는 지원, 창조, 연상이 있다. 먼저 지원은 사원 개인에 대한 것보다는 프로젝트를 대상으로 한 시스템 개발 경위를 위주로 했다. 엔지니어링 회사의 모든 업무 중심은 프로젝트로, 그 결과 개인을 지원하는 시스템 개발은 고려하지 않았다.

닛키가 운용하는 시스템에서 창조가 불가능한 이유는 프로젝트 관리를 정형화, 표준화하는 일에 중점을 두기 때문으로 본다. 예를 들어 프로젝트 수행 중에 특정 지식에서 다양한 시나리오를 생성하여 분석하면 정형화, 표준화하기가 어렵다. 따라서 시스템보다는 프로젝트에 참가한 사람이 관리를 담당하고, 그 때문에 프로젝트에 참가한 사람의 경험에 의존하는 부분이 많다.

시스템에서 연상이 불가능한 것은 비단 엔지니어링 회사만의 현상이 아니다. 그러나 엔지니어링 회사가 운용하는 지식 시스템에서 연상이 가능하면, 과거 프로젝트에서 얻은 지식을 미래 프로젝트에 반영하기 쉽기 때문에 예측된 문제점과 그에 대한 다양한 해답을 준비할 수 있다. 또한 개인 경험을 조직지로 바꿔 조직이 공유할 수도 있다. 그 결과 프로젝트 수행의 생산성이 비약적으로 향상된다.

KNOWLEDGE

86.
환경평가
시스템
구성

도요타 자동차 주식회사

난 골프에 서툴다. 가끔씩 공이 잘 날아갈 때도 있고, 때로는 멋진 아이언샷을 치기도 하지만 그럴 확률이 너무 낮다. 이유도 대충 안다. 몇 가지 습관이 좀처럼 고쳐지지 않기 때문이다. 골프가 아니라 야구라면 타자는 야수가 없는 곳으로 세 번 중 한 번만 안타를 치면 되지만, 골프를 잘하는 방법은 다르다. 그립, 스탠스, 허리, 팔꿈치, 이 모든 것이 조화를 이뤄야 하고, 그러기 위해서는 연습을 해야 하는데, 연습을 싫어하기 때문에 실력이 늘지 않는다고 본다. 경제학부 후지모토 다카히로 교수에게 재미있는 얘기를 들었다. 간판방식(칸반방식), 말 걸기, 히야리 핫토(아찔한 사고나 실수를 표현한 의태어로 이런 사고를 미연에 방지하자는 의미로 만들어진 말_옮긴이)와 같이 최근 기업의 운영 방식은 큰 차이가 없지만 전체적인 조화에 따라 차이가 크다고 한다. 이것이 '지식 순환'의 차이다.

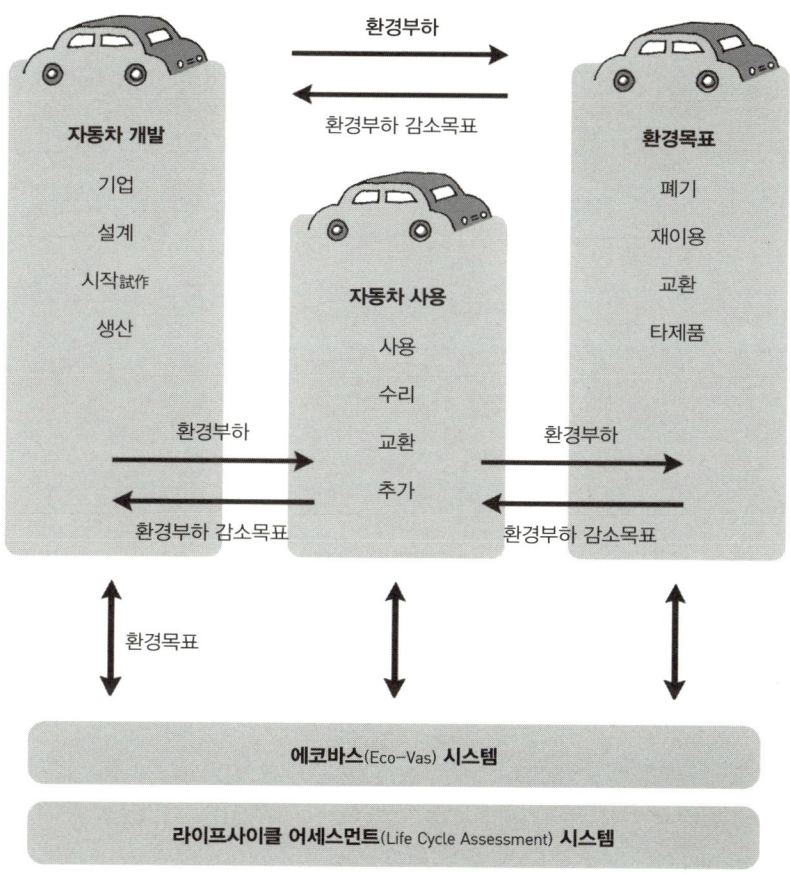

그림 8-19 도요타 자동차 환경평가 시스템 구성

자동차 개발에는 기획을 비롯해 설계, 시작, 생산, 사용, 폐기, 리사이클로 이뤄진 라이프사이클이 있다. 자동차 라이프사이클은 길게는 몇십 년씩 걸리지만 최근에는 정보기술 응용으로 기획에서 생산까지 이르는 사이클이 점점 짧아지고 있다. 그러나 생산 공정이나, 사용하면서 생기는 문제 발생에 따른 리콜은 자동차회사 경영에 심각한 타격을 준다. 그러므로 가능한 기획단계나 설계단계에 자동차 라이프사이클 전반을 시뮬레이션해서 사전에 문제를 없애야 한다. 지금은 자동차 산업의 라이프사이클 어세스먼트가 상식이 되었다.

자동차 라이프사이클 어세스먼트에서 환경 친화적인 자동차를 위한 환경 어세스먼트로 발전한 것이 도요타 에코바스(ECO-VAS) 시스템이다. 자동차 기획단계에서 환경에 대한 배려를 숫자화해서 환경 부담 감소목표치를 설정한다.

자동차 라이프사이클은 개발, 사용, 리사이클로 나눈다. 개발은 기획, 설계, 시작, 생산 각 단계로 구분한다. 자동차 사용도 사용, 수리, 교환, 추가와 같은 활동이 있다. 사용이 끝나면 폐기, 재이용, 다른 제품으로 이용하는 것을 생각한다. 자동차가 환경에 미치는 부하를 계산할 때는 이들 각 활동의 부하를 계산할 필요가 있다. 환경에 미치는 부하가 나오면 그 부하를 감소시킬 구체적인 목표치를 설정할 수 있는데 목표치 설정은 숫자 외에 레벨과 등급으로 할 수도 있지만 명확한 기준이 있는 것이 좋다.

도요타 자동차 환경종합평가 시스템 특징 중 하나는 자동차 라이프 사이클 어세스먼트 사고에 기준한 발상이란 점이다. 이로 인해 환경에 미치는 부하가 시간에 따라 변화하는 것을 관리할 수 있다. 결국 자동차로 인한 환경부하를 총환경부하와 총시간으로 생각한다. 자동차 라이프 사이클의 활동마다 환경에 미치는 부하를 배치하면 부하를 어떻게 감소시키는지 이해하기 쉽고 구체적인 감소방법과 감소목표를 설정할 수 있다. 환경에 대한 목표는 일반적으로 감성적인 표현이 많고, 숫자로 표현했다고 해도 바로 그 의미를 이해하기는 어렵다. 그러나 라이프사이클의 각 활동에 대해 구체적인 항목과 숫자로 된 환경부하 감소목표가 있으면 환경을 자기 일로 확실하게 인식한다.

87.
환경부하 목표 설정

도요타 자동차 주식회사

일미공동으로 3년 동안 미야코지마 산호초에 대해 연구했을 때의 일이다. 중간지점인 하와이에서 3박 4일 일정으로 첫 회합을 가졌다. 첫날은 해변 디너로 즐거운 시간을 보냈다. 다음날 아침부터 의제에 따라 연구목표, 측정항목, 측정방법, 측정 시간간격과 공간분포, 해석법, 분담, 예산 분배, 회합 빈도와 방법, 성과발표 방법을 논의하면서 분위기는 점점 험악해졌다. 말이 통하지 않았는데, 이는 단순히 언어의 문제만은 아니었다. 미국에서 해양학과 기계공학 전공자가 참여했고, 일본에서는 재료과학과 화학공학 전공자가 참여하여 분야와 언어가 복잡하게 엉켜버린 것이다. 화학공학 전공자인 나와 가장 말이 통했던 분야는 미국의 기계공학이었다. 언어의 장벽보다 기본적인 사고나 용어의 장벽이 훨씬 크다는 점을 그때 깨달았다.

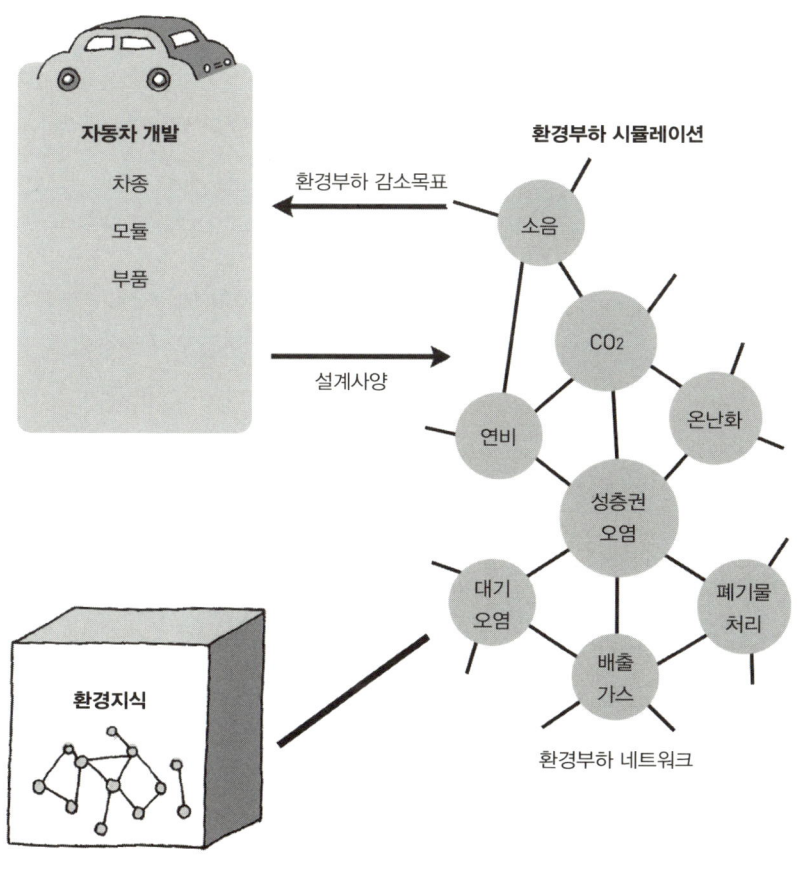

차종

모듈

부품

환경부하 감소목표

설계사양

환경부하 시뮬레이션

소음

CO$_2$

온난화

연비

성층권
오염

대기
오염

폐기물
처리

배출
가스

환경부하 네트워크

환경지식

자동차 개발

그림 8-20 도요타 자동차 환경부하 목표설정 프로세스

　자동차 라이프사이클 어세스먼트에서 환경 어세스먼트를 지원하는 경우 환경에 대한 인식을 명확하게 해야 한다. 환경이란 용어가 제시하는 범위가 워낙 넓기 때문에 의미가 애매한 부분이 많다. 이런 이유로 환경친화적인 자동차를 개발할 때도 먼저 환경에 대한 인식을 공유할 필요가 있다.

　자동차가 환경에 미치는 영향을 파악하려면 환경부하 네트워크를 만들어 요인 간 관계를 명확하게 해야 한다. 예를 들어 자동차와 환경문제를 생각할 때는 소음, 연비, 대기오염, 성층권오염, 배출가스, 폐기물 처리, 온난화, CO_2 등의 키워드를 사용한다. 그러나 이들 외에도 환경부하에는 다양한 요인이 관련되는데, 이들 요인을 모두 네트워크로 표현한다.

　환경부하 네트워크를 작성할 때 꼭짓점은 환경요인, 능선은 인과관계를 의미한다. 능선은 화살표로 요인 간 관계를 표현하는데, 예를 들어 어떤 요인이 다른 요인에 영향을 미칠 경우는 어떤 요인에서 다른 요인으로 향하는 화살표를 그어 두 요인을 연결한다. 만약 반대 상황도 성립할 경우는 양쪽에 화살표를 그린다. 이 작업을 마치면 특정 요인 앞으로 화살표가 많이 향한 것을 알 수 있고, 바로 이 요인을 중요한 환경요인으로 인식한다.

　환경부하 네트워크 작성이 끝나면 자동차 구성 트리와 비교해본다. 자동차는 여러 부품으로 구성된 모듈과 여러 모듈에서 구성된 모듈로 볼 수 있다. 이들 제품구성 트리와 환경부하 네트워크상의 환경요인을 연결해서 특징을 분석한다. 그 결과 환경부하 네트워크상의 중요한 환경요인으로 이어지는 부품이나 모듈의 기능과 형상, 재질을 우선적으로 개량한다.

환경친화적인 자동차 제조기술이 아직 해결 못한 연구과제는 많다. 이로 인해 환경부하 네트워크와 자동차구성 트리 사이에는 관련성이 불확실한 부분도 있다. 그러나 관련이 있는 다양한 지식 베이스도 네트워크화하면 환경부하 네트워크와 연결해서 새로운 지식을 획득할 가능성이 있다.

공동재산인 환경부하 네트워크는 경쟁전의 지식자원으로 자동차업계에서 공동으로 작성해도 좋다. 그러나 특정 자동차 모델과 관련된 것이나, 환경부하 감소에 대한 구체적 방법 혹은 목표는 각 회사마다 경쟁대상이 되는 지식으로써 관리해야 한다. 결국 환경문제는 자동차회사만이 아니라 인류 전체의 공통문제이기 때문에 경쟁 전 지식은 공개적으로 구조화하는 것이 바람직하다.

KNOWLEDGE

88.
도요타
자동차
지식 시스템
특징

도요타 자동차 주식회사

운전경력이 긴 사람과 여러 가지 일을 논리적으로 생각하는 사람 중 누가 더 운전을 잘 할까? 두 사람의 나이가 같다면 개인차는 있겠지만 여러 가지 일을 논리적으로 생각하는 사람이 운전을 보다 잘 할 것이다. 그는 운전 중에는 물론이고 운전 전후에 일어날만한 일들을 생각하고 대처방안을 마련하기 때문이다.

사회적인 규모로 시나리오를 만들어 대처방안을 찾는 일은 자주 있다. 예를 들어 지진 훈련의 경우 실제 지진을 상정한 시나리오를 만들어 훈련한다. 훈련을 반복하면 머리가 알아서 상황을 상상하고 몸이 자연스럽게 반응한다. 화재나 태풍을 상정한 훈련 등 사회에서 상정하는 재해는 시나리오 전개와 반복적인 훈련으로 실제상황이 생겼을 때 피해를 최소화할 수 있다. 그렇다면 인생의 시나리오를 만들어 보는 것은 어떨까? 사실 이것은 그다지 재미없을지도 모르겠다.

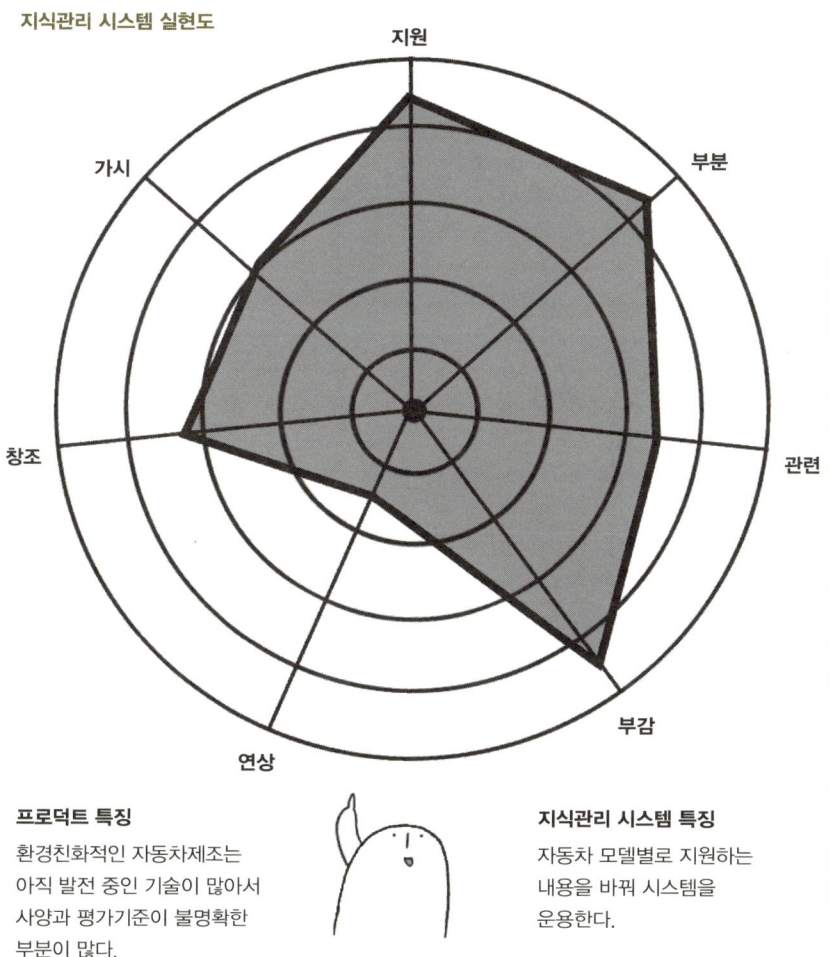

지식관리 시스템 실현도

지원

부분

관련

부감

연상

창조

가시

프로덕트 특징

환경친화적인 자동차제조는
아직 발전 중인 기술이 많아서
사양과 평가기준이 불명확한
부분이 많다.

지식관리 시스템 특징

자동차 모델별로 지원하는
내용을 바꿔 시스템을
운용한다.

그림 8-21 도요타 자동차 지식 시스템 특징

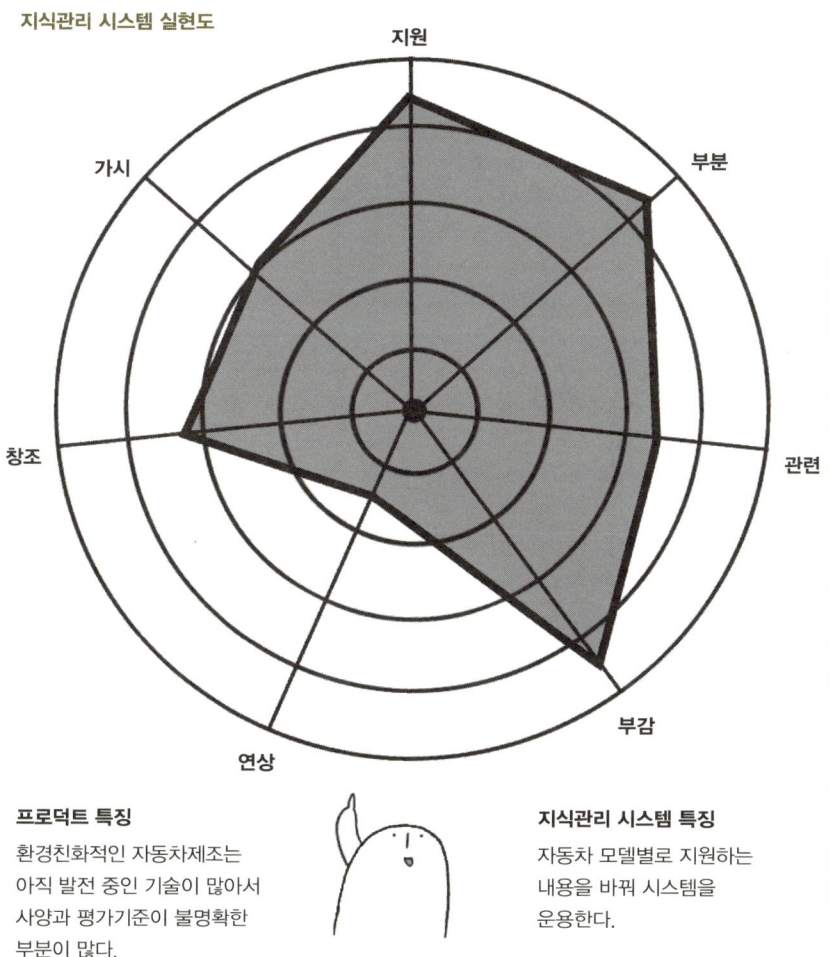

자동차 라이프사이클 어세스먼트에서 자동차환경 종합평가체제를 만든 도요타 자동차 에코바스 시스템을 지식 구조화 관점에서 평가하면 가시, 부분, 관련, 부감 기능은 그 역할을 하고 있다. 또한 지원과 창조도 어느 정도 만족할 만한 기능을 한다. 이것은 자동차 특정 모델의 설계생산을 대상으로 한 평가다.

그러나 연상은 기능하지 않는 듯 보인다. 환경 부담을 감소하기 위한 에코바스 시스템은 아직 다른 지식 베이스와 완벽하게 연결되지는 않았다. 그 때문에 특정 지식에서 다른 지식으로 도달하는 기능을 지원하지 않는다.

자동차 공업은 기계 산업의 종합판이라고 한다. 자동차 한 대를 만들려면 기계 산업의 거의 모든 지식이 필요하다. 또한 환경문제까지 고려하자면 자동차 설계생산은 방대한 지식을 이용해야만 한다. 그러나 아직 이들 지식을 네트워크로 표현하고 이용하는 자동차기업은 없다. 그 결과 자동차 환경문제 관련 지식과 전통적인 자동차 설계생산에 이용됐던 지식 사이에는 시스템으로 지원할만한 지식 네트워크가 없다.

환경문제는 아직 미해결 과제가 많이 남아 있기 때문에 지식 간 관련이 변할 가능성은 항상 있다. 그러므로 자동차 환경문제를 지원하려면 유연하게 성장하는 지식 네트워크 운용이 필요하다. 유연성 기준의 특징은 지식 간 관련이 변하면 지식 네트워크 전체가 함께 변한다는 것이다. 성장하는 지식 네트워크는 새로운 지식이 부여될 때 기존 네트워크상에 있는 지식과 관련을 맺는다. 이 두 가지 기능이 자동적으로 실현된다면 지식 네트워크는 생물처럼 진화한다.

생물은 외부조건에 의식적으로, 경우에 따라서는 무의식적으로 반응한다. 지식 네트워크가 외부조건에 의식적으로 반응하게 만들기 위해서는 지식촉매 개념을 이용하면 된다. 예를 들어 환경에 대한 새로운 지식을 기존 지식 네트워크에 부여해 반응하는 깊이와 속도, 범위를 체크한다. 여기서 나온 결과를 보고 기업 전략을 세우거나 자사 보유기술 현상을 파악하는 등 다양하게 응용할 수 있다. 지식 네트워크가 무의식적으로 반응하는 예로는 이용자별 이용 상태와 접속 상황 등을 기계적으로 수집해서 분석하는 것이 있다.

89.
프로젝트
수주에 따른
개인 경험
순환

미쓰이 물산 주식회사

몇 평짜리 맨션을 빌리면 집세가 얼마라는 것은 면적과 집세라는 2차원적인 문제다. 횡축을 면적, 종축을 집세라고 하면 대체로 직선에 가까운 관계가 된다. 하지만 같은 면적이라도 긴자와 치바는 집세가 전혀 다르기 때문에 지역이란 축을 추가하면 3차원이 된다. 좀 더 현실적으로 보면 역과의 거리, 설비, 환경, 외관 등 수십 차원에 달하는 문제다. 그러나 보통 사람들은 2차원으로만 사물을 판단하기 때문에 지역이나 다른 요인은 고려하지 않고 면적만 계산해버린다.

4차원적으로 생각하는 사람이 있다. 아인슈타인은 3차원인 공간과 시간을 함께 생각해서 공간이 굴절한다는 엉뚱한 생각을 했던 사람이었기에 4차원을 직감했을 것이다. 그러나 컴퓨터는 100만 차원도 처리한다. 직감은 할 수 없지만 스스로 기억해내기도 하며, 사람의 요구에 따라 2차원 도표도 보여준다.

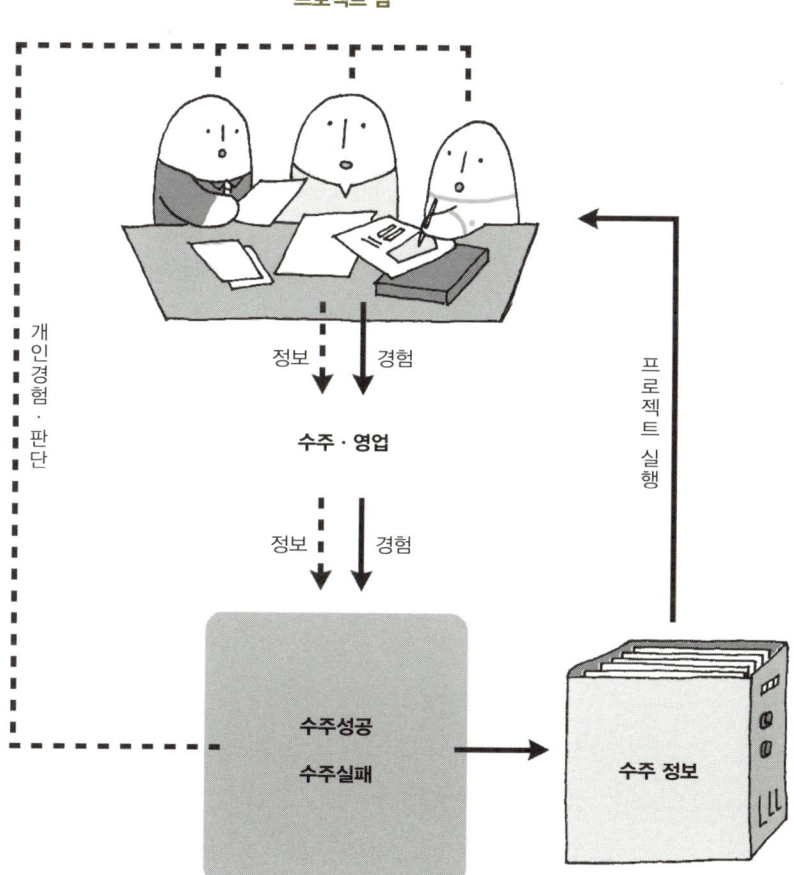

그림 8-22 미쓰이 물산 프로젝트 수주에 따른 개인경험 순환

예전부터 경제성장을 주도해온 상사에는 그 역사만큼이나 다양한 정보와 지식이 산적해 있다. 과거에는 일본을 중심으로 수출·수입을 했지만 최근에는 세계각지에서 세계각지로 수출하고 수입한다. 또한 취급하는 상품도 작은 기계부품에서 큰 플랜트, 유형물에서 서비스와 같은 무형물에 이르기까지 다양하다.

방대한 상품을 취급하는 상사의 업무는 프로젝트 단위로 처리된다. 특정 프로젝트를 계획하면 먼저 프로젝트를 구성할 사람을 정하는데, 사람 수는 적게는 한두 명에서 많게는 수백 명에 이른다. 특정계약을 노리고 프로젝트 팀을 구성하는 경우에는 수주활동과 영업활동부터 시작한다. 수주가 성공하면 수주를 진행했던 프로젝트 팀이 계속해서 프로젝트를 실행하는 경우도 있지만, 다른 실행 팀이 구성되는 경우도 있다. 또 수주를 실패하면 다음 수주활동을 예상해서 당분간 프로젝트 팀을 존속시키는 경우도 있고, 실패하자마자 팀을 해산하는 경우도 있다.

프로젝트 팀에서 하는 다양한 활동과 수집된 정보는 사내 지식 시스템에 등록해서 다음 활동에 이용하도록 한다. 그 때문에 가능한 많은 정보를 표준화 형식에 따라 등록하는 것이 중요하다. 그러나 상사는 등록이 어려운 정보도 많다. 오랜 역사를 지닌 상사에는 영업 노하우나 업계정보와 같이 축적된 정보가 국가기관이 가진 정보보다 많은 경우도 있다고 한다. 그러므로 프로젝트 팀을 구성한 사람들의 경험을 지식 시스템으로 표준화해서 등록하기 힘든 내용이 많다. 그러나 개인 경험은 수주활동이나 영업활동에 큰 위력을 발휘하므로 중요한 경영자산으로 여긴다.

상사가 운용하는 지식 시스템 과제 중 하나는 표준화한 등록내용과 사원이 가진 경험이나 노하우의 격차를 처리하는 방법이다. 사내에 등록해서 모두가 공유하려면 가능한 정보를 표준화해야 한다. 그러나 개인이 경험을 통해 축적한 지혜를 표준화하는 일은 불가능한 작업으로, 이것은 역사가 오래된 기업이 가진 공통적인 문제다. 표준화와 경험이란 문제를 지식 구조화 시점에서 보면 지식이나 경험 간 관련을 맺는 게 중요하다. 지식이나 경험을 표현하는 것은 표준화하지 않아도 좋지만, 다른 지식이나 경험과의 관련성을 명확하게 해야 한다. 그 결과 사원이 가진 지식과 경험은 막강한 지식 네트워크를 구성하게 되고 사내에서는 이 네트워크를 공유해서 다른 사람의 지식이나 지혜를 이용할 수 있다.

90.
프로젝트 간 경쟁과 협력

미쓰이 물산 주식회사

부부사이의 대화는 행복한 가정을 위해 필수적인 것이다. 부부가 아니더라도 자주 대화하지 않으면 공통인식이 생기지 않는다. 조직 인원이 셋이면 2명씩 짝을 지었을 때 3번 구성할 수 있으므로 2명일 때보다 대화가 3배로 늘어야 한다. $n \times (n-1) \div 2$로 10명이면 45배, 100명이면 약 5000배, 1000명이면 50만 배, 만 명이면 5000만 배가 된다. 하지만 대화를 하면 의견이 바뀌기도 하기 때문에 잘 생각해서 하지 않으면 100명이 넘는 조직에서 공통인식을 양성시키는 건 불가능하다. 이것을 통지하는 방식으로 해결하려는 조직이 관료조직이다. 위에서 아래로 통지를 내리면 모두 따르게 된다는 전제지만, 세상이 복잡해지면서 통지 수나 양이 늘어 제대로 전달되지 않는다. 일을 관두고 나서야 통지를 읽거나, 읽지 않고 일을 하게 되는 시대가 돼버렸다. 물론 대학교수들은 대부분 통지를 읽지 않고 일을 선택한다.

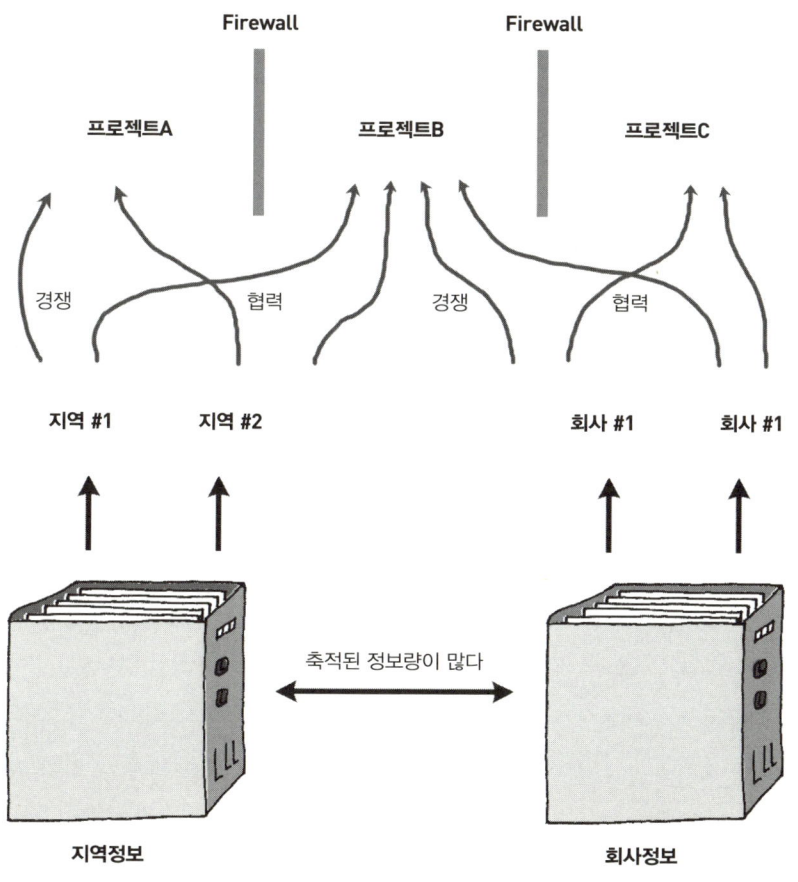

Firewall　　　　　**Firewall**

프로젝트A　　　　**프로젝트B**　　　　**프로젝트C**

경쟁　　　협력　　　경쟁　　　협력

지역 #1　　**지역 #2**　　　　**회사 #1**　　**회사 #1**

축적된 정보량이 많다

지역정보　　　　　　　　　　　**회사정보**

그림 8-23 미쓰이 물산 프로젝트 간 경쟁과 협력

정보를 공개해서 재생산하는 것이 좋을까, 비공개로 독점하는 것이 좋을까? 이 문제는 다양한 관점에서 논쟁이 된다. 예를 들면 이런 문제들이다. 국가가 가진 해외정보는 국민에게 어디까지 공개하면 좋을까? 병에 대한 정보를 환자에게 어디까지 공개하면 좋을까? 관련 회사 정보를 사내에 어디까지 공개하면 좋을까? 정보 공개범위를 정하는 것은 어려운 일이다. 기업 간 거래 시에는 대부분 상대 기업과의 계약을 통해 취득한 정보를 일정기간 비밀로 하는 수비계약을 맺는다. 수비계약을 어기면 중대한 계약위반이 되어 재판까지 할 소지가 있다. 수비계약의 범위는 기업단위도 있고 특정 계약에 관련된 사람만 한정하는 경우도 있다.

상사의 경우 취급하는 상품이 너무 많은 탓에 특정 기업과의 사이에서 동시에 경쟁관계와 협력관계가 발생하는 일이 많다. 예를 들어 상사 A와 기업 B가 X지역에서는 같은 상품을 취급하는 경쟁관계에 있지만 Y지역에서는 같은 컨소시엄을 구성하는 협력관계에 있는 식이다. 또 상사 A의 프로젝트팀 A1과 기업 B는 경쟁관계에 있지만 상사 A의 프로젝트팀 A2와 기업 B는 협력관계에 있다. 상사 A의 프로젝트팀 A1은 사내 A2팀과는 경쟁하지만 A3팀과는 협력관계에 있다. 이렇듯 상사는 다른 기업과의 관계가 복잡하므로 수비의무 범위를 정하기도 어렵다. 이런 이유로 상사는 프로젝트 팀마다 정보를 차단하는 방화벽을 설치하는데, 그 결과 특정 프로젝트 팀이 획득한 정보는 다른 프로젝트 팀이 이용하지 못한다.

시장정보나 타 기업 정보를 획득해서 분석하고 조직내부에서 공유하는 것은 기업 활동의 기본이다. 그러나 상사 프로젝트팀은 팀별로 정보 방화벽을 설치해서 정보 공유를 하지 못하도록 한다. 이런 모순을 처리하기 위한 방법을 모색하는 것이 상사의 지식 시스템 과제 중 하나다. 즉 정보 공개범위와 비공개범위를 정해서 공개하는 정보라도 사내에 있는 누가 이용할 수 있을지 정해야 한다. 예를 들어 프로젝트팀 간에는 비공개 정보라도 상사에 있는 경영진에게까지 비공개로 할 수는 없다. 상사에서 지식 시스템을 운영할 때 특정 정보를 검색할 수 있는 기준은 무엇이 있을까? 다양한 기준이 있겠지만 이 정보를 이용해서 득을 보는 사람과, 몰라서 손해를 보는 사람으로 구분하는 방법도 있다. 또한 이 정보로 검색하는 것이 권리인지 의무인지에 따라서도 구분할 수 있다. 그 외에도 업무 명령계통인지 지원부분이 있는지, 당사자인지, 제3자인지로 구분할 수도 있다.

91.
미쓰이
물산
지식 시스템
특징

미쓰이 물산 주식회사

컨설턴트를 하는 친구가 이런 말을 했다. "클라이언트는 다들 자기 회사가 특별하다고 해. 그런데 해보면 결국 어디나 그게 그거야." 난 '특별하다'고 생각하는 것도 '같다'고 생각하는 것도 틀렸다고 생각한다. 무엇이 같고 무엇이 특별한지가 중요한 문제다. 주니치한신을 우승으로 이끈 호시노 센이치 감독이 만일 쿄진 감독이었다면 같은 방식으로 팀을 이끌었을까? 투수진과 야수진을 정비하는 기본은 같았겠지만 선수한테는 심하게 질타하고 매스컴에서는 약간 띄어주는 행동으로 선수들의 의욕을 불러일으키는 방법은 달랐을지도 모른다.

감독이란 일의 기본은 같아도 특정 상황에서 구체화하는 방법은 다르다. 기업, 정부, 자치단체, 대학과 같은 다른 조직도 기본은 같으면서 각각 특별하다고 생각한다.

지식관리 시스템 실현도

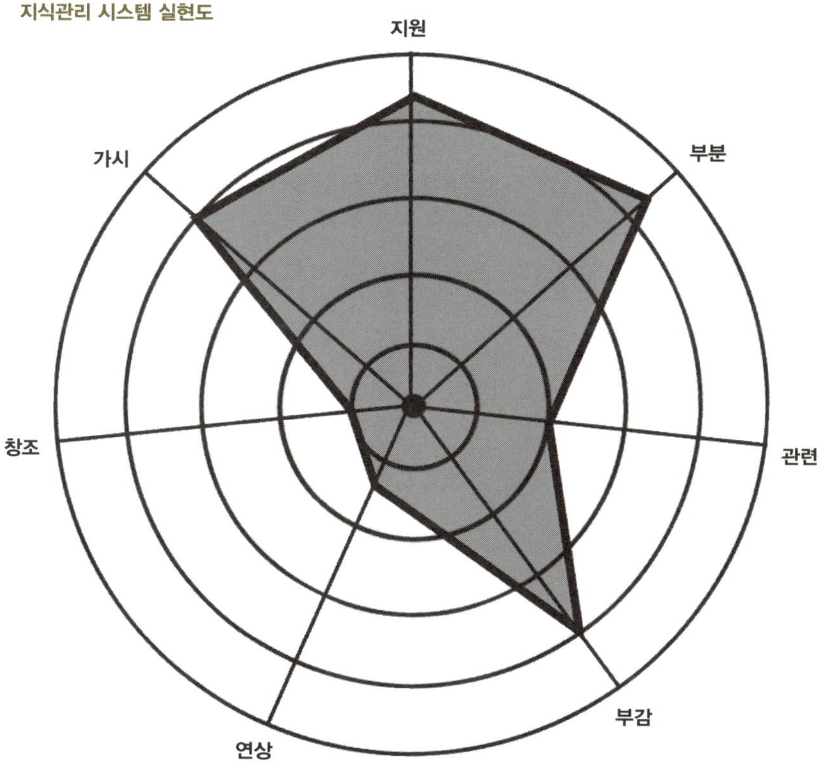

지원

부분

관련

부감

연상

창조

가시

프로덕트 특징

중개나 서비스에서
돈이나 철광석까지
다루는 프로덕트는
매우 광범위하다. 또한
관련지역은 세계 속에 있다.

그림 8-24 미쓰이 물산 지식 시스템 특징

지식관리 시스템 특징

프로덕트 종류와 관련기업 수가
많고 타사와 경쟁과 협력이
동시에 발생하는 등
업무영역을 고정하지 않아서
지식 공유화가 어렵다.
팀을 지원 대상으로
하는 경우가 많다.

우리가 생각하는 거의 모든 물건을 상품으로 취급하는 상사는 방대한 정보를 관리하기 위해 일찍부터 컴퓨터를 이용해서 정보처리를 했다. 그 결과 정형적인 관리업무는 안정적으로 시스템을 운용하고 있다. 프로젝트에서 얻은 개인 경험과 지식을 시스템에 어떻게 등록하고 조직이 어떻게 이용할지가 앞으로 과제라고 생각한다.

지식 구조화 관점에서 미쓰이 물산 지식 시스템 현상을 판단하면 가시, 부분, 지원, 부감 기능은 어느 정도 만족스럽게 운용되고 있다. 상사 업무의 특징이 프로젝트 단위로 실시되기 때문에 지원하는 대상 역시 프로젝트 팀을 대상으로 하는 기능이 많다. 시스템은 팀에 들어간 사람이 프로젝트 전체를 파악해서 관련 업무를 추진하는 기능을 제공한다.

미쓰이 물산이 운용하는 지식 시스템을 타 업종 시스템과 비교했을 때 가장 특징적인 것은 지식이나 관련 정보를 지원하지 않는 점이다. 특정 지식이나 정보는 그 자체로 독립되어 있고 시스템에는 관련 지식이나 정보를 제공하는 기능이 없다. 이것은 수비의무와도 관계가 있는데, 상사와 타사 관계는 같은 기업이라도 경쟁관계와 협력관계가 혼재한다. 또 같은 상사 안에서도 프로젝트 간 경쟁관계와 협력관계가 혼재한다. 이런 이유로 특정 정보 및 지식과 관련 있는 별도의 정보나 지식을 연계하는 기능을 의식적으로 지원하지 않는 특징이 있다.

특정 정보나 지식을 바탕으로 새로운 지식을 창조하는 기능도 현재는 지원하지 않는다. 지식을 창조하는 기능은 프로젝트에서 얻은 개인 경험이나 지혜를 축적해서 조직 지식으로 이용하는 역할을 한다. 그러나 이 기능을 100퍼센트 실현하는 상사는 거의 없다. 특정 프로젝트 수행에서 얻은 지식은 다음 프로젝트를 수행할 때 당연히 참고로 하지만, 단순히 참고만 하는 것이 아니라 새로운 지식을 창조해서 다음 프로젝트 수행에 적극적으로 대처하기 위한 구성을 해야 한다. 그러면 조직은 개인 경험과 지식을 공유할 수 있다.

현재는 지식을 제시하는 연상기능도 제공하지 않고 있는데 이들 기능은 프로젝트 특정지식에서 다른 프로젝트나 업무 간 관련성을 명확히 한다. 관련성을 나타내는 기준은 관점과 목적에 따라 변하는데 경제적 가치가 그 기준일 때도 있다. 연상기능이 제 역할을 하면 기업 지식 시스템은 계속 성장한다.

92.
개인 컨설팅
비즈니스

미쓰이 스미토모 은행

스위스 레만호 근처의 로잔느 공학대학에는 스위스 은행 지점이 있다. 직원이 한 명이고 접객시간은 하루 4시간인 지점이다. 일본 엔을 스위스 프랑으로 바꾸기 위해 들렀는데 직원의 일처리 솜씨가 좋았다. 직원은 환전을 하면서 투자신탁 구좌개설을 권했다. 내가 여유자금이 없다고 하니 일본에서 언제든 투자가 가능하고 입금액도 자유인데다 엔화로 투자가 가능하기 때문에 간편하다고 했다. 그 말을 들으니 괜찮을 것 같아 동의하자 순식간에 구좌를 만들어줬다. 하이리스크 하이리턴, 미들, 로우가 있는데 이들을 간단하게 조합한다. 그 뒤에도 그 지점에 몇 번 들렀는데 필요에 따라 본사나 다른 곳과 연락을 취하며 모든 은행 서비스를 혼자서 처리했다. 현재 내 스위스 은행 투자구좌의 잔고는 제로지만 이 구좌는 현재도 유효하다.

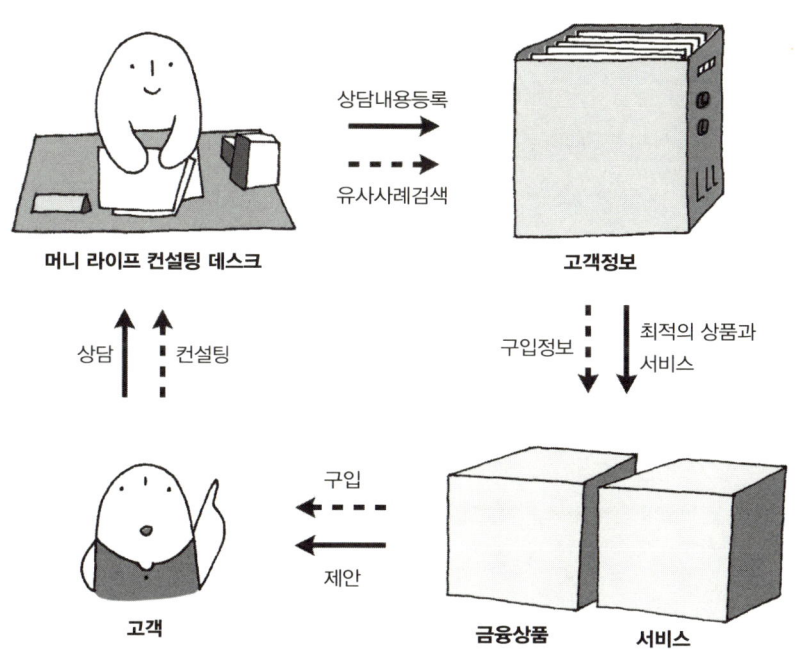

상담내용등록

유사사례검색

머니 라이프 컨설팅 데스크

고객정보

상담 컨설팅

구입정보 최적의 상품과
서비스

구입

제안

고객

금융상품 서비스

그림 8-25 미쓰이 스미토모의 개인 컨설팅 비즈니스

　일본 은행이 판매하는 금융상품은 은행마다 차이없이 대부분 같은 조건의 상품들이다. 그 때문에 은행을 이용하는 개인 고객은 특별히 이 은행이어야만 한다는 조건을 찾지 못한다. A은행도 B은행도 비슷한 조건에 비슷한 금융상품을 판매하는 것이 은행업계 실정이기도 하다. 그러나 최근 많은 은행이 다른 은행과의 차별화를 노리고 중점을 두고 있는데, 이것이 바로 개인별 특화 서비스가 가능한 프라이빗 뱅킹이다. 이 서비스는 거의 모든 은행이 심혈을 기울이고 있기 때문에 전략적인 영업부분이 되어 버렸다.

　비슷한 은행에서 비슷한 조건으로 판매하는 듯이 보이는 금융상품도 내용은 개인에 따라 다르다. 예를 들어 개인이 주택대출을 신청할 경우 대출금액, 대출기간, 대출이율과 같은 변제조건, 신용상황, 보증인, 물적담보 등 모든 조건이 개인에 따라 다르다. 그 때문에 대출을 신청하는 개인에게 어떤 조건으로 어떤 금융상품을 판매할 지는 각각 차이가 있다.

　개인이 대출을 신청하려면 먼저 은행에 가서 상담을 한다. 상담을 통해 대출 금액과 변제조건을 확인하고 실제 계약 여부를 판단한다. 한편 은행은 대출상담이 개인 고객 획득여부에 중요한 포인트가 된다. 은행마다 각각 다르지만 은행 전체로 볼 때 상담건수는 연간 수만 건에서 수십만 건에 달한다. 그러므로 상담하러 온 개인고객에게 누가, 어떻게 대응을 하는지는 영업차원만이 아니라, 은행의 브랜드 관리차원에서 볼 때도 매우 중요한 문제다.

거의 모든 은행에서는 비교적 안정된 분위기와 독립된 상담창구를 설치한다. 그리고 다양한 금융상품에 대해 정통한 전문가를 배치해서 상담하러 온 개인과 충분한 대화가 가능한 환경을 만든다. 전문가는 개인의 현재 상황이나 조건을 충분히 들은 뒤 가장 적절한 금융상품과 관련 서비스를 제공한다. 개인은 그 제안을 듣고 구입여부를 판단한다.

금융상품 판매에 성공하지 못했어도 은행은 상담내용을 분석해서 영업활동과 금융상품개발에 반영하여 앞으로의 상담에 활용할 수 있다. 그래서 상담 중 분석한 내용을 모두 데이터베이스에 등록하고, 상담이 끝나면 다시 내용과 결과를 데이터베이스에 등록한다. 이 사이클이 정착되면 개인고객에 대한 영업지식과 다양한 상황에 대한 대처방안을 축적할 수 있다. 그 결과 개인고객에 대한 서비스 질이 더욱 높아진다.

KNOWLEDGE

S T R U C T U R I N G

93.
지점 간 정보공유

미쓰이 스미토모 은행

여러 프로젝트 팀 가운데 뒤처진 팀이 있을 때, 그곳에 신입사원을 투입하면 더욱 뒤처지게 된다. IBM 컴퓨터 설계책임자에서 대학교수로 전업한 사람이 이런 의외의 사실을 책으로 썼다. 연구실만 봐도 박사와 조교 둘이서 하던 연구를 가속하기 위해 추가로 학생을 투입하면 오히려 그 속도는 늦어진다. 박사와 조교는 시작부터 함께했기 때문에 실험에 대해 꿰뚫고 있다. 그런데 투입된 학생에게 이 모든 걸 설명하려면 시간만 더 걸리고, 실험이 실패하거나 심하면 실험 장치가 망가지는 일도 생긴다. 둘이서 하는 편이 무난하다. 그러나 참가한 학생이 실험에 정통하면 그 속도는 2배가 아닌 3배 4배로 올라간다. 세상일은 단순하지 않다. 과연 진행 중이던 프로젝트에 추가로 사람을 투입하면 뒤처진다는 게 정설일까?

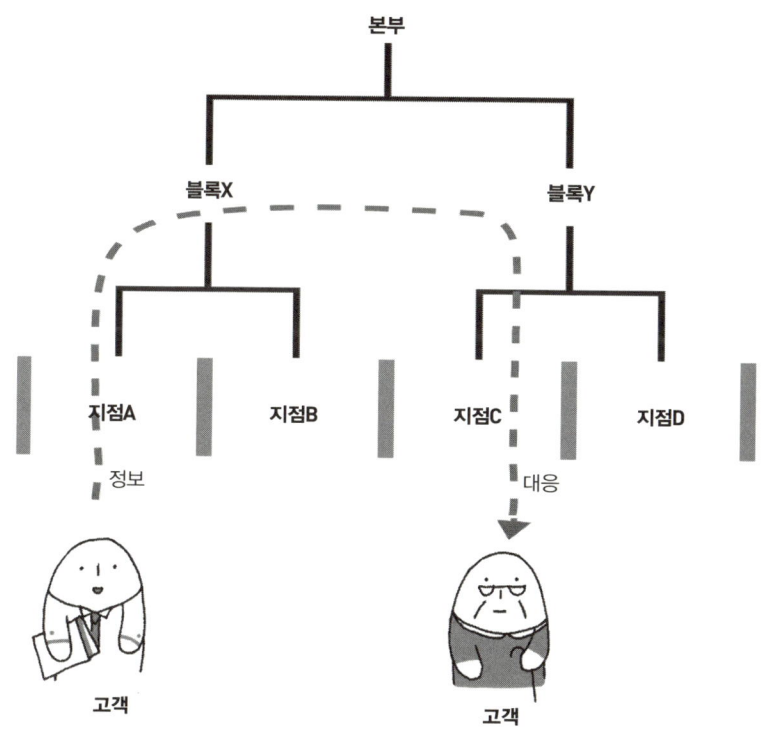

블록에 의한 'Role-Playing' 중시

−고객과 상담내용 전파
−How−to 공유
−인트라넷으로 공개

→ **지점 간 정보공유**
장애 극복 →

−지점 간 정보공유
−개인 경험을 조직 내에 전파
−믿을 수 있는 은행 만들기

그림 8−26 미쓰이 스미토모 지점 간 정보공유

단일 점포만으로 영업하는 은행은 없다. 인터넷 은행도 유통회사와 연계해서 현실세계 어딘가에 이용 가능한 점포를 운영한다. 은행은 모든 점포를 네트워크로 연결해서 구성한 망 같은 조직이다. 일반적으로 은행 네트워크는 본점이 꼭짓점인 피라미드 구조다. 그 때문에 업무 처리나 정보 전달도 피라미드의 꼭짓점인 본점에서 각 점포로 전달하는 형식이다.

은행 점포는 하나의 성처럼 운영된다. 지역특징을 기준으로 설치 운영하는 각 점포는 그 지역에 관한 다양한 정보를 획득해서 타 점포에 전달한다. 각 점포에서 수집한 정보를 가공하고 부가가치를 붙여, 다시 각 점포에 전달해서 영업활동에 이용하도록 한다. 현재 은행 점포의 정보공유 수준이 이상적이거나 완벽하다고 보기는 어려운데, 한 점포에서 획득한 정보를 점포 내부에서만 이용하는 부분이 많다. 구좌정보는 점포 내부에 있는 단말기를 통해 은행 메인 컴퓨터로 실시간 전송되기 때문에 모든 점포가 공유하고 있다. 그러나 고객 정보를 실시간 공유하거나 부가가치를 붙이는 기능은 거의 없다.

점포 네트워크가 조직 중심인 은행이지만 네트워크를 통해 공유한 정보는 구좌정보와 경영정보로 각 점포가 획득한 정보나 지식은 공유하지 않는다. 이것은 점포를 중심으로 하는 오래된 은행 운영방식이 현재도 변하지 않고 이어지기 때문이다. 구좌정보는 메인 컴퓨터를 통해 실시간 공유되지 않으면 현금 인출과 입금이 불가능하다. 이 처리가 안 되면 은행이 마비됐다고 인식하기 때문에 열심히 유지 보수해서 정보를 공유하도록 한다.

하지만 각 점포가 가진 정보나 지식은 공유하지 않더라도 아무도 은행이 마비됐다고 생각하지 않는다. 또 지금까지 모든 정보나 지식을 모든 점포가 완전히 공유한 적도 없었기 때문에 그다지 불편한 점을 느끼지 못한다. 근본적인 이유는 A점포는 A에서만 운영한다는 의식이 강하기 때문이며, 이런 의식은 점포를 중심으로 한 과거 운영방식의 결과다.

미쓰이 스미토모 은행은 2003년 합병 때문에 점포 간 정보 공유를 강제로 추진할 필요가 있었다. 그래서 설치한 조직이 블록이다. 여러 점포를 하나의 블록으로 편성해서 정보를 공유한다. 먼저 같은 블록 내부에서 정보를 공유한 다음 다시 블록 간 정보를 공유하도록 했다. 그 결과 점포 간 정보공유가 훨씬 활발해졌다.

94.
미쓰이 스미토모 은행 지식 시스템 특징

미쓰이 스미토모 은행

화학공학에 대해서는 조금 안다고 생각하지만 건축학은 문외한이다. 안도 다다오가 한식구가 되기도 해서 건축물과 건축학에 대해 조금 생각하게 됐다. 건축물을 설계하는 건축가는 눈에 보이는 일을 하기 때문에 그 일의 성과는 아이도 알 수 있다. 안도의 인기비결은 이런 면도 있다고 본다.

내가 지식 구조화라는 개념을 생각한지 벌써 20년 가까이 된다. 처음에는 개념밖에 없었지만 최근에는 보다 구체화돼서 일부 개념은 실용화 개발단계까지 갔다. 또한 지식 구조화라는 말도 일반에게 알려졌다. 아직은 일부세계에 한정되어 있지만 지식을 구조화하려는 내 제안에 많은 사람들이 찬성하는 것이 기쁘고 든든하다. 안도의 건축물처럼 지식 구조화 성과를 보여주고 사용하도록 해야 한다는 책임감이 막중하다.

지식관리 시스템 실현도

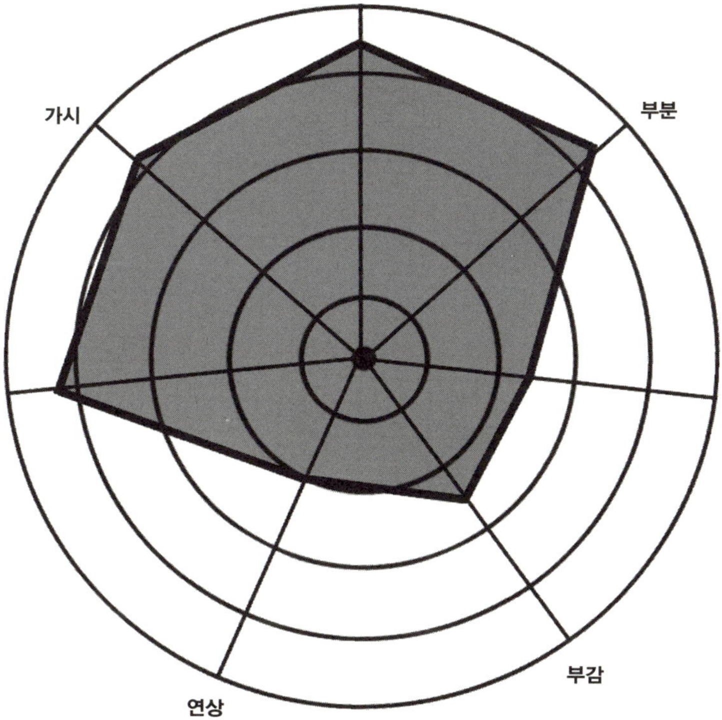

지원

부분

관련

부감

연상

창조

가시

프로덕트 특징

최적의 금융상품은 고객마다
다르다. 상품이나 서비스 종류,
금리, 기간, 총액을 운용주체와
운용목적별 오더메이드로
제안하는 것이 중요하다.

지식관리 시스템 특징

은행 업무가 점포단위로
이뤄져도 점포 간 정보공유는
중요하다. 또한 고객 상담에
대응하는 상담자 수준을
일정하게 유지하기 위한
시스템이 필요하다.

그림 8-27 미쓰이 스미토모 은행의 지식 시스템 특징

STRUCTURING

지식 구조화 관점에서 미쓰이 스미토모 은행의 현재 상황을 파악하는 기준은 개인고객에 대한 대응이다. 연간 수만 명에 달하는 사람들이 은행에 상담을 하러 온다. 개인고객의 상담 상대가 돼서 다양한 조건에 가장 적절한 금융상품과 서비스를 제안하는 전문가를 머니라이프 컨설팅 데스크라고 한다. 이 전문가는 각 점포에 배치되어 점포를 방문한 개인고객을 상담한다.

개인고객과 상담할 때는 먼저 관련 시스템에 들어가 다양한 정보가 등록된 데이터베이스를 열람해서 유사사례를 검색한다. 이 시스템은 은행의 기간시스템으로 운용되고 있지만 이용자가 시스템 방식을 알고 있다. 또한 시스템 구성은 복수 서브시스템 조합으로 설계운용되기 때문에 신기능을 간단히 추가할 수 있다. 이 시스템의 목적은 개인고객과 상담할 때 다양한 유사사례를 제공해서 개인고객에게 적절한 대응을 하는 것이다.

머니 라이프 컨설팅 데스크가 하는 개인고객에 대한 대응과 정보 시스템 운용에 따른 지원은 개인고객에 대한 은행 영업 전략과도 일치한다. 그러나 관련, 부감, 연상 기능은 아직 충분한 역할을 하지 못한다.

각 점포에서 개인과 상담할 때 이용하는 지식은 전체적으로 네트워크화 되어 있지 않다. 그 결과 지식 간 관련성을 알 수 없으며, 전체를 파악할 수 없다. 이들 기능은 상담원인 전문가의 개인능력에 크게 의존한다. 또 블록이란 조직을 만들어 물리적으로 점포 간 정보를 공유하도록 했어도 각 점포 간 정보공유는 아직 불완전하다. 그 밖에 연상 기능에 대한 지원이 없기 때문에 특정 지식에서 다른 지식에 도달하는 것은 전문가의 역할이다. 그 결과 전문가에 따라 결과가 달라진다.

미쓰이 스미토모 은행은 각 점포에 전용상담창구를 설치해서 전문가와 이용자의 상담업무를 지원하고 있으며 전문가는 정보 시스템을 이용해서 관련 정보를 검색하거나 열람한다. 그러나 이 일련의 과정은 전문가 개인에게 의존하는 내용이 많고, 시스템이 지원하는 내용은 한계가 있다. 그 결과 같은 조건을 가진 개인 고객에게 다른 점포에서 다른 제안을 할 가능성이 높다. 점포마다 동질의 제안이 가능하도록 하려면, 관련, 부감, 연상 기능을 시스템에 도입해서 모든 점포가 같은 내용을 이용하도록 해야 한다.

KI신서 1308

지식의 구조화

1판 1쇄 인쇄 2008년 4월 21일
1판 1쇄 발행 2008년 4월 30일

지은이 고미야마 히로시 **옮긴이** 김주영 **펴낸이** 김영곤 **펴낸곳** (주)북이십일 21세기북스
기획 윤영림 **편집** 이정란 **디자인** 씨디자인 **일러스트** 김은 **마케팅** 주명석 **영업** 최창규
출판등록 2000년 5월 6일 제10-1965호
주소 (우413-756) 경기도 파주시 교하읍 문발리 파주출판단지 518-3
대표전화 031-955-2100 **팩스** 031-955-2151 **이메일** book21@book21.co.kr
홈페이지 book21.com **커뮤니티** cafe.naver.com/21cbook

값 18,000원
ISBN 978-89-509-1368-7 03320

이 책 내용의 일부 또는 전부를 재사용하려면 반드시 (주)북이십일의 동의를 얻어야 합니다.
잘못 만들어진 책은 구입하신 서점에서 교환해 드립니다.